Staats- und socialwissenschaftliche Forschungen

herausgegeben

von

Gustav Schmoller.

Fünfter Band. Zweites Heft.

(Der ganzen Reihe einundzwanzigstes Heft.)

T. Bödiker, Die Unfall-Gesetzgebung der europäischen Staaten.

Leipzig,

Verlag von Duncker & Humblot.

1884.

Die

Unfall-Gesetzgebung

der

europäischen Staaten

von

T. Bödiker,
Geheimer Regierungsrath und vortragender Rath im Reichsamt des Innern.

Leipzig,
Verlag von Duncker & Humblot.
1884.

Inhalt.

Einleitung.

Die Unfallgesetzgebung d. h. die Gesetzgebung in Beziehung auf die bei dem Betriebe von Eisenbahnen, Bergwerken, Fabriken u. s. w. vorkommenden Verletzungen und Tödtungen gehört der neuesten Zeit an. Der Entwickelungsgang, den dieselbe in den europäischen Staaten nimmt, ist der, dass sie sich von dem Boden des Privatrechts mehr und mehr erhebt und in die Sphäre des öffentlichen Rechts übergeht.

Dieser Entwickelungsgang entspricht durchaus dem Umschwunge der Ideen, welcher sich in Bezug auf die der Gesellschaft und dem Staate obliegenden Pflichten gegen die arbeitenden Klassen bereits vollzogen hat. Auch dort, wo man mit verschärften Haftpflichtvorschriften dem Bedürfniss abhelfen zu können glaubt, stellt man sich bereits auf den Boden des öffentlichen Rechts, insofern man eine Haftpflicht statuirt, welche sich auf privatrechtlicher Grundlage nicht mehr konstruiren lässt. In solchem Falle wird in eine Privatrechtsform ein öffentlich-rechtlicher Inhalt gegossen.

Mit diesen Bemerkungen sind wir bereits mitten in die Sache eingetreten. Bei der Unfallgesetzgebung handelt es sich vornehmlich darum, dass dem durch einen Betriebsunfall Verletzten oder seinen Hinterbliebenen eine Entschädigung gewährt wird. Die Fragen der Unfallverhütungs-Vorschriften, der strafrechtlichen Verfolgung wegen Körperverletzungen und Tödtungen bei Unfällen kommen freilich ebenfalls bei der Unfallgesetzgebung mit in Betracht. An diese letzteren Fragen wird indess in der Regel nicht gedacht, wenn von der Unfallgesetzgebung die Rede ist. Wir schliessen dieselben deshalb hier aus und werden sie später nur gelegentlich streifen.

Ueberblickt man die Lage der dem Vorstehenden nach beschränkten Gesetzgebung in den europäischen Staaten im Grossen und Ganzen, so lassen sich die folgenden Unterschiede machen:

Am vorgeschrittensten in ihren Bestrebungen sind das Deutsche Reich und Oesterreich, welche nach den an die Oeffentlichkeit gelangten Gesetzentwürfen auf dem Wege einer obligatorischen, öffentlich-rechtlichen Unfallversicherung den Unfallverletzten und deren Hinterbliebenen eine angemessene Entschädigung zu Theil werden lassen wollen.

Hierauf folgt Italien, welches eine erweiterte privatrechtliche Haftpflicht der Betriebsunternehmer im Auge hat, ausserdem aber mit staatlicher Unterstützung eine öffentliche Unfallversicherungsanstalt errichtete, bei welcher sich die Unternehmer gegen die Folgen der Haftpflicht versichern können.

Demnächst kommen die Länder mit Gesetzen erweiterter Haftpflicht, ohne irgend welche Fürsorge nach der Versicherungsseite hin: die Schweiz und England.

Inaugurirt wurde die erweiterte Haftpflicht durch das preussische Eisenbahngesetz vom 3. November 1838 — vergl. unten — welches dem Unternehmer, wenn er wegen eines Unfalls nicht haftpflichtig sein wollte, den Beweis auferlegte, dass der Unfall durch höhere Gewalt oder eigene Schuld des Verletzten herbeigeführt sei. Dieses auf der Präsumtion der Schuld des Unternehmers beruhende Prinzip wurde, soweit es sich um den Eisenbahnbetrieb handelt, von vielen Staaten übernommen; soweit der Fabrik- etc. Betrieb in Betracht kommt, bis jetzt nur von der Schweiz. England geht nicht so weit, aber immerhin über das zur Zeit noch in Europa gewöhnliche Mass hinaus.

Den Schluss bilden endlich diejenigen Länder, in denen die Haftpflicht der Betriebsunternehmer lediglich nach den allgemeinrechtlichen Grundsätzen über die Vertretung der durch Verschulden hervorgerufenen Verletzungen beurtheilt wird. — In Bezug auf das Mass dieser Haftung unterscheiden sich im Allgemeinen die romanischen Länder, in denen das Prinzip des Code Napoléon gilt, von den germanischen und slavischen Ländern, die in dieser Beziehung mehr oder weniger auf dem Boden des römischen Rechts stehen. Nach dem Code Napoléon haftet nämlich der Betriebsunternehmer für die Versehen seiner Angestellten, Werkführer u. s. w. wie für sein eigenes Verschulden; nach römischem Rechte ist diese Haftung nur dann begründet, wenn dem Unternehmer eine Schuld bei Auswahl der Personen (culpa in eligendo) nachgewiesen werden kann. Das frühere englische Recht liess selbst letztere Haftung nicht bestehen — andererseits geht das zur Zeit noch geltende Deutsche Haftpflichtgesetz vom 7. Juni 1871, § 2, über jene römisch-rechtliche Haftpflicht hinaus.

Wird die Reihenfolge umgekehrt genommen, und werden kleinere Nüancen ausser Acht gelassen, so treten folgende Stadien der Gesetzgebung in die Erscheinung:

1. Behandlung der Unfälle nach dem auf römischrechtlicher Grundlage ruhenden gemeinen Rechte, so dass der Be-

triebsunternehmer nur für das ihm nachgewiesene eigene Verschulden und das nachgewiesene Verschulden seiner Stellvertreter und Beauftragten haftet, bei deren Auswahl er es nachgewiesenermassen an der nöthigen Sorgfalt hat fehlen lassen: zur Zeit noch geltendes Recht in Oesterreich-Ungarn, den nordischen Königreichen und Russland (auch in den Vereinigten Staaten von Nord-Amerika).

2. Identificirung des Betriebsunternehmers und seiner Beauftragten, so dass ersterer auch für die durch die Schuld der letzteren herbeigeführten Unfälle unbedingt haftet: zur Zeit noch geltendes Recht in Deutschland, und in den Ländern des französischen Rechts einschliesslich Holland und Italien;

3. Erweiterung der Haftpflicht über die Ziffer 2 hinaus wegen Schadhaftigkeit der Maschinen u. s. w.: England; oder für alle Unfälle, in denen der Unternehmer nicht höhere Gewalt oder eigene Schuld der Verletzten nachweist: Schweiz. Die letzte Alternative ist in Beziehung auf den Eisenbahnbetrieb auch in andern Ländern (Deutschland, Oesterreich-Ungarn) geltendes Recht;

4. Einführung einer staatlich unterstützten fakultativen allgemeinen Unfallversicherung der Arbeiter mit dem Bestreben, eine erweiterte Haftpflicht der Arbeitgeber einzuführen: Italien (die französische Unfallversicherungskasse vom Jahre 1868 ist auf dem Papier stehen geblieben); endlich

5. Sicherung der Arbeiter gegen die Folgen aller Unfälle durch obligatorische Versicherung bei öffentlichen Anstalten: Gesetzentwürfe Deutschlands und Oesterreichs.

In den folgenden Abschnitten ist der hiernach in den europäischen Staaten — mit Ausnahme der hier weniger in Betracht kommenden Staaten der pyrenäischen Halbinsel und der Balkanstaaten — bestehende Rechtszustand, seine Entwickelung und die weitere Tendenz der Gesetzgebung dargelegt.

Wenn nur die bei den einzelnen Staaten mitgetheilten Jahreszahlen verglichen werden, so wird es schon klar, wie das Vorgehen des einen Staates auf dem vorliegenden Gebiete ein Echo in anderen Staaten findet.

Namentlich sind es das deutsche Haftpflichtgesetz vom Jahre 1871 und die Unfallversicherungsvorlage vom Jahre 1881, welche weithin Widerhall fanden. In den Vorlagen der Regierungen anderer Länder, in den Gesetzentwürfen der Deputirten und in den parlamentarischen Verhandlungen begegnet man nicht nur auf Schritt und Tritt den Bezugnahmen auf jene Vorarbeiten, sondern man sieht auch, wie die in denselben verkörperten Ideen mehr und mehr Gewalt gewinnen.

Einstweilen befinden wir uns noch in den Anfängen der Bewegung. Der Rechtszustand ganzer Länder richtet sich nicht über Nacht auf die durch die neue Produktionsweise gänzlich veränderten wirthschaftlichen Verhältnisse ein. Die folgenden Abschnitte zeigen aber schon, wie ein Stück nach dem anderen von dem tausendjährigen Recht abbröckelt, und wie sich neue Formen unter der alten Hülle erheben. Die Entwickelung ist unaufhaltsam. Niemand kann sich ihr auf die Dauer widersetzen. In letzterer Hinsicht ist namentlich der Entwickelungsgang in Frankreich interessant.

Behandelt somit diese Schrift ein Recht, welches der Geschichte zum Theil bereits angehört, zum Theil binnen kurzem angehören wird, so wird sie doch für diejenigen, welche an der Ausbildung dieses Rechts einen thätigen Antheil nehmen, oder von derselben unmittelbar berührt werden, ein gewisses Interesse bieten. Nach wenigen Jahren nur noch ein Markstein an dem Wege der sozialpolitischen Entwickelung, kann sie heute noch als Wegweiser dienen. Zu beidem ist sie bestimmt.

I. Deutschland.

Das gemeine Recht.

Das gemeine Civilrecht und die von diesem beherrschten deutschen Partikularrechte gingen im Allgemeinen von dem Prinzip aus, dass für den durch Vorsatz oder Nachlässigkeit verursachten Schaden nur der unmittelbare Urheber verantwortlich zu machen sei. War der Schadensstifter Vertreter einer dritten Person, so hatte der Auftraggeber, sofern nicht seine Ersatzpflicht durch besondere Umstände wie die Widerrechtlichkeit des Auftrages oder bei Schiffern, Gast- und Stallwirthen durch das Dienstverhältniss an sich begründet wurde, nur für erweisliche Versehen bei der Auswahl seines Beauftragten (culpa in eligendo) zu haften. Die letztere Verbindlichkeit hatte das Preussische Landrecht (Th. I Tit. 6 § 53) noch weiter dahin beschränkt, dass derselbe nur subsidiär für den durch einen untauglichen Bevollmächtigten verursachten Schaden einzustehen habe. — Casus a nullo praestantur.

Dass eine in so enge Grenzen eingeschlossene Verantwortlichkeit den bei industriellen Unternehmungen durch widerrechtliche Handlungen Beschädigten nur in sehr seltenen Fällen Aussicht auf Schadloshaltung gewährte, liegt auf der Hand. In der That haben Doktrin und Praxis den durch das Römische Recht überkommenen Normen eine weitere Ausbildung zu geben sich bemüht, ohne dass es ihnen jedoch gelungen wäre, zu übereinstimmenden Ansichten in diesem Punkte zu gelangen.

In diese starren Normen, welche der römisch-rechtlichen individualistischen Anschauungsweise entsprechend auf die sozialen Pflichten der Gesammtheit irgend welche Rücksichten nicht nahmen, Bresche zu legen, war dem Preussischen Gesetze über die Eisenbahnunternehmungen vom 3. November 1838 vorbehalten.

Preussisches Gesetz über die Eisenbahnunternehmungen vom 3. November 1838.

Der § 25 des preussischen Eisenbahngesetzes, welcher der Ausgangspunkt aller weiteren Haftpflichtgesetzbestrebungen geworden ist, bestimmt:

„Die Gesellschaft ist zum Ersatz verpflichtet für allen Schaden, welcher bei der Beförderung auf der Bahn an den auf derselben beförderten Personen oder Gütern oder auch anderen Personen und deren Sachen entsteht, und sie kann sich von dieser Verpflichtung nur durch den Beweis befreien, dass der Schaden entweder durch die eigene Schuld des Beschädigten oder durch einen unabwendbaren äusseren Zufall bewirkt worden ist. Die gefährliche Natur der Unternehmung selbst ist als ein solcher, von dem Schadenersatz befreiender Zufall nicht zu betrachten."

Der Schwerpunkt dieser Bestimmung, welche auch in mehreren anderen Bundesstaaten gesetzliche Geltung erlangt hat, liegt darin, dass im Schadensfalle ein Verschulden des Betriebs präsumirt wird, die Eisenbahn mithin als ersatzpflichtig gilt, wenn sie nicht den Beweis der eigenen Verschuldung des Beschädigten oder der höheren Gewalt zu führen vermag.

Deutsches Handelsgesetzbuch.

Dieselbe Rechtsanschauung wie in dem soeben mitgetheilten § 25 findet sich auch — ebenso wie in dem am 5. März 1869 in Oesterreich erlassenen Gesetze über die Haftung der Eisenbahnunternehmungen — in dem Deutschen Handelsgesetzbuch wieder, welches die Eisenbahnen bezüglich der ihnen zur Beförderung übergebenen Güter für allen Schaden verantwortlich macht, sofern sie nicht die höhere Gewalt oder die natürliche Beschaffenheit des Gutes als die Ursache des Verlustes oder der Beschädigung nachzuweisen vermögen (vergl. Art. 421 in Verbindung mit Art. 395, 400 und 401). Die naheliegende Anwendung dieser Grundsätze auf den Personenverkehr ist im Handelsgesetzbuche nicht gemacht; sie würde auch, da der Grund der Haftungspflicht im Frachtvertrage ruht, nur zu Gunsten der Reisenden sprechen, nicht aber den Angestellten der Bahn, und noch weniger dritten Personen, welche durch Schuld des Eisenbahnbetriebes beschädigt werden, Ersatz gewähren. Dagegen enthält das Handelsgesetzbuch in Betreff der den Schiffsleuten in gewissen Fällen theils vom Rheder, theils vom Schiffer zu leistenden Entschädigungen nähere Bestimmungen, auf welche hier nicht weiter einzugehen sein wird.

Reformbedürfniss.

Für die bei Bergwerken, Fabriken etc. vorkommenden Unfälle war durch die vorstehenden Bestimmungen immer noch nicht gesorgt. Die mit der Ausdehnung des Bergbaus und der Industrie sich mehrenden Unfälle erheischten indess mit steigender Dringlichkeit eine Abhülfe. Dabei glaubte man, was zunächst den Bergbau anlangt, dass es nicht zulässig sein werde, den für die Haftungspflicht der Unternehmer von Eisenbahnen aufgestellten Grundsatz in gleichem Masse auf den Bergbau anzuwenden. Denn man meinte zugeben zu müssen, dass zwischen dem Betrieb der Eisenbahnen und dem des Bergbaues in der hier fraglichen Beziehung sehr wesentliche faktische Verschiedenheiten bestehen.

„Man wird nicht zu weit gehen," sagen merkwürdigerweise die Motive zum Haftpflichtgesetz vom 7. Juni 1871, „wenn man annimmt, dass bei dem dermaligen Stande der Technik und der grossen Menge von Hülfsmitteln und Erfahrungen ernste Unfälle im Eisenbahnverkehr sich durch Sorgfalt im Betriebe in der Regel [?] vermeiden lassen." Die Unfälle im Bergbau dagegen, fahren die Motive fort, seien oftmals die Folge des Einwirkens von Elementen und Naturkräften, welche sich auch der sorgfältigsten Kontrole entziehen. Ferner habe im Bergbau die selbständige Thätigkeit des Arbeiters einen viel grösseren Antheil am Betriebe, als bei den Eisenbahnen, wo es vornehmlich darauf ankomme, dass die dienstlichen Reglements und Anweisungen von den Angestellten pünktlich befolgt werden. Beim Bergbau handele es sich nicht um den Schutz des Publikums, sondern um den Schutz des Arbeiters gegen die Verschuldungen des Unternehmers sowie der Bergwerksgenossen, und namentlich gegen die der eigenen Mitarbeiter selbst. Die Verantwortlichkeit des Werkbesitzers könne nicht füglich weiter ausgedehnt werden, als die Möglichkeit seiner Kontrole bei der Auswahl des zu verwendenden Personals reiche, und diese werde bei der grossen Zahl der im Bergbau beschäftigten Arbeiter über letztere kaum zu führen sein. Der Hauptgesichtspunkt aber, welcher einer strengeren Haftungspflicht der Werkbesitzer entgegentrete, sei der, dass jeder Bergmann in die Arbeit mit dem vollen Bewusstsein der Gefahren eintrete, welche aus der Mitarbeit zahlreicher Genossen ihm erwachsen können. Er wisse, dass ein einziger Mitarbeiter durch unzeitiges Oeffnen der Sicherheitslampe, durch Unvorsichtigkeit bei den Sprengarbeiten oder bei der Umwendung der Maschinen etc. die Verstümmelung oder den Tod vieler Gefährten herbeiführen könne. Für die daraus entspringenden Schäden könne der Werkbesitzer nach Billigkeit nicht in Anspruch genommen werden, seine Haftung werde sich auf das eigene Verschulden und dasjenige seiner Techniker und Offizianten beschränken müssen. An diese Auffassung von der Verantwortlichkeit des Werkbesitzers werde sich die weitere Folgerung anknüpfen, dass im Schadensfalle nicht, wie bei den Eisenbahnen, eine Verschuldung des Unternehmers ohne Weiteres präsumirt werden könne, der Beweis der Verschuldung vielmehr von demjenigen zu erbringen sei, der sich auf dieselbe als den Grund seines Anspruches berufe.

Was sodann die Fabriken anlangt, so bemerken die Motive, zwar werde die Frage, welche industrielle Anlagen als Fabriken zu bezeichnen seien, und worin das Kriterium zu finden sei, das sie von anderen gewerblichen Unternehmungen, insbesondere von dem Handwerk unterscheide, Zweifel hervorrufen; zudem gebe es Fabriken, deren Betrieb mit keiner oder geringer Gefahr für die körperliche Integrität verbunden sei, während eine solche Gefahr bei anderen Unternehmungen unleugbar vorhanden sei, die nicht den Fabriken zugerechnet werden. Dieser naheliegenden Bedenken ungeachtet werde man doch in der alljährlich wachsenden Zahl von Unglücksfällen im Fabrikbetriebe eine dringende Mahnung erkennen müssen, durch Einführung einer strengeren Haftbarkeit der Unternehmer dem Leben und der Gesundheit der Fabrikarbeiter einen grösseren Schutz zu verleihen. Der legislative Grund, welcher darauf hinführe, abweichend von dem gemeinen Rechte die Verantwortlichkeit der Eisenbahn- und Bergwerksunternehmer zu erhöhen, treffe jedenfalls bei denjenigen Fabriken zu, welche Naturkräfte in ihren Dienst nehmen, die nur zu leicht eine von dem Arbeiter nicht vorherzusehende oder abzuwendende zerstörende Wirkung ausüben. Angesichts der Ausdehnung, welche die Anwendung der Dampfkraft im industriellen Betriebe erlangt habe, werde man nicht einwenden können, dass es in der Hand des Arbeiters liege, in minder gefährlichen Unternehmungen Beschäftigung zu suchen, noch auch werde sich im Allgemeinen behaupten lassen, dass schon der Arbeitslohn eine Prämie für die Uebernahme der Gefahren enthalte. Da der Arbeiter in Fabriken bezüglich der Sicherheit seiner Person den Einrichtungen und Vorkehrungen des Unternehmers vertrauen und denselben oftmals willenlos sich überlassen müsse, so werde die Forderung nicht abzuweisen sein, dass auch hier der Grösse der Gefahr die Verantwortlichkeit des Unternehmers entsprechen müsse. Eine Ersatzpflicht des letzteren werde jedenfalls dann anzunehmen sein, wenn die für den Fabrikbetrieb erlassenen polizeilichen Vorschriften nicht eingehalten werden, und die vorgekommene Körperverletzung damit in kausalem Zusammenhange stehe. Dagegen werde die Verschärfung der Haftbarkeit des Unternehmers nur soweit reichen dürfen, als er die Verschuldung seiner Angestellten zu vertreten habe, nicht aber werde er für die widerrechtlichen Handlungen seiner Lohnarbeiter verantwortlich zu machen sein. Die Gründe, welche diese Beschränkung beim Bergbau rechtfertigen, treffen mehrentheils beim Fabrikbetriebe zu. Dementsprechend werde es hinsichtlich der Beweislast im Wesentlichen bei den Regeln des gemeinen Rechts zu bewenden haben.

Haftpflichtgesetz vom 7. Juni 1871.

Auf den vorstehend wiedergegebenen Erwägungen beruht das Reichsgesetz vom 7. Juni 1871,

betreffend die Verbindlichkeit zum Schadensersatz für die bei dem Betriebe von Eisenbahnen, Bergwerken u. s. w. herbeigeführten Tödtungen und Körperverletzungen (Reichs-Gesetzblatt Seite 207).

Der § 1 dieses Gesetzes handelt von den Eisenbahnunfällen und schreibt vor, dass, wenn bei dem Betriebe einer Eisenbahn ein Mensch getödtet oder körperlich verletzt wird, der Betriebs-Unternehmer für den dadurch entstandenen Schaden haftet, sofern er nicht beweist, dass der Unfall durch höhere Gewalt oder durch eigenes Verschulden des Getödteten oder Verletzten verursacht ist.

Der § 2 betrifft sodann die Unfälle in den Fabriken, Bergwerken, Steinbrüchen und Gruben, indem er bestimmt:

Wer ein Bergwerk, einen Steinbruch, eine Gräberei (Grube) oder eine Fabrik betreibt, haftet, wenn ein Bevollmächtigter oder ein Repräsentant oder eine zur Leitung oder Beaufsichtigung des Betriebes oder der Arbeiter angenommene Person durch ein Verschulden in Ausführung der Dienstverrichtungen den Tod oder die Körperverletzung eines Menschen herbeigeführt hat, für den dadurch entstandenen Schaden.

Als Schadensersatz ist laut § 3 in den Fällen der §§ 1 und 2 zu leisten:

1. im Falle der Tödtung der Ersatz der Kosten einer versuchten Heilung und der Beerdigung, sowie des Vermögensnachtheils, welchen der Getödtete während der Krankheit durch Erwerbsunfähigkeit oder Verminderung der Erwerbsfähigkeit erlitten hat. War der Getödtete zur Zeit seines Todes vermöge Gesetzes verpflichtet, einem Anderen Unterhalt zu gewähren, so kann dieser insoweit Ersatz fordern, als ihm in Folge des Todesfalles der Unterhalt entzogen worden ist;
2. im Falle einer Körperverletzung der Ersatz der Heilungskosten und des Vermögensnachtheils, welchen der Verletzte durch eine in Folge der Verletzung eingetretene zeitweise oder dauernde Erwerbsunfähigkeit oder Verminderung der Erwerbsfähigkeit erleidet.

War der Getödtete oder Verletzte unter Mitleistung von Prämien oder anderen Beiträgen durch den Betriebsunternehmer bei einer Versicherungsanstalt, Knappschafts-, Unterstützungs-, Kranken- oder ähnlichen Kasse gegen den Unfall versichert, so ist gemäss § 4 die Leistung der Letzteren an den Ersatzberechtigten auf die Entschädigung einzurechnen, wenn die Mitleistung des Betriebsunternehmers nicht unter einem Drittel der Gesammtleistung beträgt.

Die in den §§ 1 und 2 bezeichneten Unternehmer sind nach § 5 nicht befugt, die Anwendung der in den §§ 1 bis 3 enthaltenen Bestimmungen zu ihrem Vortheil durch Verträge (mittelst Reglements oder durch besondere Uebereinkunft) im Voraus auszuschliessen oder zu beschränken. Vertragsbestimmungen, welche dieser Vorschrift entgegenstehen, werden für wirkungslos erklärt.

Im Falle des Prozesses kommt die sogenannte freie Beweistheorie zur Geltung. Das Gericht hat über die Wahrheit der thatsächlichen Behauptungen unter Berücksichtigung des gesammten Inhalts der Verhandlungen und des Ergebnisses einer etwaigen Beweisaufnahme nach freier Ueberzeugung zu entscheiden. Ob einer Partei über die Wahrheit oder Unwahrheit einer thatsächlichen Behauptung ein Beweis aufzulegen, sowie ob und inwieweit über die Höhe des Schadens eine beantragte Beweisaufnahme anzuordnen oder Sachverständige mit ihrem Gutachten zu hören, bleibt dem Ermessen des Gerichts überlassen (§§ 259 und 260 der Civilprozessordnung, welche an die Stelle des durch § 13 des Einführungsgesetzes zur Civilprozessordnung aufgehobenen § 6 des Haftpflichtgesetzes getreten sind). Imgleichen hat das Gericht unter Würdigung aller Umstände über die Höhe des Schadens, sowie darüber, ob, in welcher Art und in welcher Höhe Sicherheit zu bestellen ist, nach freiem Ermessen zu erkennen. Als Ersatz für den zukünftigen Unterhalt oder Erwerb, soll, wenn nicht beide Theile über die Abfindung in Kapital einverstanden sind, in der Regel eine Rente zugebilligt werden.

Wenn diejenigen Verhältnisse, welche die Zuerkennung oder Höhe der Rente bedingt hatten, sich wesentlich verändern, so kann der Verpflichtete jederzeit die Aufhebung oder Minderung der Rente fordern. Ebenso kann der Verletzte, dafern er den Anspruch auf Schadenersatz innerhalb der Verjährungsfrist (§ 8) geltend gemacht hat, jederzeit die Erhöhung oder Wiedergewährung der Rente fordern, wenn die Verhältnisse, welche für die Feststellung, Minderung oder Aufhebung der Rente massgebend waren, wesentlich verändert sind. Der Berechtigte kann auch nachträglich die Bestellung einer Sicherheit oder Erhöhung derselben fordern, wenn die Vermögensverhältnisse des Verpflichteten inzwischen sich verschlechtert haben (§ 7).

Für die Forderungen auf Schadenersatz bestimmt der § 8 eine Verjährungsfrist von zwei Jahren vom Tage des Unfalls an. Gegen denjenigen, welchem der Getödtete Unterhalt zu gewähren hatte (§ 3 No. 1), beginnt die Verjährung mit dem

Todestage. Die Verjährung läuft auch gegen Minderjährige und diesen gleichgestellte Personen von denselben Zeitpunkten an, mit Ausschluss der Wiedereinsetzung (restitutio in integrum).

§ 9 hält die Bestimmungen der Landesgesetze aufrecht, nach welchen ausser den in den vorstehenden Bestimmungen vorgesehenen Fällen der Unternehmer einer in den §§ 1 und 2 bezeichneten Anlage oder eine andere Person, insbesondere wegen eines eigenen Verschuldens für den bei dem Betriebe der Anlage durch Tödtung oder Körperverletzung eines Menschen entstandenen Schaden haftet. Die Vorschriften der §§ 3, 4, 7 und 8 finden auch in diesen Fällen Anwendung, jedoch unbeschadet derjenigen Bestimmungen der Landesgesetze, welche dem Beschädigten einen höheren Ersatzanspruch gewähren. (Den Text des Gesetzes siehe im letzten Abschnitt.)

Nächste Wirkungen des Haftpflichtgesetzes.

Das vorstehend seinem Inhalte nach mitgetheilte Gesetz, welches durch Gesetz vom 21. Januar 1873 auf Elsass-Lothringen ausgedehnt wurde (G.Bl. S. 769), hatte zur Folge, dass

1. für die Eisenbahnarbeiter in einer grossen Anzahl von Unfällen ausreichend gesorgt wurde, wenngleich auch für sie der Werth dieser Fürsorge dadurch nicht wenig vermindert wurde, dass
   a) die ersatzpflichtigen Unfälle „beim Betriebe“ sich ereignet haben müssen,
   b) dass die Arbeiter ihre Ansprüche im Prozesswege — gegen mächtige Gegner — durchzusetzen haben, und
   c) dass sie sich den Einwand
      α) der höheren Gewalt,
      β) des eigenen Verschuldens

entgegenhalten lassen müssen.

Eine weitere Folge war

2. für die Arbeiter in Bergwerken und Fabriken der Anbruch einer neuen Aera in Bezug auf ihre Sicherstellung gegen Unfälle und in Bezug auf ihre Entschädigung bei Unfällen: in Bezug auf ihre Sicherstellung, insofern als die Betriebsbesitzer durch das Gesetz zur Unfallverhütung erzogen wurden (persönliche Verantwortlichkeit, Steigerung der Versicherungsprämie bei schlecht eingerichteten Betrieben), in Bezug auf ihre Entschädigung bei Unfällen, weil auch für die durch ein Verschulden der Werkführer etc. herbeigeführten Unfälle Seitens der Unternehmer Ersatz zu leisten war. Die letztere Wirkung hatte das Gesetz auch in den Rheinlanden, wo der Code Napoléon gilt, insofern dessen Artikel 1384 dort einigermassen in Vergessenheit gerathen war. Denn erst

in neuerer Zeit war dieser Artikel in Frankreich selbst in strengerer Weise angewandt worden. Die Rheinlande aber haben ja ein gewissermassen todtes Recht übernommen, an dessen Ausbildung in seinem Ursprungslande sie nicht mehr theilnehmen.

Gewerbeordnung für das Deutsche Reich.

Ehe wir in der Entwickelung des Ganges der Civilgesetzgebung weiter gehen, wird es nothwendig sein, die zur Sache gehörigen Bestimmungen der Gewerbeordnung hier einzuschieben, welche auch für die Beurtheilung der Haftpflichtfrage in dem einzelnen Falle von Bedeutung sind.

Die Gewerbeordnung schreibt in dieser Hinsicht für alle gewerblichen Betriebe, nicht bloss für die unter das Haftpflichtgesetz vom 7. Juni 1871 fallenden, vor (§ 120 Abs. 3):

„Die Gewerbeunternehmer sind endlich verpflichtet, alle diejenigen Einrichtungen herzustellen und zu unterhalten, welche mit Rücksicht auf die besondere Beschaffenheit des Gewerbebetriebes und der Betriebsstätte zu thunlichster Sicherheit gegen Gefahr für Leben und Gesundheit nothwendig sind. Darüber, welche Einrichtungen für alle Anlagen einer bestimmten Art herzustellen sind, können durch Beschluss des Bundesraths Vorschriften erlassen werden. Soweit solche nicht erlassen sind, bleibt es den nach den Landesgesetzen zuständigen Behörden überlassen, die erforderlichen Bestimmungen zu treffen."

Dazu kommt die Strafsanktion im § 147 Ziffer 4:

„Mit Geldstrafe bis zu dreitausend Mark und im Unvermögensfalle mit Haft wird bestraft:

4. Wer der Aufforderung der Behörde ungeachtet den Bestimmungen des § 120 zuwiderhandelt."

Hierzu treten die allgemeinen strafrechtlichen Folgen hinzu, z. B. aus Str.G.B. §§ 222, 230, 232, 330.

Unzulänglichkeit des Haftpflichtgesetzes.

Wenngleich die Wirkung des § 120 der Gewerbeordnung und des Haftpflichtgesetzes in Bezug auf die Verhütung der Unfälle nicht ausblieb, so blieb die Lage der Arbeiter, wenn es sich um Entschädigungen bei vorgekommenen Unfällen handelte, dennoch eine sehr prekäre.

Schon bei den Verhandlungen über den Erlass des Haftpflichtgesetzes wurden Zweifel erhoben, ob der § 2 desselben das Bedürfniss, aus welchem er hervorgegangen, auch wirklich befriedigen werde. Die Anträge, welche damals gestellt wurden, um dieses Ziel sicherer zu erreichen, wollten die neu geschaffene Verbindlichkeit theils für ein weiteres Gebiet in Geltung gesetzt, theils ihrem Inhalte nach verschärft wissen. Ihre Ablehnung erfolgte, weil man fürchtete, durch eine zu weite Ausdehnung und Verschärfung des neuen Prinzips die Industrie zu stark zu belasten und dadurch in ihrer Entwickelung zu hemmen. Das Gesetz war aber kaum in Kraft getreten, als auch bereits der neu geschaffene Rechtszustand sich in der That als ein nicht befriedigender herausstellte; im weiteren Verlaufe der Anwendung des Gesetzes wurde dann immer allgemeiner das Bedürfniss nach einer Veränderung oder Verbesserung desselben, wenigstens soweit der § 2 in Frage kommt, gefühlt.

Die Motive des im Jahre 1881 dem Reichstage vorgelegten Unfallversicherungs-Gesetzentwurfs (Drucksachen des Reichstages No. 41) drücken sich hierüber wie folgt aus:

„Die Belastung des Verletzten mit dem Beweise eines Verschuldens des Unternehmers oder seiner Beauftragten macht die Wohlthat des Gesetzes für die Arbeiter in den meisten Fällen illusorisch. Dieser schon an sich schwierige Beweis wird nicht selten und gerade bei den durch elementare Kräfte herbeigeführten folgenschwersten Unfällen, wie sie in Bergwerken, in Anlagen mit Dampfkesseln und in Fabriken zur Herstellung von Explosivstoffen vorkommen, dadurch unmöglich gemacht, dass der Zustand der Betriebsstätte und der Betriebseinrichtungen, auf dessen Feststellung es für den Schuldbeweis meistens ankommt, durch den Unfall selbst bis zur Unkenntlichkeit verändert ist, und dass diejenigen Personen, durch deren Zeugniss häufig allein ein Verschulden nachgewiesen werden könnte, durch den Unfall selbst getödtet oder verletzt und im letzteren Falle, auch wenn sie nicht, was die Regel ist, selbst Partei sind, durch die Katastrophe in einen Zustand versetzt sind, der sie zur Ablegung eines Zeugnisses unfähig macht. Die Erfahrung hat bis auf die neueste Zeit gezeigt, dass das Gesetz in denjenigen Fällen, welche durch ihre Wirkung auf die öffentliche Meinung vorzugsweise seinen Erlass befördert haben, und auf welche es nach den Motiven in erster Linie berechnet war, regelmässig seinen Zweck nicht erreicht. Aber auch abgesehen von solchen Fällen ist die Lage des einzelnen Arbeiters, welcher einen Entschädigungsanspruch gegen seinen Arbeitgeber im Wege des Prozesses verfolgen muss, angesichts seines Vermögens- und Bildungsstandes, sowie seiner sozialen Stellung, in der Regel eine ungünstige. Nichtsdestoweniger sind Prozesse über Entschädigungsansprüche aus dem Haftpflichtgesetze keineswegs selten, zumal sich seit Erlass des letzteren in vielen Arbeiterkreisen die Anschauung festgesetzt hat, dass den Arbeitern, wenn sie ohne eigenes Verschulden bei der Arbeit verunglücken, unter allen Umständen die weitere Versorgung durch den

Arbeitgeber zu Theil werden müsse. Auch wo diese Anschauung nicht herrscht, hat der Umstand, dass bei den meisten Unfällen verschiedene Ursachen in oft schwer zu erkennendem Maasse zusammenwirken, die Folge, dass der Arbeiter den Unfall ausschliesslich irgend einem dem Arbeitgeber zur Last fallenden Mangel des Betriebes beimisst, während der Arbeitgeber ihn ebenso bestimmt auf eine Unfolgsamkeit oder Leichtfertigkeit des Arbeiters zurückführt. Da der Arbeiter, welcher in der Regel im Armenrechte klagt, durch die Furcht vor Kosten nicht vom Prozesse zurückgeschreckt wird, und der Arbeitgeber durch die oft sehr erhebliche Höhe des Anspruchs, sowie durch die Furcht vor den Konsequenzen abgehalten wird, denselben zuzugestehen, so führt jene Verschiedenheit der Auffassung dazu, dass in vielen Fällen, in denen früher der Arbeitgeber seinem im Dienst verunglückten Arbeiter aus Billigkeits- oder Humanitätsrücksichten in irgend einer Form eine nach den Umständen bemessene Unterstützung gewährte, der Arbeiter jetzt, auf ein vermeintliches Recht gestützt, die volle Entschädigung für seine verlorene oder geminderte Erwerbsfähigkeit fordert, während der Arbeitgeber gleichfalls in vollem Rechte zu sein glaubt, wenn er jede Verpflichtung in Abrede stellt. Die Folge ist dann meistens, dass nach einem langwierigen Prozesse entweder der Arbeitgeber zu einer Entschädigung verurtheilt wird, welche er als eine unbillige ansieht, oder der Arbeiter auch derjenigen Unterstützung verlustig geht, welche ihm unter anderen Umständen durch das Pflichtgefühl oder Wohlwollen des Arbeitgebers zu Theil geworden wäre. Dass durch derartige Vorgänge Erbitterung zwischen Arbeitgebern und Arbeitern hervorgerufen und mit jedem neuen Falle der Boden für eine gütliche Verständigung in künftigen Streitfällen dieser und anderer Art immer mehr untergraben wird, liegt in der Natur der Sache und ist neuerdings von Behörden und Beamten, welche diesen Verhältnissen nahe stehen, sowie von wohlwollenden Arbeitgebern mehrfach hervorgehoben worden. Nicht wenig trägt zur Vermehrung der Prozesse über Entschädigungsansprüche und damit zur Verschärfung des Gegensatzes zwischen Arbeitgebern und Arbeitern auch die jetzige Gestaltung der Unfallversicherung bei. Die Versicherungsgesellschaften sind durch geschäftliche Rücksichten darauf hingewiesen, auf Grund der für haftpflichtige Unfälle abgeschlossenen Versicherung nur für solche Entschädigungen Deckung zu leisten, zu denen der Versicherungsnehmer durch das Gesetz unzweifelhaft verpflichtet war. Sie können daher dem letzteren nicht die Entscheidung über die Anerkennung oder Nichtanerkennung der erhobenen Ansprüche überlassen und sich bei ihrer eigenen Entscheidung nicht durch Rücksichten bestimmen lassen, welche den Arbeitgeber, wenn er allein zu entscheiden hätte, vielleicht geneigt machen würden, manchen Zweifel an seiner rechtlichen Verpflichtung auf sich beruhen zu lassen. Bei der grossen Zweifelhaftigkeit der meisten aus dem Haftpflichtgesetz hergeleiteten Ansprüche kann es daher kaum befremden, dass die Mehrzahl der Versicherungsgesellschaften dahin gelangt ist, in den meisten Fällen nur zu zahlen, wenn der fragliche Entschädigungsanspruch durch richterliche Entscheidung festgestellt ist. Aber auch da, wo dieser Grundsatz nicht befolgt wird, ist dem Arbeitgeber, welcher gegen haftpflichtige Unfälle versichert ist, die Anerkennung einer gegen ihn erhobenen Entschädigungsforderung in hohem Grade dadurch erschwert, dass er, um seinen Anspruch gegen die Versicherungsgesellschaft nicht aufzugeben, ein vorgekommenes eigenes oder seinem Beauftragten zur Last fallendes Verschulden einräumen muss. Die Regel ist demnach, dass der Arbeitgeber in jedem Falle, wo eine Entschädigung gefordert wird, genöthigt ist, sich von seinem Arbeiter verklagen zu lassen. So unwillkommen eine solche Lage für den wohlwollenden Arbeitgeber ist, so kann er doch auf die Versicherung nicht verzichten, weil sie ihm das einzige Mittel bietet, sich gegen Verluste zu schützen, welche bei ihrer Erheblichkeit unter Umständen die Existenz des Unternehmens gefährden können. Bei der Unbeschränktheit des richterlichen Ermessens, welchem das Gesetz die Bestimmung der Höhe des Schadensersatzes überlässt, liegt in jedem Falle die Möglichkeit vor, dass die Rente, welche der Richter dem Verletzten oder seinen Hinterbliebenen als Ersatz für die verlorene Erwerbsfähigkeit oder für den verlorenen Unterhalt zubilligt, in der vollen Höhe des letzten Arbeitslohnes bemessen wird, und die Erfahrung lehrt, dass Fälle, in denen dies geschieht, nicht selten sind. Auf diese Weise erhält der in seinem Berufe verunglückte Arbeiter, wenn sein Anspruch für begründet erkannt wird, Entschädigung in einer Höhe, wie sie in anderen Berufsarten, namentlich auch im Staats- und sonstigen öffentlichen Dienste nicht vorkommt und mit Rücksicht auf die vorkommenden Zeiten der Arbeitslosigkeit oder doch des geminderten Verdienstes, und andererseits auf die dem Verletzten oft bleibende oder wiederkehrende theilweise Erwerbsfähigkeit, nicht gerechtfertigt ist. Andererseits aber ist der Entschädigungsanspruch an solche Voraussetzungen geknüpft, dass er nur in einer verhältnissmässig geringen Zahl von Fällen, in welchen Arbeiter ihre Erwerbsfähigkeit ganz oder theilweise verloren haben, zur Geltung gebracht werden kann, während in den anderen Fällen der erwerbsunfähig gewordene Arbeiter der öffentlichen Armenpflege oder der Privatwohlthätigkeit anheimfällt."

„Es lässt sich hiernach nicht verkennen", so konkludiren die Motive, „dass der § 2 des Gesetzes vom 7. Juni 1871 der Absicht, den Arbeiter gegen die wirthschaftlichen Folgen der mit seinem Berufe verbundenen Gefahren sicher zu stellen, nur unvollkommen entspricht, dass unter Umständen der Arbeitgeber durch die Haftpflicht in einer übermässigen Weise belastet wird, dass durch das Gesetz statt der gehofften Verbesserung des Verhältnisses zwischen Arbeitgebern und Arbeitern in weitem Umfange der entgegengesetzte Erfolg herbeigeführt und im Ganzen eine Situation geschaffen ist, deren Beseitigung im Interesse beider Klassen der gewerblichen Bevölkerung gleich wünschenswerth erscheint."

Aufgabe der Gesetzgebung.

Unter diesen Umständen musste an die Gesetzgebung die Aufgabe herantreten, eine anderweite Regelung herbeizuführen, welche die Arbeiter gegen die wirthschaftlichen Folgen der bei der Arbeit eintretenden Unfälle in möglichst weitem Umfange sicher stellt, ohne die Industrie mit unerschwinglichen Opfern zu belasten und ohne auf das Verhältniss zwischen Arbeitgebern und Arbeitern einen nachtheiligen Einfluss auszuüben. Insbesondere wurde auch bei der Berathung des Gesetzes vom 21. Oktober 1878, betreffend die gemeingefährlichen Bestrebungen der Sozialdemokratie, die Nothwendigkeit anerkannt, die bedenklichen Erscheinungen, welche den Erlass dieses Gesetzes nothwendig gemacht haben, durch positive, auf die Verbesserung der Lage der Arbeiter abzielende Massnahmen zu bekämpfen. Denn wenn auch die Hoffnung berechtigt war und sich in der That als berechtigt erwiesen hat, dass die allgemeine Besserung, welche von der neuerdings befolgten nationalen Wirthschaftspolitik für die Entwickelung des heimischen Gewerbfleisses erwartet werden durfte, auch den Arbeitern durch eine allmähliche Erhöhung des Arbeitsverdienstes und durch Verminderung der Schwankungen desselben zu Gute kommen werde, so konnte doch nicht verkannt werden, dass bei der Unsicherheit des lediglich auf der Verwerthung der persönlichen Arbeitskraft beruhenden Erwerbes, welche auch bei normaler Entwickelung der heimischen Gewerbsthätigkeit niemals ganz beseitigt werden kann und gerade durch die permanente, mittelst des Haftpflichtgesetzes nicht genügend paralysirte Unfallsgefahr in erster Linie begründet wird, Missstände hervorgerufen werden, welche zwar auch durch gesetzgeberische

Massnahmen nicht völlig aufzuheben sind, deren allmähliche Milderung aber auf dem Wege besonderer, die eigenthümlichen Verhältnisse der Arbeiter berücksichtigender Gesetzgebung ernstlicher als bisher in Angriff genommen werden muss.

Um zu diesem Ziele zu gelangen, zeigten sich, was die Schädigung der Arbeiter durch Unfälle anlangt, vornehmlich zwei Wege:

entweder eine Verschärfung des Haftpflichtgesetzes mit dem am weitesten gehenden Antrage, die Entschädigungsverbindlichkeit für die im § 2 des Gesetzes aufgeführten und die weiter in denselben noch aufzunehmenden Betriebe in gleicher Weise zu regeln, wie dies im § 1 für die Eisenbahnen geschehen ist,

oder die Einführung einer öffentlich-rechtlich geregelten allgemeinen Unfallversicherung der Arbeiter an der Stelle der auf dem Haftpflichtgesetze beruhenden Entschädigungspflicht der Arbeitgeber gegenüber ihren Arbeitern.

Der erste von diesen Wegen erwies sich bei näherer Untersuchung für die Reichsregierung als ungangbar, weil derselbe zu einer innerlich widerrechtlichen, den Fortbestand und die weitere Entwickelung der heimischen Industrie ernstlich bedrohenden Belastung der Arbeitgeber geführt hätte, ohne die Arbeiter gegen die Folgen aller Unfälle sicher zu stellen und ohne die verbitternden Prozesse unter den Betheiligten ganz hintanzuhalten.

Es wäre innerlich widerrechtlich gewesen, den Betriebsunternehmer für alle Unfälle, welche in seinem Betriebe vorkommen, haftbar zu erklären, denn dann müsste davon ausgegangen werden können, dass ihn oder seinen Beauftragten, wenn nicht bei allen, so doch bei den bei weitem meisten Unfällen ein Verschulden treffe. In diesem Falle könnte man allenfalls sein Verschulden in allen Fällen präsumiren. Thatsächlich trifft aber den Unternehmer in den wenigsten Fällen ein Verschulden. § 1 des Haftpflichtgesetzes führt allerdings jene Präsumtion gegen die Eisenbahn-Unternehmungen ein. Die Motive sagen in dieser Hinsicht, wie oben mitgetheilt, ausdrücklich, die Annahme gehe nicht zu weit, „dass bei dem dermaligen Stande der Technik und der grossen Menge von Hülfsmitteln und Erfahrungen ernste Unfälle im Eisenbahnverkehr sich durch Sorgfalt im Betriebe in der Regel vermeiden lassen.“ Indess ist auch hier diese Annahme hinfällig. Aber selbst wenn die Verschuldung des Unternehmers präsumirt würde, so könnte man ihn doch nicht für privatrechtlich haftbar erklären, wenn durch ihn die eigene Schuld des Verletzten oder höhere Gewalt bewiesen würde. In all diesen Fällen müsste der Arbeiter leer ausgehen[1]).

Den Betriebsunternehmer für alle Unfälle persönlich haftbar zu erklären, hiesse ausserdem seine Existenz bedrohen. Nach den Resultaten der deutschen Unfallstatistik und der auf dieselbe basirten Berechnungen würde ein Invaliditätsfall bei 1000 Mark Lohn und Zahlung von $^2/_3$ dieses Betrages als Rente den Unternehmer mit 7876 Mark belasten. Nun denke man sich Massenunfälle, die keineswegs allein beim Bergbau vorkommen. Soll doch Zeitungsnachrichten zufolge ein einstürzender Kamin in Bradford 300 Menschen getödtet bzw. verletzt haben.

Endlich blieben bei dem Betreten jenes Weges nach wie vor die Prozesse zwischen Arbeitgebern und Arbeitnehmern, möchte man das Gesetz auch fassen wie immer.

Staat und Gesellschaft haben aber ein allgemein anerkanntes Interesse an der Fürsorge für die Arbeiter bei Unfällen. Und so entspringt, ebenso wie die Krankenversicherung, auch die Unfallversicherung als eine neue und erweiterte Form der öffentlichen Fürsorge aus dem Boden des öffentlichen Rechts.

Die Armenpflege will dem bittersten Elend steuern, Kranken- und Unfallversicherung wollen eine höhere soziale Aufgabe erfüllen.

Gesetzentwurf vom Jahre 1881.

Aus diesen Gründen entschlossen sich die verbündeten Regierungen auf Veranlassung des Reichskanzlers, die Frage nunmehr fundamental zu regeln.

Der dem Reichstage unter dem 8. März 1881 vorgelegte Gesetzentwurf, betr. die Unfallversicherung der Arbeiter — Nr. 41 der Drucksachen des Reichstags — hat diese Regelung angebahnt und den Weg zum Ziele vorbehaltlich des Ausbaus im einzelnen definitiv freigelegt.

---

[1]) Ein beachtenswerthes Zeugniss legt in dieser Beziehung O. Bähr in einem von ihm in den Preussischen Jahrbüchern vom März 1882 veröffentlichten Aufsatze „Das Unfallversicherungsgesetz“ ab. Seite 242 sagt er:

„Zum Schluss noch folgende Bemerkung. Die Anregung zu diesem Aufsatz hat für den Verfasser vorzugsweise in dem Umstande gelegen, dass sehr viele — einige Zeit hindurch sogar sämmtliche — aus allen deutschen Landen in höchster Instanz anhängige Haftpflichtprozesse vor seinen Blicken vorübergegangen sind. Er glaubt dadurch einen tiefen Einblick in diese Materie gewonnen zu haben. Noch ehe von einem Unfallversicherungsgesetz etwas verlautete, hatte der Verfasser bereits längere Zeit die Ueberzeugung gewonnen, dass nicht durch eine „Erweiterung des Haftpflichtgesetzes“, sondern nur durch eine umfassende Unfallversicherung den Betheiligten wahrhaft geholfen und dem Unwesen jener Prozesse gesteuert werden könne. Der Erlass eines bezüglichen Gesetzes bildet daher auch nach den Erfahrungen des Verfassers eine dringende Aufgabe der Gesetzgebung. Möchte dieselbe nicht an leidigen Sonderinteressen scheitern.“

Dieser Weg ist die obligatorische Versicherung der Arbeiter gegen die Betriebsunfälle und die Beseitigung des sogenannten Haftpflichtprinzips, und zwar die Versicherung bei einer öffentlichen Anstalt unter Ausschluss der Privatversicherung, soweit es sich um die Erfüllung der Versicherungspflicht handelt [1]).

Die Versicherung sollte erfolgen

a) bei einer Reichsversicherungsanstalt,
b) nach festen Tarifen, unter Berücksichtigung der Gefahrenklassen,
c) mit Einführung einer vierwöchigen Karenzzeit,
d) unter Betheiligung der Arbeiter neben den Arbeitgebern an der Prämienzahlung,
e) unter Leistung eines mässigen Reichszuschusses [2]),

---

[1]) In Betreff des Kreises der versicherungspflichtigen Personen bestimmte der Gesetzentwurf:

§ 1. Alle in Bergwerken, Salinen, Aufbereitungsanstalten, Brüchen und Gruben, auf Werften, in Anlagen für Bauarbeiten (Bauhöfen), in Fabriken und Hüttenwerken beschäftigten Arbeiter und Betriebsbeamten, deren Jahresarbeitsverdienst an Lohn oder Gehalt nicht über 2 000 Mark beträgt, werden bei einer von dem Reich zu errichtenden und für Rechnung desselben zu verwaltenden Versicherungsanstalt gegen die Folgen der beim Betriebe sich ereignenden Unfälle nach Massgabe der Bestimmungen dieses Gesetzes versichert.

Den vorstehend aufgeführten gelten im Sinne dieses Gesetzes diejenigen Betriebe gleich, in welchen Dampfkessel oder durch elementare Kraft (Wasser, Dampf, Gas, heisse Luft u. s. w.) bewegte Triebwerke zur Verwendung kommen, mit Ausnahme des Schiffahrts- und Eisenbahnbetriebes, sowie derjenigen Betriebe, für welche nur vorübergehend eine nicht zu der Betriebsanlage gehörende Kraftmaschine benutzt wird.

Dasselbe gilt vom Baubetriebe, soweit derselbe durch Beschluss des Bundesraths für versicherungspflichtig erklärt wird.

Für Fabriken, deren Betrieb mit Unfallsgefahr für die darin beschäftigten Personen nicht verknüpft ist, kann durch Beschluss des Bundesraths die Versicherungspflicht ausgeschlossen werden.

Als Gehalt oder Lohn im Sinne dieses Gesetzes gelten auch Tantièmen und Naturalbezüge. Der Werth der letzteren ist nach Ortsdurchschnittspreisen in Ansatz zu bringen.

Als Jahresarbeitsverdienst gilt, soweit sich derselbe nicht aus mindestens wochenweise fixirten Beträgen zusammensetzt, das 300fache des täglichen Arbeitsverdienstes.

§ 2. Auf Beamte, welche in Betriebsverwaltungen des Reichs, eines Bundesstaats oder eines Kommunalverbandes mit festem Gehalt und Pensionsberechtigung angestellt sind, findet dieses Gesetz keine Anwendung.

[2]) § 13 des Gesetzentwurfs lautet:

Die Versicherungsprämie ist aufzubringen:

1. für diejenigen Versicherten, deren Jahresarbeitsverdienst (§ 8 Nr. 2 Absatz 4) 750 Mark und weniger beträgt, zu zwei Dritteln von dem Betriebsunternehmer, zu einem Drittel vom Reich;
2. für diejenigen Versicherten, deren Jahresarbeitsverdienst über 750 Mark und bis zu 1000 Mark beträgt, zu zwei Dritteln von dem Betriebsunternehmer, zu einem Drittel von dem Versicherten;
3. für diejenigen Versicherten, deren Jahresarbeitsverdienst über 1000 Mark beträgt, zur Hälfte von dem Betriebsunternehmer, zur Hälfte von dem Versicherten.

f) mit Zulassung des Rechtsweges gegen die von der Reichsversicherungsanstalt vorgenommene Entschädigungsfestsetzung,
g) mit Aufhebung der Haftpflicht der Betriebsunternehmer,
h) endlich unter Zulassung genossenschaftlicher Versicherung im Rahmen der Reichsversicherung [1]).

Was den Ausschluss der Privatversicherungsanstalt anlangt, so bemerken darüber die Motive:

„Keine Privatanstalt, mag sie in der Form eines auf Erwerb gerichteten Unternehmens oder in derjenigen einer auf Gegenseitigkeit gegründeten Gesellschaft auftreten, kann bei einem Versicherungszweige, dessen statistische Unterlagen noch wenig sicher und vollständig sind, diejenige Garantie steter Leistungsfähigkeit bieten, welche durch das öffentliche Interesse und dasjenige der Arbeiter erfordert wird. Selbst die strengste gesetzliche Regelung und die schärfste staatliche Beaufsichtigung des Privatversicherungswesens würde die Gefahr nicht ausschliessen, dass Versicherungsanstalten und Gesellschaften in Folge einer Reihe von ungünstigen Geschäftsjahren, wie sie um so leichter eintreten können, je kleiner der Geschäftsumfang der einzelnen Anstalten in Folge der Konkurrenz wird, zahlungsun-

---

[1]) § 56 des Gesetzentwurfs lautet:

Unternehmern von Betrieben derselben Gefahrenklasse in räumlich abgegrenzten Bezirken kann gestattet werden, zum Zweck der Unfallversicherung auf Gegenseitigkeit zusammenzutreten.

Durch das Bestehen einer solchen Genossenschaft werden die Entschädigungsansprüche, welche den durch einen Unfall Verletzten oder ihren Hinterbliebenen gegen die Reichsversicherungsanstalt zustehen, nicht berührt.

Für die zu einer Genossenschaft vereinigten Betriebe tritt an die Stelle des Prämienbetrages die von der Genossenschaft zu leistende Zahlung desjenigen Betrages, welcher erforderlich ist, um die Entschädigungsansprüche zu decken, welche während des abgelaufenen Kalendervierteljahrs in Folge der in den vereinigten Betrieben vorgekommenen Unfälle festgestellt sind. Für die festgestellten Renten ist die Deckung in Kapital zu leisten.

Zu den von der Genossenschaft zu leistenden Zahlungen trägt das Reich in dem durch § 13 für die Aufbringung der Prämie bestimmten Verhältnisse bei. Nach demselben Verhältniss können dazu die versicherten Personen, welche in den vereinigten Betrieben beschäftigt sind, von der Genossenschaft herangezogen werden. Jedoch sollen die Beiträge für das Reich in jedem Rechnungsjahre der Reichsversicherungsanstalt, für die Versicherten in jedem Kalendervierteljahre den Betrag nicht übersteigen, welcher von den Verpflichteten nach § 13 an Prämienbeiträgen für den bezeichneten Zeitraum zu zahlen sein würde.

Zuzulassen sind nur solche Genossenschaften, welche eine wirksame Beaufsichtigung der vereinigten Betriebe zum Zweck der Verhütung von Unfällen herstellen.

Die näheren Bestimmungen über die Ertheilung der Genehmigung der Genossenschaften, über ihre Verwaltung und deren Beaufsichtigung, sowie über die Zurücknahme der Genehmigung werden durch Beschluss des Bundesraths festgestellt.

fähig würden, und damit die bei ihnen versicherten Arbeiter, welche bereits Ansprüche erworben haben, der Wohlthat, welche das Gesetz ihnen zugedacht hat, verlustig gehen und der öffentlichen Armenpflege zur Last fallen."

Und an einer anderen Stelle ist später zu diesem Kapitel ausgeführt worden, dass es nicht möglich sein werde, für den Betrieb von Privatanstalten, deren Versicherung die gesetzliche Versicherungspflicht erfüllen solle, Normativbestimmungen zu entwerfen, deren Inhalt den Staat befriedige und den Gesellschaften die unentbehrliche freie Bewegung noch belasse. (Reichstagsverhandlungen vom 18. Januar 1882 S. 728 ff.)

Berathung des Gesetzentwurfs im Reichstag.

Die Kommission des Reichstags, welcher der Entwurf zur Vorberathung überwiesen wurde, und ebenso der Reichstag billigte das Zwangsversicherungsprinzip. Der von dem Abgeordneten Freiherrn von Hertling erstattete Bericht der Reichstagskommission — Nr. 159 der Drucksachen für 1881 — sagt in dieser Hinsicht auf Seite 2:

„Die Majorität der Kommission zeigte sich von Anfang an bereit, insoweit auf den Grundgedanken des Entwurfs einzugehen, als derselbe die gesetzliche Regelung der Entschädigungsansprüche im Berufe verunglückter Arbeiter nicht sowohl durch ausschliessliche Heranziehung des persönlich haftbaren Betriebsunternehmers, als vielmehr durch Einführung einer allgemeinen obligatorischen Unfallversicherung vorgenommen wissen will. Sie erblickte darin ein geeignetes Mittel zur Beseitigung der Mängel, welche sich seit Erlass des Gesetzes vom 7. Juni 1871 mit wachsender Deutlichkeit herausgestellt haben, und welche gleichmässig in der zu engen Begrenzung der von den Wohlthaten des Gesetzes betroffenen Arbeiterkategorien, in der für den Arbeiter thatsächlich bestehenden Schwierigkeit, zur Anerkenntniss seines Rechtsanspruchs zu gelangen, sowie endlich in der Gefahr beruhen, dass dem anerkannten Anspruch wegen Insolvenz des Betriebsunternehmers Befriedigung nicht zu Theil werde. Nur eine aus drei Mitgliedern bestehende Minorität nahm einen abweichenden Standpunkt ein."

In gleicher Weise hat der Reichstag selbst durch seine Beschlüsse die wesentlichsten Grundlagen des Gesetzentwurfs gebilligt und nur in Betreff der Ersetzung der Reichsversicherungsanstalt durch Versicherungsanstalten der Einzelstaaten und der Beseitigung der Reichsbeihülfe zu den Versicherungskosten abweichende Beschlüsse von prinzipieller Bedeutung gefasst (Nr. 260 der Drucksachen des Reichstags).

Stellungnahme der verbündeten Regierungen. Weitere Vorarbeiten.

Glaubten die verbündeten Regierungen diesen Beschlüssen ihrerseits nicht zustimmen zu können, so war doch die Lösung der Frage damit keineswegs gescheitert, sondern nur verzögert.

Die Arbeiten zur Herbeiführung dieser Lösung nahmen alsbald wieder ihren Fortgang. Insbesondere wurde darauf Bedacht genommen, nunmehr das bei den früheren Berathungen schmerzlich vermisste statistische Material, welches namentlich für die Ausführung des geplanten Gesetzes nicht entbehrt werden konnte, in ausgiebigem Masse zu beschaffen.

Die Erhebung dieser Statistik wurde für einen zukünftigen Zeitraum und zwar für zwei in das Sommerhalbjahr und für zwei in das Winterhalbjahr fallende Monate (August bis November 1881) in der Weise angeordnet, dass jeder Besitzer eines unter die Vorlage vom Jahre 1881 fallenden Betriebes ersucht wurde, die erforderlichen Aufzeichnungen fortlaufend zu machen und demnächst ein ihm mitgetheiltes Formular entsprechend ausgefüllt der Behörde zurückzuliefern.

Die Aufgaben, deren Lösung durch die so eingeleitete Statistik herbeigeführt oder vorbereitet werden sollte, waren die folgenden:

1. die Gewinnung eines zuverlässigen Materials in Betreff der Zahl der Unfälle und ihrer Folgen: Tod, Invalidität, vorübergehende Erwerbsunfähigkeit, sowie in Betreff des Alters der beschäftigten Arbeiter;
2. die Gewinnung eines Einblicks in das Gefahrenverhältniss der verschiedenen Betriebe zu einander;
3. die Berechnung der aus der Unfallversicherung resultirenden Belastung und zwar an sich und im Vergleich mit der den Krankenkassen zufallenden Belastung, wenn den letzteren die Fürsorge für einen gewissen Zeitraum übertragen würde;
4. a) die Ermittelung des Umfangs, welchen die Unfallversicherung schon jetzt gewonnen hat, b) soweit möglich, die Beantwortung der Frage, ob die Versicherung gegen Unfall einen nachweisbaren Einfluss auf die Zahl der zur Anmeldung gelangenden Unfälle ausübt.

In allen vier Beziehungen entspricht die Statistik, deren Erhebung von den Aufnahmebehörden mit ersichtlichem Eifer betrieben und seitens einer ganzen Reihe von industriellen, kommerziellen und technischen Vereinen und Verbänden in anerkennenswerther Weise gefördert ist, den billigerweise an sie zu stellenden Anforderungen. Nur in Beziehung auf 4. b) gestattet sie keine sicheren Schlüsse.

In rund 94000 Betrieben, worunter allerdings rund 36000 Mühlen, mit rund 2 Millionen Arbeitern gelangten die Erhebungen zur Durchführung.

Resultate der Unfallstatistik von 1881.

Bei dem allgemeinen Interesse, welches die durch die Statistik gelieferten Zahlen bieten, mögen einige derselben an der Hand der von dem Verfasser bearbeiteten „Unfallstatistik des deutschen Reichs“, Ergänzungsheft zu Band 53 der Statistik des Deutschen Reichs, Seite 8 fg. hier wiedergegeben werden. In jener Abhandlung ist angeführt und an der Hand einzelner zum Vergleiche herangezogenen Beobachtungen wahrscheinlich gemacht, dass die Resultate der Statistik im Grossen und Ganzen brauchbar sind, wenngleich im Detail natürlich manches hervortritt, dessen Generalisirung unstatthaft ist. Im Folgenden sind nur die Gesammtresultate berücksichtigt, bei denen sich das Gesetz der grossen Zahl schon geltend macht. Die Beobachtung von 2 Millionen Arbeitern während vier Monaten, die ziemlich den Durchschnitt des Jahres repräsentiren, ist etwa gleichwerthig mit einer Beobachtung von 200000 Arbeitern während vierzig Monaten — den Werth der letzteren aber wird niemand in Zweifel ziehen.

Die Erhebungen bezogen sich auf 93554 gewerbliche Betriebe mit 1615253 männlichen und 342295 weiblichen, zusammen 1957548 Arbeitern. Von diesen verstarben in den vier Monaten August, September, Oktober, November 1881

in Folge Unfalls . . . . 651 männliche
und . . . 11 weibliche,
zusammen . 662 662

Dauernd erwerbsunfähig wurden:
a) gänzlich . . 122 männliche
1 weibliche,
zusammen 123 . . . . 123;
b) theilweise . . 410 männliche
27 weibliche,
zusammen 437 437
560 560

und vorübergehend erwerbsunfähig
27644 männliche und
708 weibliche
zusammen 28352 28352
Summe aller Unfälle 29574.

Aufs Jahr berechnet, d. i. mit 3 multiplizirt, würden diese Zahlen ergeben:

1 986	Unfälle mit tödtlichem Ausgang,
1 680	„ „ nachfolgender dauernder Erwerbsunfähigkeit,
85 056	„ „ nachfolgender vorübergehender Erwerbsunfähigkeit,

Summe 88 722 Unfälle, d. i. auf je 1 000 Betriebsbeamte und Arbeiter 45,3 Unfälle.

Wird zunächst die Betheiligung der beiden Geschlechter an diesen Unfällen ins Auge gefasst, so ereigneten sich im Laufe der 4 Erhebungs-Monate

	bei den männlichen Arbeitern:	bei den weiblichen Arbeitern:
Unfälle mit tödtlichem Ausgang	651	11
„ „ folgender dauernder Erwerbsunfähigkeit	532	28
„ „ folgender vorübergehender Erwerbsunfähigkeit	27 644	708
Summe	28 827	747.

Von der Gesammtzahl der Arbeiter waren 82,5 % männlich, 17,5 % weiblich; von der Gesammtzahl der Unfälle erlitten die männlichen Arbeiter 97,5 Prozent, die weiblichen 2,5 %.

Auf das Jahr berechnet kamen auf je

1 000 männliche Arbeiter 53,5 Unfälle,
1 000 weibliche „ 6,5 „ ;

das weibliche Geschlecht war somit auf den Kopf berechnet 8,2 mal weniger an den Unfällen betheiligt gewesen, als das männliche.

Auf das Jahr berechnet kamen im einzelnen

	auf 10 000 männliche Arbeiter	auf 10 000 weibliche Arbeiter
a) Unfälle mit tödtlichem Ausgang . .	12	1
b) Unfälle mit folgender dauernder Erwerbsunfähigkeit	10	2
c) Unfälle mit folgender vorübergehender Erwerbsunfähigkeit	513	62

Es verhielt sich also die Betheiligung des weiblichen Geschlechts an den Unfällen zu der des männlichen:

in den Fällen mit tödtlichem Ausgang (unter a) wie 1 zu 12,
in den Fällen dauernder Erwerbsunfähigkeit (unter b) wie 1 zu 5,
in den Fällen vorübergehender Erwerbsunfähigkeit (unter c) wie 1 zu 8.

Von der Gesammtheit aller Unfälle bildeten:

die Fälle unter a . . .	2,2 %
„ „ „ b . . .	1,9 „
„ „ „ c . . .	95,9 „
Summe	100 %:

lauter Momente, welche von höchster Bedeutung für die Berechnung der aus der Versicherung der weiblichen Arbeiter resultirenden Gesammtbelastung sind, wovon weiter unten die Rede sein wird.

Werden die Fälle unter c — ohne Trennung der Geschlechter — weiter unterschieden, so ergeben sich

		Krankentage
1.	16 139 Unfälle mit Erwerbsunfähigkeit von 1 bis 14 Tagen, mit	126 340
2.	6 532 Unfälle mit Erwerbsunfähigkeit von 15 bis 28 Tagen, mit	135 606
3.	5 681 Unfälle mit Erwerbsunfähigkeit von mehr als 28 Tagen, mit . . .	287 913
Summe	28 352 Unfälle mit.	549 859

oder pro Jahr 85 056 Unfälle mit 1 649 577 Krankentagen.

Von den Unfällen unter 1, 2 und 3 vorstehend machten
die Fälle unter 1. . . 56,9 % aus,
" " " 2. . . 23,1 " " und
" " " 3. . . 20,0 " "

während die Krankentage sich vertheilten
auf die Fälle unter 1. mit 23,0 %,
" " " " 2. " 24,7 "
" " " " 3. " 52,3 "

also dort eine fallende, hier eine steigende Zahlenreihe.

Zu einer weiteren Aussonderung der Unfälle mit Erwerbsunfähigkeit von mehr als 4 bis zu 13 Wochen und von über 13 Wochen ist das Material nicht geeignet. Da die Erhebungsperiode sich auf nur 4 Monate beschränkte und beschränken musste, hätte auf diese Unterscheidungen eine Frage nicht gerichtet werden können, ohne für die in die letzten Monate fallenden Unfälle die Schätzung über Gebühr zu erschweren und deshalb auf Widerstand zu stossen. Man begnügte sich daher in diesen Fällen mit einer allgemeinen Schätzung der Krankheitsdauer bei denjenigen Unfällen, welche eine Erwerbsunfähigkeit von mehr als 4 Wochen zur Folge hatten. Vorstehend sind für die hierher gehörenden in den vier Erhebungsmonaten beobachteten 5681 Unfälle 287 913 Krankentage, d. i. 51 Tage pro Unfall, angegeben; an der Richtigkeit dieser Zahlen zu zweifeln, liegt ein besonderer Grund nicht vor.

Eine schätzenswerthe Ergänzung liefert in dieser Hinsicht die vom Vereine deutscher Eisen- und Stahl-Industrieller aus Anlass der reichsstatistischen Erhebungen bei seinen Mitgliedern durchgeführte weitere Aufnahme (Zirkularmittheilung des Vereinsvorstandes No. 9 d. d. Berlin den 22. Februar 1882). Dieselbe umfasst die Jahre 1878, 1879 und 1880 und bezieht sich auf 352 Werke der Eisenindustrie. Nach dieser Aufnahme waren von den Fällen der Erwerbsunfähigkeit nach Ablauf von 3 Monaten ca. 97 % erledigt (geheilt), und nur für etwa 3 % bestanden die nachtheiligen Einwirkungen auf Wohlbefinden und Gesundheit, vor allem auf die Erwerbsfähigkeit der Verunglückten noch nach 3 Monaten fort.

(Hiernach lässt sich das Arbeitspensum der Genossenschafts- und Sektionsvorstände der neuesten Unfallversicherungsvorlage berechnen. In Betracht kommen bei rund zwei Millionen versicherten Arbeitern rund

2000 tödtliche Unfälle, d. i. 2,2 % aller Unfälle,
1700 Invaliditätsfälle, d. i. 1,9 % aller Unfälle,
900 Fälle vorübergehender über 13 Wochen dauernder Erwerbsunfähigkeit, d. i. etwa 1,1 % aller nicht tödtlichen Unfälle,

zus. 4600 Fälle, welche sich gemäss § 57 der neuesten Vorlage auf die verschiedenen Genossenschaftsorgane zur Erledigung vertheilen.)

Unfallversicherungslast.

Was sodann die durch die Unfallversicherung hervorgerufene finanzielle Belastung anlangt, so bewirkt nach den Berechnungen des Rechnungsraths Behm jeder tödtliche Unfall eine Belastung von 271,35 % des jährlichen Durchschnittsverdienstes eines Arbeiters. Diese Ziffer setzt sich aus folgenden Bestandtheilen zusammen:

1.	Werth der Wittwenrente (zu 20 % vom Durchschnittsverdienst angesetzt)	177,38 % des Durchschnittsverdienstes.
2.	Werth der Kinderrente (zu 10 % vom Durchschnittsverdienst angesetzt) . . .	76,36 % „ „
3.	Werth der Ascendentenrente (zu 20 % vom Durchschnittsverdienst angesetzt)	7,81 % „ „
4.	Werth des Sterbegeldes (veranschlagt zu 10 % vom Lohn, unter Berücksichtigung der Zinsberechnung [1])	9,80 % „ „

Sa. tödtlicher Unfall wie oben 271,35 % des Durchschnittsverdienstes, reduzirt auf den Anfang des Geschäftsjahres der Versicherung.

Der Werth der vollen Invaliditätsrente ($66^2/_3$ % vom Durchschnittsverdienst) ist auf 787,59 % vom Durchschnittsverdienst anzusetzen.

[1] Der Anschlag beruht auf einer früheren Vorlage; war reichlich hoch gegriffen, um sicher zu gehen.

Wird der Belastungswerth aller versicherten Unfälle auf den Einheits-Belastungswerth von Todesfällen reduzirt, so erhält man für 100 000 männliche Arbeiter jährlich 411 tödtliche Unfälle. Wird weiter ein Durchschnittsverdienst von 750 Mark angenommen und der Belastungswerth eines tödtlichen Unfalls wie vorstehend mit 271,35 % vom Durchschnittsverdienst angesetzt, so ergiebt sich für die beobachteten 1 615 253 männlichen Arbeiter folgende Berechnung der Gesammt-Jahresbelastung:

$$\frac{411}{100\,000} \times 1\,615\,253 \times \frac{271{,}35}{100} \times 750 \text{ Mk.} = 13\,510\,564 \text{ Mk.}$$

Hierzu kommt die Belastung für die 342 295 weiblichen Arbeiter, welche wegen des Wegfalls der Wittwenpension und wegen der geringeren Unfallsgefahr auf höchstens $\frac{1}{5}$ der Belastung einer gleichen Anzahl männlicher Arbeiter anzunehmen ist. Wird der Durchschnittsverdienst der Arbeiterinnen mit $\frac{750}{2}$ Mark eingestellt — so dass also die Belastung für eine Arbeiterin auf $\frac{1}{5} \times \frac{1}{2} = \frac{1}{10}$ der Belastung für einen Arbeiter angenommen wird —, so stellt sich die Belastung für die 342 295 Arbeiterinnen auf

$$\frac{\frac{411}{100\,000} \times 342\,295 \times \frac{271{,}35}{100} \times \frac{750}{2} \text{ Mk.}}{5} = 286\,308 \text{ Mk.}$$

Gesammtbelastung Summa 13 796 872 Mk.

Das Resultat ist mithin, dass die Unfallversicherung von rund zwei Millionen Arbeitern, wovon etwa ein Sechstel dem weiblichen Geschlecht angehört, eine Jahresbelastung von rund 14 Millionen Mark hervorruft, wenn der Durchschnittsverdienst der männlichen Arbeiter zu 750 Mark, der weiblichen Arbeiter zu $\frac{750}{2}$ Mark angenommen wird, und die oben vorgesehenen Entschädigungen gezahlt werden. Auf den Kopf der Arbeiterschaft macht dies eine Belastung von 7 Mark.

Auf welche Weise sich die oben angeführten 271,35 % des Durchschnittsverdienstes als durchschnittlicher Belastungswerth jedes tödtlichen Unfalls zusammensetzen, wurde dargelegt.

Setzt man diesen Belastungswerth = . . .	1,
so ist nach Behm's Berechnung der Belastungswerth eines zur Invalidität führenden Unfalls =	2,9025
und derjenige der vorübergehenden Arbeitsunfähigkeit von mehr als 13 Wochen = ...	0,00308
oder in Durchschnittsverdienst-Prozenten:	
1. der tödtliche Unfall = ...	271,35 %
2. der zur Invalidität führende Unfall = . .	787,59 %
3. der Fall vorübergehender Erwerbsunfähigkeit von mehr als 13 Wochen	0,84 %

Wird der Werth der Invalidenrenten gleich 1000 gesetzt, so ergeben sich folgende Werth-Verhältnisszahlen:

Invalidenrenten	1000
Wittwenrenten	225
Waisenrenten	97
Sterbegelder	12
Renten für Ascendenten	10
Krankengelder (über 13 Wochen) .	1

Hieran ist auch unmittelbar zu ermessen, in welchem Verhältnisse eine Erhöhung oder Ermässigung der oben vorgesehenen einzelnen Entschädigungen wirken würde.

Verhältniss der Unfallversicherungs- zur Krankenversicherungslast.

In Betreff des Verhältnisses der Unfallversicherungs- zur Krankenversicherungslast endlich, wenn die Fürsorge für die ersten 13 Wochen der Krankenversicherung übertragen wird, ist folgendes anzuführen:

Für 1 957 548 Arbeiter wurden oben 1 649 577 durch Unfall hervorgerufene Krankentage berechnet (darunter die über 13 Wochen hinausgehenden, nicht aber die der Getödteten und der Invaliden in den ersten Wochen).

Wird der Lohn für 300 Arbeitstage und zwar zur weiteren Ausgleichung ohne Unterschied für männliche und weibliche Arbeiter zu 750 Mark angesetzt, und demnach die auf $66^2/_3$ % des Lohnes bemessene Krankenunterstützung für 300 Krankentage zu 500 Mark angenommen, so ergiebt sich für die Krankenkassen eine Gesammtbelastung von 2 749 295 Mark.

Die gesammte durch Unfälle entstehende Last (2 749 295 + 13 796 872 Mark) = 16 546 167 Mark würde demnach mit rund $16^1/_2$ % auf die Krankenkassen und mit 11 % auf die zu diesen zwei Drittel der Beiträge leistenden Arbeiter entfallen, wobei zu beachten bleibt, dass die Arbeitgeber zu den gesammten Krankenunterstützungen und nicht etwa nur zu den durch Unfälle veranlassten in der Regel, d. h. wenn die Arbeiter es wollen, ein Drittel beitragen[1]).

---

[1]) Wird dem obigen nach, reichlich gerechnet, für jeden Arbeiter ährlich Ein auf Unfall beruhender Krankentag angesetzt — für 1 957 458

Aber auch selbst abgesehen hiervon machen diese Zahlen es ganz klar, dass die durch Unfall hervorgerufene vorübergehende Erwerbsunfähigkeit bis zu 13 Wochen, mögen die Fälle noch so zahlreich sein, kaum in das Gewicht fällt gegenüber den Todes- und Invaliditätsfällen. Jene erheischen $2^3/_4$, diese $13^4/_5$ Millionen Mark.

Um einem Missverständnisse vorzubeugen, möge hier schliesslich noch angeführt werden, dass diese $13^4/_5$ Millionen Mark diejenige Jahresbelastung darstellen, welche aus der Erhebung der erforderlichen Deckungskapitale entstehen würde, d. h. aus Erhebung derjenigen Kapitale, welche nach technischen Grundsätzen ausreichen, die Renten dauernd zu decken. Die vorstehenden Erörterungen gehen also davon aus, dass für die alljährlich bei 1 957 548 Arbeitern männlichen und weiblichen Geschlechts vorkommenden Unfälle alljährlich konstant $13^4/_5$ Millionen Mark zu erheben sind. — Um den Belastungswerth der Unfallversicherung zur Zahl zu bringen, insbesondere um Unfallversicherungs- und Krankenversicherungslast vergleichen zu können, giebt es keinen anderen Weg als den der Berechnung der Deckungskapitale. Nun aber ist es klar, dass, wenn die letzteren alljährlich erhoben werden, in den ersten Jahren beträchtliche Summen übrig bleiben, welche für den Bedarf späterer Jahre bestimmt sind. Es schieben sich also grosse Reservekapitale zusammen, die vor Ablauf von 10 Jahren mit den Zinsen 100 Millionen übersteigen und dann noch lange Zeit weiter steigen. — Ganz anders stellt sich die Sache, wenn nur der effektivere Jahresbedarf jedesmal zur Hebung gelangt (umgelegt wird). In diesem Falle schieben sich im Laufe der Zeit die Renten zusammen. Denn zu den Renten des ersten Jahres kommen im zweiten Jahre neue Renten und im dritten, vierten, fünften Jahre u. s. w. immer wieder neue Renten, die alljährlich zusammen bezahlt sein wollen, soweit nicht durch Tod u. s. w. Renten früherer Jahre zum Abgang kommen. Wird dies sogenannte Umlageverfahren angewandt, so ergeben sich für die oben bezeichneten 1 615 253 männlichen Arbeiter, für welche ein Deckungskapital von 13 510 564 Mark berechnet wurde, die folgenden Jahresbedarfssummen:

Am Schlusse des ersten Jahres, in welchem durchschnittlich jede Rente nur für 6 Monate bezogen wird, da ja die

Arbeiter wurden 1 649 577 Krankentage ermittelt —, und wird auf Grund vorliegender Beobachtungen davon ausgegangen, dass auf den Arbeiter durchschnittlich jährlich 7 Krankentage in Folge von Krankheit und Unfall entfallen, so ergibt sich, dass die durch Unfall hervorgerufene Krankenlast gleich $^1/_7$ der Gesammtkrankenlast ist, während der Arbeitgeber in seinem Drittelbeitrag mehr als $^2/_7$ dieser Gesammtlast trägt. — Dabei kommt ferner in Betracht, dass auch der erste und zweite Krankheitstag bei den berechneten 85 056 Unfällen den Krankenkassen zur Last gerechnet sind.

Unfälle im Laufe des Jahres allmählich eintreten, ist zu erheben 690000 Mark,

am Schlusse des	2.	Jahres	1700000 Mark,
- - -	3.	-	2800000 -
- - -	4.	-	3800000 -
- - -	5.	-	4700000 -
- - -	6.	-	5600000 -
- - -	7.	-	6600000 -
- - -	8.	-	7400000 -
- - -	9.	-	8200000 -
- - -	10.	-	9000000 -
- - -	15.	-	12400000 -
- - -	17.	-	13600000 -

(dieser Betrag stimmt, wie ersichtlich, mit dem oben angegebenen Deckungskapitalsbetrag ungefähr überein);

am Schlusse des	20.	Jahres	15000000 Mark,
- - -	25.	-	17300000 -
- - -	30.	-	19000000 -
- - -	35.	-	20400000 -
- - -	45.	-	22000000 -
- - -	50.	-	22500000 -
- - -	75.	-	22900000 -

Das letzgenannte Jahr ist dasjenige des Beharrungszustandes, in welchem die Umlage etwa 69 % höher ist, als wenn vom ersten Jahre an Deckungskapitale erhoben worden wären. (Die Vorzüge des Umlageprinzips im Gegensatz zum Deckungskapitalsprinzip zu erörtern, ist hier nicht der Ort, es darf in dieser Hinsicht auf die Motive der Gesetzesvorlagen von 1882 und 1884 verwiesen werden.)

Allerhöchste Botschaft vom 17. November 1881.

Einen Wendepunkt in der sozialpolitischen Gesetzgebung des Reichs bildet die allerhöchste Botschaft, mit welcher am 17. November 1881 die Legislaturperiode des gegenwärtigen Reichstags eröffnet wurde.

Dieselbe lautet in ihren hier in Betracht kommenden Abschnitten 4, 5 und 6:

> Schon im Februar dieses Jahres haben Wir Unsere Ueberzeugung aussprechen lassen, dass die Heilung der sozialen Schäden nicht ausschliesslich im Wege der Repression sozialdemokratischer Ausschreitungen, sondern gleichmässig auf dem der positiven Förderung des Wohles der Arbeiter zu suchen sein werde. Wir halten es für Unsere Kaiserliche Pflicht, dem Reichstage diese Aufgabe von neuem ans Herz zu legen, und würden Wir mit um so grösserer Befriedigung auf alle Erfolge, mit denen Gott Unsere Regierung sichtlich ge-

segnet hat, zurückblicken, wenn es Uns gelänge, dereinst das Bewusstsein mitzunehmen, dem Vaterlande neue und dauernde Bürgschaften seines inneren Friedens und den Hilfsbedürftigen grössere Sicherheit und Ergiebigkeit des Beistandes, auf den sie Anspruch haben, zu hinterlassen. In Unseren darauf gerichteten Bestrebungen sind Wir der Zustimmung aller verbündeten Regierungen gewiss und vertrauen auf die Unterstützung des Reichstags ohne Unterschied der Parteistellungen.

In diesem Sinne wird zunächst der von den verbündeten Regierungen in der vorigen Session vorgelegte Entwurf eines Gesetzes über die Versicherung der Arbeiter gegen Betriebsunfälle mit Rücksicht auf die im Reichstag stattgehabten Verhandlungen über denselben einer Umarbeitung unterzogen, um die erneute Berathung desselben vorzubereiten. Ergänzend wird ihm eine Vorlage zur Seite treten, welche sich eine gleichmässige Organisation des gewerblichen Krankenkassenwesens zur Aufgabe stellt. Aber auch diejenigen, welche durch Alter oder Invalidität erwerbsunfähig werden, haben der Gesammtheit gegenüber einen begründeten Anspruch auf ein höheres Mass staatlicher Fürsorge, als ihnen bisher hat zu Theil werden können.

Für diese Fürsorge die rechten Mittel und Wege zu finden, ist eine schwierige, aber auch eine der höchsten Aufgaben jedes Gemeinwesens, welches auf den sittlichen Fundamenten des christlichen Volkslebens steht. Der engere Anschluss an die realen Kräfte dieses Volkslebens und das Zusammenfassen der letzteren in der Form korporativer Genossenschaften unter staatlichem Schutz und staatlicher Förderung werden, wie Wir hoffen, die Lösung auch von Aufgaben möglich machen, denen die Staatsgewalt allein in gleichem Umfange nicht gewachsen sein würde. Immerhin aber wird auch auf diesem Wege das Ziel nicht ohne die Aufwendung erheblicher Mittel zu erreichen sein.

Durch diese Botschaft wurde die Lösung der sozialpolitischen Aufgaben auf dem Boden genossenschaftlicher Gliederung als Ziel der Gesetzgebung hingestellt.

Von dem Reichskanzler Fürsten von Bismarck ist auf diese Lösung demnächst wiederholt hingewiesen worden.

So sagte derselbe in der Sitzung des Reichstags vom 9. Januar 1882 in Beantwortung der Interpellation des Freiherrn von Hertling, welche sich auf die Sonntagsarbeit, Frauenarbeit, Abkürzung der Arbeitszeit, auf den Erlass von Schutzvorschriften und die Erweiterung der Kompetenz der Fabrikinspektoren bezog (No. 42 der Drucksachen von 1881):

„Ich glaube, dass die meisten der Ziele, die der Herr Vorredner uns stellt, nur auf der Basis korporativer Assoziationen mit annähernder Sicherheit, ich will nicht sagen, erreicht werden können, aber dass es nur auf dieser Basis möglich sein wird, ihnen so weit näher zu treten, wie es nach menschlicher Unvollkommenheit thunlich ist. Um diese Basis zu schaffen, steht uns noch mindestens ein arbeitsvolles Jahr, vielleicht mehr wie das bevor. Die Vorlage über die Berufsstatistik, welche Ihnen diese Session gebracht hat, ist die erste Grundlage davon."

Und an einer anderen Stelle derselben Rede:

„Wir müssen uns die Ziele nicht zu hoch stellen; wie hoch wir sie stellen dürfen, werden wir meines Erachtens erst beurtheilen können, wenn wir zu korporativen Bildungen gelangt sein werden, wo wir dann mit jeder einzelnen verhandeln können und wissen, wie weit sie in Konzessionen den Staatszwecken gegenüber gehen kann ohne Zuschuss. Das werden wir aber frühestens im nächsten Frühjahr auf Grund der Ihnen dann zu machenden Vorlagen in Angriff nehmen können; bis jetzt bin ich ausser Stande, darüber ein Urtheil zu geben."

Endlich:

„Es liegt in all den Aufgaben, die aus der Interpellation für unsere Gesetzgebung hervorgehen, die Frage: wo ist die Grenzlinie, bis an welche man die Industrie belasten kann, ohne dem Arbeiter die Henne zu schlachten, die ihm die Eier legt? . . . Wenn man die Anforderungen zur Herstellung staatlicher Zwecke an die Industrie stellt, so muss man sich die Grenze der Tragfähigkeit dieser Industrie doch sehr genau vergegenwärtigen; das kann man wiederum meines Erachtens, wie der Herr Vorredner auch bemerkte, nicht en bloc und im Ganzen, das wird man mit einzelnen Berufsklassen vielleicht können, unter deren Zustimmung und mit deren Mitwirkung.

(Stenographischer Bericht des Reichstags vom 9. Januar 1882, S. 485 ff.)[1])

---

[1]) In dieser Rede war es, wo der Reichskanzler auch die folgenden Worte sprach:

„Die Anforderungen des Herrn Vorredners könnte ich um so sicherer

Anträge Buhl u. Genossen und Auer u. Genossen.

Bei dieser Sachlage konnte der von den vereinigten liberalen Parteien des Reichstags unter dem 10. Januar 1882 als Antrag eingebrachte Gesetzentwurf (Buhl und Genossen), welcher die Lösung der Unfallfrage auf dem Boden erweiterter Haftpflicht unter Zulassung der Privatversicherungsanstalten auf Grund von Normativbestimmungen lösen wollte, die Zustimmung der verbündeten Regierungen nicht finden[1]). Derselbe wurde daher bei den am 18. und 19. Januar 1882 im Reichstage gepflogenen Verhandlungen vom Bundesrathstisch aus bekämpft. Dabei ist bemerkenswerth, dass der Gesetzentwurf durch das Verlangen der „Sicherheitsbestellung" (Abschnitt 3) thatsächlich einen allgemeinen, wenn auch indirekten Versicherungszwang, in Aussicht nahm.

Die von den sozialdemokratischen Abgeordneten Auer und Genossen schon früher zur zweiten Berathung des 1881er

mit einem einfachen Ja beantworten und mich dann wieder hinsetzen, weil ich mich dabei ganz innerhalb des Gebiets befinde, was ich mir erlaubte bei einer früheren Gelegenheit ‚praktisches Christenthum' zu nennen, das heisst Bethätigung unserer christlichen Sittenlehre auf dem Gebiet der Nächstenliebe. Ich habe gefunden, dass in der Presse mehr als im Parlament diese Bezeichnung manchen Anstoss gegeben und manche Gegner geschaffen hat, denen das Wort ‚christlich' unangenehm ist, es so scharf akzentuirt zu sehen, — ich meine nicht von konfessionellen Unterschieden, ich meine nur von dem Unterschiede in dem Grade des Glaubens oder Nichtglaubens. Aber auch diejenigen, die an die Offenbarungen des Christenthums nicht mehr glauben, möchte ich daran erinnern, dass doch die ganzen Begriffe von Moral, Ehre und Pflichtgefühl, nach denen sie ihre anderen Handlungen in dieser Welt einrichten, wesentlich nur die fossilen Ueberreste des Christenthums ihrer Väter sind, die unsere sittliche Richtung, unser Rechts- und Ehrgefühl noch heute, manchem Ungläubigen unbewusst, bestimmen, wenn er auch die Quelle selbst vergessen hat, aus der unsere heutigen Begriffe von Zivilisation und Pflicht geflossen sind. Ich glaube also, auch ihnen und selbst denen, die einer anderen Konfession angehören, ist doch das Gebot der Nächstenliebe, das Gebot der Wohlthätigkeit, auch in ihrer Konfession ein vorherrschendes. Ich sehe daher nicht ein, mit welchem Rechte wir für unsere gesammten Privathandlungen die Gebote des Christenthums, lebendig oder fossil, anerkennen und sie gerade bei den wichtigsten Handlungen, bei der wichtigsten Bethätigung unserer Pflichten, bei der Theilnahme an der Gesetzgebung eines Landes von 45 Millionen in den Hintergrund schieben wollen und sagen: hier haben wir uns daran nicht zu kehren. Ich meinerseits bekenne mich offen dazu, dass dieser mein Glaube an die Ausflüsse unserer offenbarten Religion in Gestalt der Sittenlehre vorzugsweise bestimmend für mich ist und jedenfalls auch für die Stellung des Kaisers zu der Sache, und dass damit die Frage von dem christlichen oder nichtchristlichen Staate gar nichts zu thun hat. Ich, der Minister dieses Staates, bin Christ und entschlossen, als solcher zu handeln, wie ich glaube, es vor Gott rechtfertigen zu können."

[1]) Einen Abdruck der Hauptbestimmungen des Gesetzentwurfs siehe unten S. 127 f.

Gesetzentwurfs gestellten Anträge waren auf die Errichtung einer Reichs-Unfallversicherungsanstalt und die Einführung des Zwanges zur Versicherung aller Arbeiter gegen Betriebsunfälle gerichtet gewesen. Dabei verlangten dieselben volle Entschädigung bei eintretenden Unfällen, Befreiung der Arbeiter von allen Beiträgen, die nur den Arbeitgebern zur Last fallen sollten, und die Einrichtung von Schiedsgerichten, deren Beisitzer aus direkter Wahl beider Theile hervorgehen und deren rechtskundiger Vorsitzender von den beiderseitigen Beisitzern gewählt, eventuell von der oberen Aufsichtsbehörde ernannt werden sollte (Drucksachen des Reichstags, IV. Session, 1881, Nr. 201).

Gesetzentwurf vom Jahre 1882.

Unter dem 8. Mai 1882 wurde dem Reichstag eine neue Vorlage der verbündeten Regierungen über die Unfallversicherung der Arbeiter mitgetheilt (Drucksachen des Reichstags, II. Session 1882, Nr. 19).

Diese Vorlage unterschied sich von der früheren namentlich

a) durch das Fallenlassen der Reichsversicherungsanstalt, welche durch eine Organisation der Versicherung auf Grund von Gefahrenklassen-Gemeinschaften einerseits, sowie von Betriebsgenossenschaften und Betriebsverbänden andererseits ersetzt wurde,
b) durch das Fallenlassen der Arbeiterbeiträge und dagegen Verlängerung der Karenzzeit, während deren die Fürsorge den Krankenkassen zufallen sollte, auf dreizehn Wochen,
c) durch die Aufnahme der Bauarbeiter in den Kreis der versicherungspflichtigen Personen, während der Entwurf vom Jahre 1881 diese Aufnahme von einem Beschlusse des Bundesraths abhängig gemacht hatte, ferner
d) durch die Annahme des sogenannten Umlageprinzips im Gegensatz zum Prämien- oder Deckungskapitalsystem,
e) durch die Einführung der Berufung auf schiedsrichterliche Entscheidung gegenüber den Entschädigungsfestsetzungen der Genossenschafts- etc. Vorstände und die Errichtung selbständiger Arbeiterausschüsse, endlich
f) durch die Einführung der Postanstalten als Zahlstellen.

Die hauptsächlichsten Bestimmungen des Gesetzentwurfs sind in dieser Beziehung die folgenden:

§ 1 Abs. 2. Dasselbe (das ist die Versicherungspflicht) gilt von Arbeitern und Betriebsbeamten, welche von einem Gewerbtreibenden, dessen Gewerbebetrieb sich auf die Ausführung von Bauarbeiten erstreckt, in diesem Betriebe beschäftigt werden, sowie von sonstigen bei der

Ausführung von Bauten beschäftigten Arbeitern und Betriebsbeamten, soweit dieselben nicht, ohne im Dienste eines Gewerbtreibenden der bezeichneten Art zu stehen, lediglich einzelne Reparaturarbeiten ausführen.

§ 5 Abs. 1. Der Schadensersatz soll im Falle der Verletzung bestehen:

1. in den Kosten des Heilverfahrens, welche vom Beginn der vierzehnten Woche nach Eintritt des Unfalls an entstehen;

§ 7. Die Versicherung erfolgt durch die Unternehmer der unter § 1 fallenden Betriebe auf Gegenseitigkeit und zwar in der Weise, dass die nach §§ 5, 6 zu leistenden Entschädigungen nach Abzug von 25 %, welche vom Reiche gewährt werden,

1. mit 60 % der Gesammtheit aller Unternehmer derjenigen Gefahrenklasse (§ 10), welcher der von dem Unfalle betroffene Betrieb angehört,
2. mit 15 % der Betriebsgenossenschaft (§ 11), welcher, oder dem Betriebsverbande (§ 14), welchem der von dem Unfalle betroffene Betrieb angehört,

zur Last fallen.

§ 9 Abs. 1. Jeder Unternehmer eines unter den § 1 fallenden Betriebes muss für denselben einer Gefahrenklasse (§ 10) und entweder einer Betriebsgenossenschaft (§ 11) oder einem Betriebsverbande (§ 14) angehören.

§ 10 Abs. 1. Sämmtliche im Reichsgebiete belegenen, nach § 1 versicherungspflichtigen Betriebe werden in Gefahrenklassen eingetheilt. Sämmtliche Betriebe derjenigen Industriezweige und Betriebsarten, für welche eine durchschnittlich gleiche Unfallsgefahr besteht, bilden zusammen eine Gefahrenklasse.

§ 11 Abs. 1 bis 3. Die in dem Bezirke einer höheren Verwaltungsbehörde belegenen Betriebe, welche demselben Industriezweige oder derselben Betriebsart (§ 10 Abs. 4) angehören, werden, sofern die Gesammtzahl der in ihnen beschäftigten versicherten Personen die erforderliche Höhe erreicht, zu einer Betriebsgenossenschaft vereinigt.

Die Mindestzahl der versicherten Personen, welche zur Bildung einer Genossenschaft erforderlich ist, wird durch Beschluss des Bundesraths festgestellt.

Auf Antrag der Betheiligten kann eine Betriebsgenossenschaft für die Betriebe mehrerer derselben Gefahrenklasse angehörenden Industriezweige oder Betriebsarten gebildet werden.

§ 12 Abs. 1. Die Zentralbehörden der Bundesstaaten können bestimmen, dass Betriebsgenossenschaften für andere

Bezirke, als diejenigen der höheren Verwaltungsbehörden zu bilden sind.

§ 14 Abs. 1. Diejenigen im Bezirke einer höheren Verwaltungsbehörde belegenen Betriebe, welche einer Betriebsgenossenschaft nach Massgabe des § 11 nicht zugewiesen werden, bilden zusammen einen Betriebsverband.

§ 33 Abs. 1. Die Mittel zur Deckung der von der Betriebsgenossenschaft nach § 7 No. 2 zu leistenden Entschädigungsbeiträge und der Verwaltungskosten werden durch Beiträge aufgebracht, welche auf die Mitglieder nach Massgabe der in ihren Betrieben von den Versicherten verdienten Löhne und Gehälter umgelegt werden.

§ 54. Für jede Betriebsgenossenschaft und jeden Betriebsverband ist zur Wahrnehmung der in den §§ 73 Abs. 4 und 86 Abs. 4 bezeichneten Obliegenheiten ein Arbeiterausschuss zu errichten.

Derselbe besteht aus Vertretern derjenigen Orts- und Fabrik-Krankenkassen, sowie derjenigen Knappschaftskassen, welchen die in den Betrieben der Genossenschaftsmitglieder oder Verbandsmitglieder beschäftigten versicherten Personen angehören.

Die Wahl erfolgt durch die Vorstände der Kassen unter Ausschluss der denselben angehörenden Vertreter der Arbeitgeber.

§ 85 Abs. 2 und 3. Gegen den Bescheid, durch welchen der Entschädigungsanspruch aus einem anderen als dem vorbezeichneten Grunde abgelehnt wird (§ 81 Abs. 2), sowie gegen den Bescheid, durch welchen die Entschädigung festgestellt wird (§ 84), findet nur die Berufung auf schiedsrichterliche Entscheidung statt.

Die Berufung ist bei Vermeidung des Ausschlusses binnen vier Wochen nach der Zustellung des Bescheides bei dem Vorsitzenden des Schiedsgerichts zu erheben.

§ 86 Abs. 1 bis 4. Für jede Betriebsgenossenschaft und für jeden Betriebsverband wird ein Schiedsgericht errichtet.

Das Schiedsgericht besteht aus einem ständigen Vorsitzenden und aus vier Beisitzern.

Der Vorsitzende wird aus der Zahl der öffentlichen Beamten von den Zentralbehörden der Bundesstaaten, im Falle des § 13 von dem Reichskanzler ernannt. Für den Vorsitzenden ist in gleicher Weise ein Stellvertreter zu ernennen, welcher ihn in Behinderungsfällen vertritt.

Die Beisitzer werden zur Hälfte von der Generalversammlung der Betriebsgenossenschaft oder des Betriebsverbandes aus den nicht dem Vorstande angehörenden Mitgliedern der Genossenschaft oder des Verbandes, zur Hälfte vom Arbeiterausschusse (§ 54) aus den Versicherten gewählt. Für jeden Beisitzer werden ein erster und ein zweiter Stellvertreter erwählt, welche ihn in Behinderungsfällen zu vertreten haben.

§ 97 Abs. 1. Die Auszahlung der auf Grund dieses Gesetzes zu leistenden Entschädigungen wird vorschussweise durch die Postverwaltungen und zwar in der Regel durch dasjenige Postamt, in dessen Bezirk der Entschädigungsberechtigte zur Zeit des Unfalls seinen Wohnsitz hatte, bewirkt.

Kommissionsberathung.

Die mit der Vorberathung des Gesetzentwurfs betraute Kommission des Reichstags führte ihre Aufgabe nicht zu Ende. Nachdem sie einige Grundprinzipien der Vorlage berathen und verworfen hatte — verworfen wurden insbesondere die Gefahrenklassen als Grundlage der Verbandsorganisation und der Reichszuschuss — erstattete sie dem Plenum unter dem 12. Juni 1883 einen mündlichen Bericht (Drucksachen der II. Session 1882, No. 372), welcher indess wegen Sessionsschlusses im Plenum nicht mehr zur Verhandlung gekommen ist.

Allerhöchste Botschaft vom 14. April 1883.

Inzwischen hatte die Allerhöchste Botschaft vom 14. April 1883 dem Reichstage die Erledigung der Vorlage dringend ans Herz gelegt. Nachdem dieselbe die Befriedigung über den Verlauf der Berathungen des Krankenkassengesetzes zu erkennen gegeben, fährt die Botschaft fort:

„Mit Sorge aber erfüllt es Uns, dass die prinzipiell wichtigere Vorlage über die Unfallversicherung bisher nicht weiter gefördert worden ist, und dass daher auf deren baldige Durchberathung nicht mit gleicher Sicherheit gerechnet werden kann. Bliebe diese Vorlage jetzt unerledigt, so würde auch die Hoffnung, dass in der nächsten Session weitere Vorlagen wegen der Alters- und Invalidenversorgung zur gesetzlichen Verabschiedung gebracht werden könnten, völlig schwinden, wenn die Berathungen des Reichshaushaltsetats für 1884/85 die Zeit und Kraft des Reichstages noch während der Wintersession in Anspruch nehmen müssten.

Wir haben deshalb für geboten erachtet, die Zustimmung der verbündeten Regierungen dahin zu beantragen, dass der Entwurf des Reichshaushaltsetats für 1884/85 dem Reichstage jetzt von Neuem zur Beschlussnahme vorgelegt werde. Wenn dann die Vorlage über die Unfallversicherung, wie nach dem Stande ihrer Bearbeitung zu befürchten steht, in der laufenden Frühjahrssession vom Reichstage nicht mehr berathen und festgestellt wird, so würde durch vorgängige Berathung des nächstjährigen Etats wenigstens für die Wintersession diejenige Freiheit von anderen unaufschieblichen Geschäften gewonnen werden, welche erforderlich ist, um wirksame Reformen auf sozialpolitischem Gebiete zur Reife zu bringen. Die dazu erforderliche Zeit ist eine lange für die Empfindungen, mit welchen Wir in Unserem Lebensalter auf die Grösse der Aufgaben blicken, welche zu lösen sind, ehe Unsere in der Botschaft vom 17. November 1881 ausgesprochenen Intentionen eine praktische Bethätigung auch nur soweit erhalten, dass sie bei den Betheiligten volles Verständniss und in Folge dessen auch volles Vertrauen finden.

Unsere Kaiserlichen Pflichten gebieten Uns aber, kein in Unserer Macht stehendes Mittel zu versäumen, um die Besserung der Lage der Arbeiter und den Frieden der Berufsklassen unter einander zu fördern, so lange Gott Uns Frist giebt zu wirken.

Darum wollen wir dem Reichstage durch diese Unsere Botschaft von Neuem und in vertrauensvoller Anrufung seines bewährten treuen Sinnes für Kaiser und Reich die baldige Erledigung der hierin bezeichneten wichtigen Vorlagen dringend ans Herz legen."

Gesetzesvorlage vom Jahre 1884.

Bei dieser Sachlage entschlossen sich die verbündeten Regierungen einen dritten Unfallversicherungsgesetzentwurf auf völlig veränderten und zwar solchen Grundlagen dem Reichstage vorzulegen, dass sie auf dessen Annahme nach den bisher gemachten Erfahrungen glauben rechnen zu dürfen.

Derselbe ist aufgebaut auf dem Prinzip der Berufsgenossenschaften, in strikter Durchführung der oben mitgetheilten Allerhöchsten Botschaft vom 17. November 1881, und ersetzt den Reichszuschuss durch die Reichsgarantie für den kaum denkbaren Fall, dass eine Genossenschaft leistungsunfähig werden sollte. Er beschränkt den Kreis der versicherungspflichtigen Personen — vorläufig und im Allgemeinen — auf die unter den § 2 des Haftpflichtgesetzes fallenden Personen und schafft in dem Reichsversicherungsamt eine in der Weise eines Verwaltungsgerichtshofs zusammengesetzte leitende Spitze für die Ausführung des Gesetzes. Der Gesetzentwurf kommt den Wünschen der Arbeiter durch die Errichtung selbständiger mit erweiterten (d. h. im Vergleich zu der Vorlage vom Jahre 1882 erweiterten) Befugnissen versehener Arbeiterausschüsse entgegen, während derselbe auf der anderen Seite der Selbstverwaltung der Berufsgenossenschaften den weitesten Spielraum lässt. Gegen die Entscheidungen der Schiedsgerichte wird in den wichtigeren Fällen der Rekurs an das Reichsversicherungsamt gestattet; die Verhängung von Strafen bei Zuwiderhandlungen der Berufsgenossen gegen die Bestimmungen des Gesetzes wird den Genossenschaftsvorständen, statt den Gerichten übertragen.

Im Uebrigen schliesst der Entwurf sich, namentlich auch was die Höhe der zu zahlenden Entschädigungen betrifft, im Wesentlichen an die Vorlage vom Jahre 1882 an. Einen Abdruck desselben siehe im letzten Abschnitt.

Vergleichung der Gesetzentwürfe von 1881, 1882, 1884.

1. Alle drei Entwürfe haben dasselbe Ziel im Auge: obligatorische Versicherung der Arbeiter gegen die Betriebsunfälle unter Beseitigung der Haftpflicht mit ihren zersetzenden Prozessen.

Den Weg zu diesem Ziele suchen sie in verschiedener Weise. Denn was

2. die Organisation der Versicherung anlangt, so wollte der erste Entwurf eine rein büreaukratische centralisirte Reichsversicherung; der zweite Entwurf trat dann auf den Boden genossenschaftlicher Versicherung, aber nicht auf der Grundlage der Berufskorporation, sondern auf der Basis der naturgemäss aus den verschiedensten unter einander fremden Industriezweigen bestehenden Gefahrenklassen mit territorialer Gliederung in Betriebsgenossenschaften und Betriebsverbände; der dritte Entwurf endlich verwirklicht die Idee berufsgenossenschaftlicher Association, die sich nach dem Willen der Betheiligten frei vollziehen und nur im Nothfalle mit staatlicher Nachhülfe durchgeführt werden soll.

3. In Betreff des Kreises der versicherten Personen decken sich der erste und dritte Entwurf im Grossen und Ganzen; der zweite Entwurf war durch Aufnahme der Bauarbeiter weiter gegangen. Der dritte Entwurf gestattet überdies die Hereinziehung der besser situirten Betriebsbeamten (mit mehr als 2000 Mark Jahreseinkommen) in die Versicherung und gewährt den Unternehmern kleiner versicherungspflichtiger Betriebe die Möglichkeit, sich auch für ihre Person an der Versicherung zu betheiligen.

4. Die Beiträge erhob der erste Entwurf von Arbeitgebern und Arbeitnehmern, mit einem Reichszuschuss, der zweite Entwurf von den Arbeitgebern mit einem Reichszuschuss, der dritte von den Arbeitgebern ohne Reichszuschuss. Dagegen statuirt der letztere Entwurf die Garantie des Reichs für etwa leistungsunfähig werdende Genossenschaften.

5. Der erste Entwurf erhob die Beiträge in der Form von festen Prämien (Deckungskapitalprinzip), die beiden anderen Entwürfe legen nur den effektiven Jahresbedarf um (Umlageprinzip).

6. Die den Krankenkassen zur Last fallende Fürsorge für die erste Zeit nach einem Unfall (sogenannte Karenzzeit) erstreckte der erste Entwurf auf vier Wochen, die beiden anderen Entwürfe, welche jeden Arbeiterbeitrag zur Unfallversicherung beseitigen, auf drei Monate.

7. Eine Betheiligung der Betriebsunternehmer an der Verwaltung der Versicherungsanstalt kannte der erste Entwurf nicht; der zweite Entwurf legte die Verwaltung wesentlich in ihre Hände; der dritte Entwurf führt das Prinzip der Selbstverwaltung in allen Stadien selbst bis in die Centralinstanz hinein durch.

8. Die Arbeiter fanden im ersten Entwurf keine Vertretung, im zweiten Entwurf wurden ihnen selbständige Arbeiterausschüsse zuerkannt, der dritte Entwurf erweitert die Kompetenz der letzteren.

9. Gegen die Entschädigungsfestsetzungen der Reichsversicherungsanstalt gab der erste Entwurf das Rechtsmittel der gerichtlichen Klage, der zweite Entwurf führte inappellable Schiedsgerichte ein, der dritte Entwurf macht die Entscheidungen der letzteren in allen wichtigeren Fällen appellabel durch Berufung an das neu zu errichtende Reichsversicherungsamt.

10. Der erste Entwurf sah keine besonderen Zahlstellen für Auszahlung der Renten etc. vor; der zweite und dritte Entwurf übertragen die letztere den Postanstalten.

11. Die Frage der Unfallverhütung wird im ersten Entwurfe nicht berührt, der zweite und dritte Entwurf legen den Genossenschaften nicht nur das Recht des Erlasses von Unfallverhütungsvorschriften bei, sondern geben ihnen auch das Recht der Beaufsichtigung der Betriebe in Betreff der Befolgung der Unfallverhütungsvorschriften durch eigene Beauftragte.

12. Der erste Entwurf hatte keine Veranlassung in Bezug auf die Beaufsichtigung der Reichsversicherungsanstalt Vorkehrung zu treffen, der zweite Entwurf übertrug die Aufsicht über das Versicherungswesen den Landesbehörden, der dritte Entwurf überträgt sie dem Reichsversicherungsamt. Dabei thut

13. dieser Entwurf durch die Aufnahme von Arbeit-

gebern und Arbeitern in diese Centralinstanz einen sozialpolitischen Schritt, für den es keinen Vorgang giebt.

14. Während der erste und zweite Entwurf die Ahndung von Zuwiderhandlungen der Betriebsunternehmer in Bezug auf die vorgeschriebene Anmeldung von versicherungspflichtigen Betrieben, von Betriebsveränderungen etc. den Gerichten zuweisen, überlässt der dritte Entwurf die Bestrafung in diesen — oft recht zweifelhaften — Fällen dem gewissenhaften Ermessen der Genossenschaftsvorstände.

Die Bestrafung der Arbeiter wegen Zuwiderhandlungen gegen die erlassenen Unfallverhütungsvorschriften überträgt der zweite Entwurf den Ortspolizeibehörden, der dritte Entwurf den Betriebs- (Fabrik-), Krankenkassenvorständen, sofern solche Kassen für den Betrieb bestehen. Der erste Entwurf kommt hier nicht in Betracht (vgl. Ziffer 11 vorstehend).

15. Was die Haftpflicht des Betriebsunternehmers anlangt, so bestimmten der erste und zweite Entwurf übereinstimmend, dass derselbe dem Beschädigten fortan nur wegen vorsätzlich herbeigeführter Unfälle, der Versicherungsanstalt dagegen auch wegen solcher Unfälle haften solle, welche durch grobes Verschulden herbeigeführt sind. In beiden Beziehungen führt der dritte Entwurf wesentliche Aenderungen ein, indem in der Regel ein vorgängiges strafgerichtliches Erkenntniss als die Voraussetzung der Geltendmachung jener Ansprüche hingestellt, und in dem zweiten Falle vorgeschrieben ist, dass die Fahrlässigkeit, welche die Regresspflicht begründen solle, eine solche sein müsse, dass dabei diejenige Aufmerksamkeit, zu welcher der Unternehmer vermöge seines Amts, Berufs oder Gewerbes besonders verpflichtet, ausser Acht gelassen sei. Ausserdem beschränkt der dritte Entwurf die Schadenersatzpflicht der Bevollmächtigten, Repräsentanten, Beamten, Werkführer etc. in gleicher Weise wie die der Betriebsunternemer. Die Haftpflicht der letzteren für Handlungen ihrer Bevollmächtigten etc. (§ 2 des Haftpflichtgesetzes, § 1384 des code civil) ist in allen drei Entwürfen gleichmässig beseitigt.

16. Zeigt sich hiernach trotz aller Verschiedenheiten der drei Gesetzentwürfe thatsächlich die unter Ziffer 1 hervorgehobene Einheitlichkeit des Zieles derselben, so kommt die letztere endlich auch in dem für die Arbeiter wichtigsten Punkte zur Erscheinung: in der Höhe der den Beschädigten zu gewährenden Entschädigung. In dieser Beziehung sind die Entwürfe nahezu übereinstimmend. Die jüngste Vorlage ist die für die Arbeiter günstigste, wie denn überhaupt jeder neue Entwurf den Versicherten neue Vortheile brachte.

II. Oesterreich-Ungarn.

A. Oesterreich.

Geltendes Recht.

Für die Haftpflicht des Betriebsunternehmers in Betreff der Folgen der in seinem Betriebe vorkommenden Unfälle sind zur Zeit noch einzig und allein die Bestimmungen des allgemeinen bürgerlichen Gesetzbuchs massgebend. Diese lassen sich unter Ausserachtlassung geringerer, die hier vorliegende Frage nicht berührender Ausnahmen dahin zusammenfassen, dass der Betriebsunternehmer für die Folgen der sich ereignenden Unfälle nur dann haftet, wenn ihn selbst ein Verschulden an dem Unfalle trifft. Er haftet aber nicht für das Verschulden seiner Gehülfen, Bediensteten, Beamten und überhaupt jener Personen, deren er sich beim Betriebe bedient — es wäre denn, dass ihm bei der Wahl, Bestellung, oder Beibehaltung dieser Personen ein Verschulden zur Last fiele. (Haftung für die sogenannte culpa in eligendo §§ 1315, 1010, 1161 a. b. G. B.) Mithin der oben geschilderte römischrechtliche Zustand.

Nur in Betreff der Haftung der Eisenbahnunternehmungen ist ein weitergehendes, dem § 1 des deutschen Haftpflichtgesetzes entsprechendes Spezialgesetz vom 5. März 1869 (R. G. Bl. No. 27) erlassen, wonach bei jedem Unfalle ein Verschulden des Unternehmers präsumirt wird, von dessen Folgen er sich nur insoweit befreien kann, als er nachweist, dass der Unfall durch vis major oder durch das eigene Verschulden des Beschädigten verursacht wurde.

Reformbestrebungen.

Mit Rücksicht auf die Gesetzgebungen der auswärtigen Staaten und auf die mit der gegenwärtigen Entwickelung der Industrie unzertrennbar verbundene erhöhte Gefahr für die in derselben beschäftigten Arbeiter wurde indess seit Jahren auch in Oesterreich das Bedürfniss erkannt, eine Erweiterung der Haftpflicht des Betriebsunternehmers unter allen Umständen in Aussicht zu nehmen.

Dieses Bedürfniss führte in den neueren Entwürfen einer Gewerbeordnung, welche seitens der Regierung ausgearbeitet wurden, zur Aufnahme von Bestimmungen, welche eine Abhülfe der zu Tage getretenen Uebelstände bezweckten. In dem am 16. Dezember 1880 als Regierungsvorlage eingebrachten Entwurfe finden sich die diesfälligen Bestimmungen im § 94, dessen erster, für die gegenwärtige Frage entscheidender Absatz lautet: „Wenn der Bevollmächtigte oder ein anderer Bestellter des Gewerbsinhabers durch Ausserachtlassung der Vorschriften des § 93, oder durch ein anderes Verschulden in Ausführung ihrer Dienstverrichtungen die Tödtung oder körperliche Verletzung eines Hülfsarbeiters herbeigeführt haben, so haftet in allen diesen Fällen der Gewerbsinhaber für den dadurch entstandenen Schaden und hat den Ersatz nach Massgabe der §§ 1325 bis 1327 a. b. G.B. zu leisten."

Mit dieser Bestimmung wurde prinzipiell derselbe Weg betreten, welchen das deutsche Haftpflichtgesetz vom 7. Juni 1871 eingeschlagen hat.

Erklärung des Ministers von Dunajewski.

Der Gewerbeausschuss des Abgeordnetenhauses hat indess in Anbetracht der obwaltenden Schwierigkeiten, hierüber eine Einigung zu erzielen, die zur Regelung und Besserung der wirthschaftlichen Lage der Hülfsarbeiter in den Gesetzentwurf aufgenommenen Bestimmungen, und darunter die vorstehend mitgetheilte, nicht in Berathung gezogen, worauf der Minister von Dunajewski, „um der Arbeiterbevölkerung, soweit dies im Wege der Gesetzgebung möglich ist und ihren dringendsten Bedürfnissen und Wünschen Rechnung zu tragen," in seiner Budgetrede vom 5. Dezember 1882 die Erklärung abgab, es solle die Vorlage eines Gesetzentwurfs „über die Haftpflicht bei Unfällen der bei industriellen Unternehmungen Beschädigten und die damit in Verbindung stehende Unfallversicherung" neben anderen sozialpolitischen Reformvorlagen erfolgen.

Antrag Chlumecky und Genossen.

Die vereinigte Linke war ihrerseits bestrebt, der Regierung auf diesem Gebiete zuvorzukommen und sich die Priorität dieser Gesetzentwürfe zu sichern. Sie brachte deshalb gleichzeitig mit der vorstehenden Erklärung einen ausführlich durchgearbeiteten sozialpolitischen Antrag ein, welcher einmal die Fürsorge für die gewerblichen Unternehmer und Hülfsarbeiter, ferner die Armenpflege und Heimathsgesetzgebung, endlich die bäuerlichen Agrarverhältnisse zum Gegenstand hat.

Soweit der Antrag sich auf die Unfallgesetzgebung bezieht, hat derselbe folgenden Wortlaut:

etc. B.

„Unter Festhaltung des Grundsatzes, dass das Verhältniss zwischen Arbeitgeber und Arbeitnehmer innerhalb der namentlich auch für die Schlichtung von Streitigkeiten zu erlassenden gesetzlichen Normen Gegenstand freien Vertragsrechtes sei, sind ehebaldigst Anträge zu stellen etc.

4. über die Versicherung der Hülfsarbeiter gegen Krankheit, sowie gegen Gefahren für das Leben und zwar etc.:

b) durch Einführung einer über den Rahmen des Haftpflichtprinzips hinausreichenden Unfallversicherung auf genossenschaftlicher Grundlage zum Zwecke der Entschädigung für durch Unfall herbeigeführte Arbeitsunfähigkeit für längere Dauer oder für Lebenszeit oder zur Versorgung der Hinterbliebenen, ohne Heranziehung der Versicherten zur Beitragsleistung und Selbstverwaltung seitens der betreffenden Verbände, sowie unter staatlicher Beaufsichtigung."

Der Abgeordnete Chlumecky begründete diesen Antrag in der Sitzung des Abgeordnetenhauses vom 23. Januar 1883 (stenographisches Protokoll S. 8947 flg.) mittelst einer ausführlichen Rede, in welcher er, was die Unfallversicherung anlangt, auf die schlechten Erfahrungen, die man in Deutschland mit dem Haftpflichtgesetz vom Jahre 1871 gemacht habe, und namentlich auf „die endlose Reihe von Entschädigungsprozessen, welche die Arbeiter sehr verbittert haben", [im Protokoll S. 8956 gesperrt gedruckt] hinwies, auch die Resultate der in Deutschland erhobenen „Unfallstatistik" zur Begründung seines Antrags heranzog.

Gesetzentwurf vom Jahre 1883.

Noch in demselben Jahre — am 4. Dezember 1883 — unterbreitete die Regierung dem Abgeordnetenhause einen Gesetzentwurf „betreffend die Unfallversicherung der Arbeiter" (No. 783 der Beilagen zu den stenographischen Protokollen des Abgeordnetenhauses IX. Session). Der Gesetzentwurf schlägt die Errichtung eigener Versicherungsanstalten vor, welche sämmtliche Industriezweige eines Sprengels, in der Regel des Bezirkes einer Handelskammer, umfassen sollen. Diese Versicherungsanstalten sollen in der inneren Organisation auf dem Grundsatze der Gegenseitigkeit beruhen und nur auf die obligatorische Unfallversicherung beschränkt sein; sie sollen von den Interessenten verwaltet werden, aber einer besonderen staatlichen Aufsichts- und Eingriffsgewalt unterliegen.

Im Einzelnen sind die Hauptgrundsätze des Entwurfs die folgenden[1]:

Organisation. Versicherungspflichtige Betriebe.

1. Als Regel wird in jedem Handelskammer-Bezirke eine unter staatlicher Kontrole stehende Versicherungsanstalt auf Gegenseitigkeit errichtet, bei welcher die Unfallversicherung für alle Arbeiter, welche in den dem Gesetz unterstellten Betrieben (§ 1) beschäftigt sind, eine obligatorische ist.

   Diese Betriebe sind: Fabriken, Bergwerke, Hüttenwerke, Brüche, Werfte, „Gewerbsbetriebe, die sich auf die Ausführung von Bauarbeiten erstrecken, oder sonst bei der Ausführung von Bauten beschäftigt sind“ (ausschliesslich der lediglich Reparaturarbeiten ausführenden Arbeiter), Motorenbetriebe — auch mit Thieren betriebene Motoren gehören hierher — endlich Explosivstoffbetriebe.
2. Mitglieder der Versicherungsanstalt sind die Betriebsunternehmer und die versicherten Arbeiter, einschliesslich der Betriebsbeamten mit einem Jahresarbeitsverdienst bis zu 800 Gulden.
3. Die Geschäfte der Versicherungsanstalt werden von einem aus einem Kollegium bestehenden Vorstande geleitet. Ein Drittel der Mitglieder wird von den Betriebsunternehmern, ein Drittel von den versicherten Arbeitern etc. gewählt, während das letzte Drittel aus orts- und sachkundigen Personen des Bezirks vom Minister des Innern ernannt wird.

Exemtionen.

4. Ausgeschlossen von dem Versicherungszwange sind nur die Arbeiter solcher Betriebe, welche selbst für eine den Leistungen des Gesetzes mindestens gleichkommende Unfallentschädigung Sorge getragen haben und ihre Kassen ebenfalls unter staatliche Aufsicht stellen. Bei Eintritt eines Unfalles müssen alle solche ausnahmsweise zugelassene Anstalten das Deckungskapital für die Entschädigung an die Versicherungsanstalt des Bezirks abführen.

Deckungskapitale.

5. Die Versicherungsanstalt erhebt jährliche Versicherungsbeiträge auf Grund von Gefahrenklassen, welche von

---

[1]) Der Entwurf ist nach dem Vorgange der entsprechenden deutschen Vorlage vom Jahre 1882 in Abschnitte nicht eingetheilt und mit Inhaltsangaben am Rande nicht versehen. Die vorstehende Darstellung folgt nicht der Reihenfolge der Paragraphen des Entwurfs. Einen Abdruck desselben siehe unten S. 91 f.

Zeit zu Zeit auf Grund der Statistik revidirt werden. Die Beiträge müssen zur vollen Schadendeckung ausreichend sein (Deckungskapitalprinzip).

Entschädigungen.

6. Bei allen Unfällen hat der Betriebsunternehmer (mit Modifikationen) für die Kosten der Heilung und Verpflegung während der ersten vier Wochen Sorge zu tragen. Krankengeld wird während dieser Zeit nicht gezahlt.

7. Von der fünften Woche an tritt die Entschädigung der Versicherungsanstalt ein, bestehend in einer für die Dauer der Erwerbsunfähigkeit zu gewährenden Rente. Aufzuwendende Heilungskosten werden nicht erstattet. Die Höhe der Rente, sowie die Entschädigung der Hinterbliebenen ist in ähnlicher Weise festgesetzt, wie in den deutschen Entwürfen.

Schiedsgerichte.

8. Die schliessliche Feststellung der Entschädigungsansprüche erfolgt durch ein am Sitze jeder Anstalt zu errichtendes Schiedsgericht von fünf Mitgliedern, einschliesslich des Vorsitzenden. Der Vorsitzende und sein Stellvertreter wird vom Justizminister im Einvernehmen mit dem Minister des Innern aus den richterlichen Staatsbeamten ernannt. Von den Beisitzern werden zwei, sowie ihre Stellvertreter von dem Minister des Innern im Einvernehmen mit den betheiligten Ministern aus fachkundigen Kreisen in das Schiedsgericht auf bestimmte Zeit berufen. Ein Beisitzer und sein Stellvertreter wird von den dem Vorstande der Versicherungsanstalt angehörigen Vertretern der Betriebsunternehmer, der letzte Beisitzer und sein Stellvertreter von den dem bezeichneten Vorstande angehörigen Vertretern der Versicherten auf bestimmte Zeit gewählt. Von den Mitgliedern des Schiedsgerichtes darf keines dem Vorstande der Versicherungsgesellschaft angehören oder in dem Dienste derselben stehen.

Im Uebrigen wird die Zusammensetzung des Schiedsgerichtes und das Verfahren vor demselben im Verordnungswege geregelt.

Die mit der Einrichtung und Gebarung des Schiedsgerichtes verbundenen Kosten sind von der Versicherungsanstalt zu tragen.

Rechtsmittel oder Klagen gegen das schiedsgerichtliche Erkenntniss sind nicht zulässig.

Beiträge.

9. Die Versicherungsbeiträge werden auf Grundlage des Arbeitsverdienstes und der Gefahrenklassen mit 75 % von den Betriebsunternehmern, mit 25 % von den Versicherten getragen. Hat der Arbeiter einen geringeren Lohn als täglich 1 Gulden, so trägt der Arbeitgeber die Beiträge allein.

Reservefonds.

10. Jede Anstalt hat einen Reservefonds zu errichten, dessen Höhe der Minister festsetzt; die Hälfte desselben verbleibt der Anstalt, während die andere Hälfte an einen für alle Anstalten zu errichtenden gemeinsamen Reservefonds abgeführt wird. Der letztere kann von einer Anstalt erst in Anspruch genommen werden, wenn deren eigener Reservefonds aufgezehrt ist.

Haftpflicht des Betriebsunternehmers.

11. Der Versicherte oder dessen Hinterbliebene können gegen den Betriebsunternehmer nur wegen vorsätzlich herbeigeführter Unfälle Ansprüche erheben.

Den Versicherungsanstalten gegenüber haftet der Unternehmer auch für grobes Verschulden.

Staatsbeihülfe.

12. Die Staatsverwaltung wird ermächtigt, für die erste Einrichtung der Versicherungsanstalten und für die Gebarung derselben im ersten Jahre Vorschüsse zu leisten. welche von den Anstalten zu ersetzen sind.

Beirath.

13. Zur Unterstützung des Ministers des Innern in der Leitung und Ueberwachung der Unfallversicherung wird ein Beirath von Fachmännern ernannt, dessen Zusammensetzung und Wirkungskreis auf dem Verordnungswege bestimmt wird.

Wie aus den vorstehenden Bestimmungen ersichtlich ist. lehnen sich dieselben im Wesentlichen an die beiden ersten deutschen Gesetzentwürfe an, auf welche in den Motiven auch mehrfach Bezug genommen wird, nur die Frage des Reichszuschusses ist ausser Betracht gelassen und an Stelle des Umlageverfahrens wird die Erhebung von Deckungskapitalien in Vorschlag gebracht.

Insbesondere Ersetzung des Haftpflichtprinzips.

In Betreff der Nothwendigkeit der Ersetzung des Haftpflichtprinzips durch das Versicherungsprinzip führen die Motive unter Anderem Folgendes aus:

„Es kann wohl nicht bezweifelt werden, dass die vorstehend geschilderten, in Deutschland beim Bestande des Haftpflichtgesetzes hervorgekommenen Uebelstände im Falle der Einführung eines analogen Gesetzes in Oesterreich sich in ähnlicher vielleicht noch verschärfter Weise einstellen werden. Diese letztere Befürchtung dürfte namentlich im Hinblicke auf den reformbedürftigen Zustand, in welchem sich der Civilprozess und besonders der Schadenersatzprozess in Oesterreich befindet, gerechtfertigt erscheinen. Voraussichtlich wird die Dauer der betreffenden Prozesse bei uns eine längere sein, als in Deutschland, zumal die Versicherungsgesellschaften gewiss nicht versäumen werden, alle Mittel der bestehenden Gesetzgebung und Praxis zur Verzögerung der Entscheidung zu benützen, da sie hoffen können, den bedürftigen Kläger hiedurch zu bestimmen, sich mit einer kärglichen Abfertigungssumme zufrieden zu stellen. Ausserdem ist aber zu befürchten, dass die dem gegenwärtigen Civilprozesse entsprechende formalistische Anschauungsweise nicht selten unter Anwendung des Grundsatzes: Non jus deficit sed probatio“ dazu führen werde, materiell begründete, jedoch schwer zu beziffernde Ansprüche unberücksichtigt zu lassen“ (S. 25 der Beilage 783 cit.).

Im Weiteren erörtern dann die Motive, warum eine Erweiterung der Haftpflicht der Betriebsunternehmer mit Präsumtion des Verschuldens auf Seiten des Arbeitgebers oder seiner Bevollmächtigten nicht zum Ziele führen könne.

Befugnisse des Ministers des Innern.

Vom Standpunkte der deutschen Reichsgesetzgebung aus ist an dem vorliegenden Gesetzentwurfe — wie überhaupt an den österreichischen und süddeutschen Gesetzen — die weitgehende Ausführungsbefugniss des zuständigen Ministers, welcher dabei nicht durch Normativbestimmungen eingeengt ist, bemerkenswerth. (Das allgemeine Versicherungswesen ist kürzlich in Oesterreich durch umfassende Ministerialverordnung geregelt worden.) So wird in dem vorliegenden Gesetzentwurfe u. A. die Frage, was das Statut der Versicherungsanstalten enthalten soll, was also durch statutarische Bestimmungen alles geregelt werden kann, der Entscheidung des Ministers des Innern überlassen.

Auf diese Weise gestaltet sich der Gesetzentwurf, welcher im Ganzen 62 Paragraphen enthält, einfacher, als die entsprechenden deutschen Entwürfe.

Im Folgenden sind die dem Minister des Innern ertheilten Befugnisse zusammengestellt. In ihrer Gesammtheit geben sie ein Bild von der Staatsaufsicht, wie der Entwurf dieselbe plant.

1. Der Minister des Innern ist ermächtigt, für solche nach § 1 versicherungspflichtige Unternehmungen, welche mit Unfallsgefahr für die darin beschäftigten Personen nicht

verbunden sind, die Versicherungspflicht auszuschliessen (§ 3 Abs. 1), und

2. andere als die in § 1 bezeichneten Unternehmungen, welche mit Unfallsgefahr, namentlich mit besonderer Feuersgefahr verbunden sind, der Versicherungspflicht zu unterwerfen (§ 3 Abs. 2) [wobei wohl mit an die Theater gedacht ist]. Er setzt

3. den Bezirk der zu errichtenden Versicherungsanstalten fest und kann namentlich anordnen, dass für mehrere Kammerbezirke nur eine Versicherungsanstalt, oder dass für einen Kammerbezirk mehrere Versicherungsanstalten errichtet werden (§ 10 Abs. 2).

4. Der Minister des Innern bestimmt im einzelnen Falle den Sitz dieser Versicherungsanstalten (§ 10 Abs. 2), und ist

5. befugt, die Bezirke der in Gemässheit des Gesetzes errichteten Versicherungsanstalten zu ändern, mehrere solcher Anstalten zu einer einzigen zu vereinigen oder die Theilung einer solchen Anstalt anzuordnen. Vor jeder Verfügung sind die betheiligten Versicherungsanstalten einzuvernehmen (§ 10 Abs. 3).

6. Gewähren die — in der Regel ausserhalb des Rahmens der Genossenschaften bleibenden — Bergwerksbetriebe (Knappschaftskassen etc.) nicht volle Sicherheit für die Erfüllung ihrer Verpflichtungen gegen die Versicherten, so ist der Minister des Innern berechtigt, im Einvernehmen mit dem Ackerbauminister und beziehungsweise bei Salzbergwerken und den dazu gehörigen Anlagen im Einvernehmen mit dem Finanzminister die Einbeziehung der betreffenden Betriebe in die Versicherungsanstalt des Bezirks anzuordnen (§ 13 Abs. 2).

7. Begehrt ein Betriebsunternehmer mit seiner versicherungspflichtigen Unternehmung eine die Theilnahme an der Zwangsversicherungsanstalt ersetzende Hülfs- oder Invalidenkasse, Versorgungs- oder Wittwenanstalt, oder ein ähnliches Institut zu verbinden, so entscheidet hierüber das Ministerium des Innern (§ 14).

8. Ergiebt eine spätere Untersuchung der unter Ziffer 6 und 7 bezeichneten Kassen und Institute, dass dieselben den Versicherten gegenüber nicht mehr genügende Sicherheit bieten, so ist der genannte Minister berechtigt, die Einbeziehung der betreffenden Unternehmungen in die Versicherungsanstalt des Bezirkes anzuordnen (§ 15 Abs. 1).

9. Der Minister des Innern beruft zu Vorstandsmitgliedern der Versicherungsanstalten, von denen ein Drittel aus Vertretern der Betriebsunternehmer, das zweite Drittel aus Vertretern der Versicherten besteht, das letzte Drittel,

welches aus solchen Personen besteht, die mit den Verhältnissen des Bezirks vertraut sind (§ 16 Abs. 1).

10. Der Minister des Innern ist berechtigt, den Vorstand einer Versicherungsanstalt aufzulösen und die Geschäftsführung und Vertretung derselben provisorisch einem Verwalter zu übertragen, mit der Massgabe, dass er gehalten ist, binnen vier Wochen nach der Auflösung die nöthigen Veranlassungen behufs Neukonstituirung des Vorstandes zu treffen (§ 16 Abs. 2); er erlässt

11. nach Anhörung des „Beiraths" mittelst Verordnung ein Musterstatut für die Versicherungsanstalten (§§ 17 und 51 Ziffer 1) und bewirkt

12. die generelle Eintheilung der versicherungspflichtigen Betriebe in Gefahrenklassen sowie die Feststellung der Prozentsätze jeder Gefahrenklasse nach Anhörung des „Beiraths" (§§ 18 und 51 Ziffer 2).

13. Der jährlich innezuhaltende Betrag zur Bildung eines Reservekapitals — welcher zur Hälfte als Spezialreservefonds der betreffenden Anstalt, zur Hälfte als gemeinsamer Reservefonds für alle Anstalten dient — wird vom Minister des Innern festgesetzt (§ 19 Abs. 1), welcher ausserdem

14. den Höchstbetrag der Reservefonds festsetzt (§ 19 Abs. 3) und

15. über die Verwendung des gemeinsamen Reservefonds von Fall zu Fall nach Anhörung des „Beiraths" entscheidet (§§ 19 und 51 Ziffer 3).

16. Für das erste Betriebsjahr wird der Tarif der Versicherungsbeiträge im Verordnungswege vom Minister des Innern nach Anhörung des „Beiraths" festgestellt (§§ 20 und 51 Ziffer 4).

17. Der Minister des Innern ist berechtigt, auf Grund des Ergebnisses der Jahresgebarung einer Versicherungsanstalt die Erhöhung oder Herabsetzung ihres Tarifes nach Anhörung des „Beiraths" anzuordnen (§§ 20 und 51 Ziffer 5).

18. In das Schiedsgericht, welches aus einem Vorsitzenden und vier Beisitzern besteht, werden zwei Beisitzer (sowie ihre Stellvertreter) von dem Minister des Innern im Einvernehmen mit den betheiligten Ministern aus sachkundigen Kreisen auf bestimmte Zeit berufen (§ 41 Abs. 2). [Die beiden anderen Beisitzer sind ein Arbeitgeber und ein Arbeitnehmer.]

19. Die staatliche Aufsicht über die Versicherungsanstalten üben die politischen Landesbehörden und der Minister des Innern aus. Letzterer ist auch berufen, die staatliche Genehmigung in solchen Fällen zu ertheilen, in welchen sie nach dem Gesetze erforderlich ist. Demselben bleibt vorbehalten, einzelne nach dem Gesetze

ihm zustehende Befugnisse den politischen Landesbehörden zu übertragen (§ 50).

20. Mit dem Vollzuge des Gesetzes werden der Minister des Innern und der Justizminister im Einvernehmen mit den übrigen betheiligten Ministern betraut.

Erste Berathung des Gesetzentwurfs.

Am 7. Dezember 1883 hat die erste Berathung des Gesetzentwurfs im Abgeordnetenhause stattgefunden. Bei derselben wurde fortgesetzt auf die deutschen Gesetzentwürfe Bezug genommen, bis sie mit der Verweisung der Vorlage an den Gewerbeausschuss endigte. (Vgl. stenographisches Protokoll vom 7. Dezember 1883 Seite 10971 ff.)

Bestimmungen des Gesetzes vom 17. Juni 1883, betreffend die Bestellung der Gewerbeinspektoren.

Der vorstehend besprochene Gesetzentwurf gewährt den Versicherungsanstalten nicht das Recht, Vorschriften zur Verhütung von Unfällen zu erlassen. In dieser Beziehung soll es also bei dem bestehenden Verordnungsrecht der Staatsbehörden verbleiben. Darüber, dass die von den letzteren erlassenen Vorschriften beachtet werden, wacht der Gewerbeinspektor. Das mit der Frage der Haftpflicht insofern in naher Beziehung stehende Gesetz vom 17. Juni 1883, betreffend die Bestellung von Gewerbeinspektoren (Reichsgesetzblatt S. 396) bestimmt dieserhalb folgendes:

„§ 5. Die Aufgabe der Gewerbeinspektoren, gegenüber den Arbeitgebern und Arbeitnehmern, besteht in der Ueberwachung der Durchführung der gesetzlichen Vorschriften, betreffend:

1. die Vorkehrungen und Einrichtungen, welche die Gewerbeinhaber, zum Schutze des Lebens und der Gesundheit der Arbeiter, sowohl in den Arbeitsräumen als in den Wohnräumen, falls sie solche beistellen, zu treffen verpflichtet sind;
etc.

§ 9. Findet der Gewerbeinspektor, dass in einem Gewerbeunternehmen jene Bestimmungen, welche in den Bereich seiner Wirksamkeit (§ 5) fallen, nicht gehörig gehandhabt werden, so hat er die sofortige Abstellung derartiger Gesetzwidrigkeiten oder Uebelstände vom Gewerbeinhaber zu verlangen und im Weigerungsfalle die Anzeige an die zuständige Gewerbebehörde, behufs Einleitung der ordentlichen Amtshandlung, zu erstatten."

B. Ungarn.

Vor allem ist zu bemerken, dass in den Königreichen Croatien und Slavonien, im Grossfürstenthum Siebenbürgen und in jenen Theilen Ungarns, welche früher zu der sogenannten Militärgrenze gehörten, noch heute das österreichische bürgerliche Gesetzbuch gilt, dessen hier in Betracht kommende Bestimmungen oben Seite 42 mitgetheilt worden sind. In den bezeichneten Gebieten ist an jenen Bestimmungen nichts geändert worden.

Im eigentlichen Königreiche Ungarn wurden durch § 1 der sogenannten Judex-Curial-Artikel im Jahre 1861 unter Aufhebung der Wirksamkeit des österreichischen bürgerlichen Gesetzbuches die älteren materiellen Privatrechtsgesetze wieder hergestellt. Nun ist das ältere ungarische Privatrecht vorwiegend Gewohnheitsrecht. Seine Hauptquelle ist ein aus dem Anfang des 16. Jahrhunderts stammendes, n i c h t publizirtes Gesetzbuch, das sogenannte Tripartitum des Verböczy. Dazu kommen eine grosse Anzahl von Spezialgesetzen, welche früher in dem Corpus juris hungarici vereinigt wurden. (Die letzte Auflage desselben ist im Jahre 1844 erschienen. Spätere Gesetze sind in den betreffenden Ausgaben der Landtagsbeschlüsse zu finden. Jetzt existirt eine Landesgesetzsammlung, die seit 1868 auch in deutscher Sprache erscheint.)

Ist nun in Bezug auf das Obligationenrecht das ungarische Privatrecht überhaupt nicht reich, wie nach dem Gesagten kaum anders erwartet werden kann, so hat der Mangel einer lebhafteren Industrie speziell auch in der uns beschäftigenden Frage kein Bedürfniss nach diesfälligen Gesetzesbestimmungen entstehen lassen. Kommt eine im ungarischen Privatrechte nicht entschiedene Frage des Obligationenrechtes vor, so hält man sich in der Regel auch heute noch am liebsten an das ziemlich allgemein bekannte österreichische bürgerliche Gesetzbuch. Die neueren ungarisch geschriebenen Lehrbücher des Privatrechtes umschreiben auf dem Gebiete des Obligationenrechtes in der Regel auch nur die betreffenden Paragraphen dieses Gesetzbuches.

So kommt es denn, dass die Haftpflicht der Betriebsunternehmer nicht über die allgemein bestehende Haftpflicht hinausgeht, deren Begrenzung vorstehend unter „Oesterreich“ mitgetheilt wurde.

Hinsichtlich der E i s e n b a h n u n t e r n e h m u n g e n ist jedoch in ähnlicher Weise, wie es durch das österreichische Gesetz vom 5. März 1869 geschah, durch den ungarischen 18. Gesetzartikel vom Jahre 1874 eine besondere Haftpflicht geschaffen worden.

Der massgebende § 1 dieses Artikels lautet:

„Wenn bei dem Betriebe einer, wenngleich dem öffentlichen Verkehre noch nicht übergebenen Eisenbahn Jemand sein Leben verliert oder eine körperliche Beschädigung erleidet, so ist für die hierdurch verursachten Schäden die Eisenbahnunternehmung verantwortlich, es wäre denn, dass die Unternehmung nachweisen würde, dass die Tödtung oder körperliche Beschädigung durch ein unabwendbares Ereigniss (vis major) oder durch eine unabwendbare Handlung einer dritten Person, welche zu hindern die Eisenbahnunternehmung nicht im Stande war, oder aber durch das eigene Verschulden der verstorbenen beziehungsweise beschädigten Person verursacht wurde."

Was endlich die hierher gehörenden Vorschriften der Gewerbeordnung (Gesetzartikel 8 vom Jahre 1872) anlangt, so bestimmt der § 69:

„Jeder Fabrikbesitzer ist verpflichtet, in seiner Fabrik alle Einrichtungen auf eigene Kosten zu treffen und zu erhalten, welche im Hinblick auf die Beschaffenheit des Gewerbebetriebes und der Anlage zur möglichsten Sicherung des Lebens und der Gesundheit der Arbeiter dienen."

(Der § 107 des dem Abgeordnetenhause am 7. Februar 1884 vorgelegten Entwurfs zu einem neuen Gewerbegesetz stimmt mit dem zur Zeit noch geltenden § 69 cit. wörtlich überein.)

Bis jetzt ist nicht bekannt geworden, dass die ungarische Regierung sich damit beschäftige, ein über die vorstehend mitgetheilten Bestimmungen hinausgehendes Haftpflichtgesetz oder Unfallversicherungsgesetz zu erlassen.

III. Die Schweiz.

Botschaft vom 26. Mai 1874, betr. die Haftpflicht der Eisenbahnen etc.

Das Bundesgesetz über den Bau und Betrieb der Eisenbahnen auf dem Gebiete der schweizerischen Eidgenossenschaft stellt in Art. 38 Ziff. 2 ein Bundesgesetz in Aussicht:

„über die Verbindlichkeiten der Eisenbahnen und anderer vom Bunde konzedirter oder von ihm selbst betriebener Transportanstalten (Dampfschiffe, Posten) zum Schadensersatze für die beim Bau und Betriebe herbeigeführten Tödtungen und Verletzungen."

Ein dieser Aufgabe entsprechender vorläufiger Gesetzentwurf wurde zur Kenntniss der Eisenbahnverwaltungen und des Publikums gebracht, unter Mitwirkung einer Expertenkommission in seinem Wortlaute festgestellt und mittelst Botschaft vom 26. Mai 1874 der Bundesversammlung vorgelegt.

In seiner Begründung führte der Bundesrath u. A. Folgendes aus;

etc.

„Als legislative Vorarbeit über diesen Gegenstand konnte — wenn wir von dem höchst fragmentarisch gehaltenen österreichischen Gesetze vom 5. März 1869 [1]) absehen — einzig und allein das deutsche Reichsgesetz vom 7. Juni 1871 in Betracht kommen.

Wir glaubten von dieser Grundlage uns nur aus dringenden in der Sache liegenden Gründen entfernen und namentlich da, wo wir den Inhalt billigen, uns möglichst auch in der Form an dieselbe anschliessen zu sollen etc.

Der Satz 1 des Artikels 1 stimmt mit dem deutschen Reichsgesetze vom 7. Juni 1871, betreffend die Verbindlichkeit zum Schadensersatze für die beim Betriebe von Eisenbahnen, Bergwerken etc. herbeigeführten Tödtungen und Körperverletzungen, nahezu wörtlich überein.

---

[1]) Dieses Gesetzes wurde oben unter „Oesterreich", S. 42, gedacht.

Es ist indessen das, was das deutsche Reichsgesetz mit Beschränkung auf den Betrieb einer Eisenbahn verfügt, in zwei Richtungen ausgedehnt worden, indem einerseits in Beziehung auf den Betrieb den Eisenbahnen auch die übrigen Transportanstalten gleichgestellt sind, welche vom Bunde konzedirt werden, und andererseits in Beziehung auf die Eisenbahnen auch der Bau derselben in unserm Gesetze namhaft gemacht wird.

Obwohl der Art. 38 Ziff. 2 des Eisenbahngesetzes die Deutung zulässt, dass auch der Bau anderer hierher gehöriger Anstalten ausser den Eisenbahnen hätte namhaft gemacht werden sollen, so glaubten wir doch davon abstrahiren zu dürfen. Ein wirkliches Bedürfniss zu ausserordentlichen Rechtsmitteln zum Schutze der Personen liegt zunächst doch nur bei den Eisenbahnbauten (Tunnels, Brückenbauten etc.) vor und ausserdem hätte die Frage, was unter dem Bau einer Dampfschiffahrtsanstalt zu verstehen sei, grosse Schwierigkeiten mit sich geführt.

Ferner sind wir durch die kürzere Fassung („Transportanstalt“ statt „Bau- oder Betriebsunternehmer der Transportanstalt“) von dem deutschen Reichsgesetze abgewichen, um einen Zweifel zu beseitigen, der namentlich beim Bau von Eisenbahnen entstehen kann, wenn die Aktiengesellschaft oder die politische Körperschaft (Fiskus) oder einzelne Person. überhaupt der Konzessionsinhaber, in dessen Namen und für dessen Rechnung gebaut wird, mit einem Bauübernehmer einen Bauakkord geschlossen hat. Hier könnte in Zweifel sein, ob der Bauübernehmer oder die Aktiengesellschaft etc., in deren Namen und für deren Rechnung der Akkordant baut, der aber im gemeinen Sprachgebrauch vorzugsweise „der Unternehmer des Baues der Eisenbahn“ heisst, haftbar sein solle.

Nach unserer Fassung unterliegt es keinem Zweifel, dass die Aktiengesellschaft resp. der Konzessionsinhaber das verpflichtete Subjekt ist, und dass der Geschädigte nicht an die nur zu oft insolventen Akkordanten gewiesen werden darf etc.“

Gesetz, betreffend die Haftpflicht der Eisenbahnen etc. vom 1. Juli 1875.

In den weiteren Stadien der Berathung erlitt der Entwurf des Bundesraths, namentlich auch in redaktioneller Hinsicht einige Aenderungen. Der Wortlaut des aus denselben hervorgegangenen Gesetzes ist folgender:

Art. 1. Wenn beim Bau einer Eisenbahn durch irgend welche Verschuldung der konzessionirten Unternehmung ein Mensch getödtet oder körperlich verletzt wird, so haftet dieselbe für den dadurch entstandenen Schaden.

Art. 2. Wenn beim Betriebe einer Eisenbahn- oder Dampfschiffahrtsunternehmung ein Mensch getödtet oder körperlich verletzt wird, so haftet die Transportanstalt für den dadurch entstandenen Schaden, sofern sie nicht beweist, dass der Unfall durch höhere Gewalt, oder durch Versehen und Vergehen der Reisenden oder dritter bei der Transportanstalt nicht angestellter Personen (Art. 3) ohne eigenes Mitverschulden der Anstalt, oder durch die Schuld des Getödteten oder Verletzten selbst verursacht worden ist.

Art. 3. Die Eisenbahn- und Dampfschiffahrts-Unternehmungen haften sowohl für ihre Angestellten, als für andere Personen, deren sie sich zum Betriebe des Transportgeschäftes, beziehungsweise zum Bau der Bahn bedienen. Es bleibt ihnen jedoch in Fällen von Verschuldung diesen Personen gegenüber das Rückgriffsrecht vorbehalten.

Art. 4. Wenn nachgewiesen werden kann, dass der Getödtete oder Verletzte sich durch eine verbrecherische oder unredliche Handlung oder mit wissentlicher Uebertretung polizeilicher Vorschriften mit der Transportanstalt in Berührung gebracht hat, so kann kein Schadenersatz im Sinne der Artikel 1 und 2 dieses Gesetzes gefordert werden, selbst wenn der Unfall auch ohne sein Verschulden eingetreten sein sollte.

Art. 5. Im Falle der Tödtung ist Ersatz der Kosten einer versuchten Heilung und der Beerdigung, sowie des Vermögensnachtheiles zu leisten, welchen der Getödtete während der Krankheit durch Erwerbsunfähigkeit oder Verminderung der Erwerbsfähigkeit erlitten hat.

War der Getödtete zur Zeit seines Todes verpflichtet, einem Andern Unterhalt zu gewähren, so kann dieser insoweit Ersatz fordern, als ihm in Folge des Todesfalles der Unterhalt entzogen worden ist.

Im Falle einer Körperverletzung ist Ersatz der Heilungskosten und des Vermögensnachtheiles zu leisten, welchen der Verletzte durch eine in Folge der Verletzung eingetretene zeitweise oder dauernde Erwerbsunfähigkeit oder Verminderung der Erwerbsfähigkeit erleidet.

Art. 6. Als Ersatz für den zukünftigen Unterhalt oder Erwerb ist, je nach dem Ermessen des Gerichtes, entweder eine Kapitalsumme oder eine jährliche Rente zuzusprechen.

Wenn im Momente der Urtheilsfällung die Folgen einer Körperverletzung noch nicht genügend klar vorliegen, so kann der Richter ausnahmsweise für den Fall des nachfolgenden Todes oder einer Verschlimmerung des Gesundheitszustandes des Verletzten eine spätere Rektifizirung des Urtheils vorbehalten.

Art. 7. Bei nachgewiesener Arglist oder grober Fahrlässigkeit der Transportanstalt kann dem Verletzten oder den

Angehörigen des Getödteten, auch ganz abgesehen vom Ersatze erweislicher Vermögensnachtheile, eine angemessene Geldsumme zugesprochen werden.

Art. 8 und 9 handeln von dem Schadenersatz für abhanden gekommenes oder zerstörtes Reisegepäck etc.

Art. 10 normirt die Verjährungsfrist (2 Jahre).

Art. 11 schreibt die Anwendung der sogenannten freien Beweistheorie vor.

Art. 12 erklärt entgegenstehende Reglements, Vereinbarungen etc. für unverbindlich.

Art. 13 enthält die sogenannte derogatorische Klausel.

Art. 14 betrifft die Publikation des Gesetzes etc.

War hiermit in Betreff der Unfälle auf Eisenbahnen etc. ein wesentlicher Fortschritt gegen früher gemacht, so fehlte es doch an analogen Bestimmungen in Betreff der ungleich zahlreicheren Unfälle in Fabriken.

Fabrikengesetz vom 23. März 1877.

Dem bezeichneten Mangel wurde provisorisch durch das Fabrikengesetz vom 23. März 1877 abgeholfen, welches durch die in vieler Hinsicht beachtenswerthe Botschaft des Bundesraths vom 6. Dezember 1875 eingebracht wurde. (Ueber die Definition von „Fabrik" siehe daselbst S. 13.) Der Artikel 5 dieses Gesetzes („Bundesgesetz, betreffend die Arbeit in den Fabriken") bestimmt:

Ueber die Haftpflicht aus Fabrikbetrieb wird ein Bundesgesetz das Erforderliche verfügen.

In der Zwischenzeit gelten immerhin für den urtheilenden Richter nachfolgende Grundsätze:

a) Der Fabrikant haftet für den entstandenen Schaden, wenn ein Mandatar, Repräsentant, Leiter oder Aufseher der Fabrik durch ein Verschulden in Ausübung der Dienstverrichtung Verletzung oder Tod eines Angestellten oder Arbeiters herbeiführt.

b) Der Fabrikant haftet gleichfalls, wenn, auch ohne ein solches spezielles Verschulden, durch den Betrieb der Fabrik Körperverletzung oder Tod eines Arbeiters oder Angestellten herbeigeführt wird, sofern *er* nicht beweist, dass der Unfall durch *höhere Gewalt* oder *eigenes Verschulden* des Verletzten oder Getödteten erfolgt ist. Fällt dem Verletzten oder Getödteten eine Mitschuld zur Last, so wird dadurch die Ersatzpflicht des Fabrikanten angemessen reduzirt.

c) Obige Ersatzansprüche verjähren in zwei Jahren von dem Tage an, an welchem die Verletzung oder Tödtung stattgefunden hat.

d) *Der Bundesrath wird überdies diejenigen Industrien bezeichnen, die erwiesener-*

massen und ausschliesslich bestimmte gefährliche Krankheiten erzeugen, auf welche die Haftpflicht auszudehnen ist.

Im übrigen urtheilt, bis nach Erlass des eingangs erwähnten Gesetzes, der kompetente Richter über die Schadenersatzfrage, unter Würdigung aller Verhältnisse, nach freiem Ermessen.

Diese allgemeinen Grundsätze wurden von den Gerichten in verschiedenem Sinne aufgefasst und angewendet. Während einige Richter bei der Festsetzung des Schadensersatzes sich zurückhaltend zeigten, machten andere von dem Spielraum, den ihnen das Gesetz einräumte, einen weitgehenden Gebrauch. Es folgte daraus eine grosse Ungleichheit in der Behandlung und eine sowohl für den Arbeiter als auch für den Fabrikanten peinliche Unsicherheit. Zu einer einheitlichen, diese bedeutenden Uebelstände beseitigenden Praxis zu gelangen, musste um so schwieriger sein, als die Rechtsregeln und das Prozessverfahren je nach den Kantonen verschieden sind. Deshalb wurde auch die Ausführung des ersten Alinea des oben citirten Artikels 5, d. h. der möglichst baldige Erlass eines Gesetzes dringlichst verlangt, das dem Richter genauere Direktiven geben und so eine grössere Gleichheit in der Behandlung der Materie erzielen sollte.

Botschaft vom 26. November 1880.

Der Bundesrath kam dem Verlangen nach einem besonderen Haftpflichtgesetz mittelst einer an die Bundesversammlung gerichteten Botschaft vom 26. November 1880 nach, durch welche derselbe einen ausführlich motivirten Gesetzentwurf, betreffend die Haftpflicht aus Fabrikbetrieb zur Vorlage brachte.

Der Gesetzentwurf stand ebenso wie das Gesetz vom 23. März 1877 auf dem Boden erweiterter Haftpflicht und wiederholte die auf Seite 57 unter d mitgetheilte Bestimmung, dass der Unternehmer der vom Bundesrath als gesundheitsgefährlich bezeichneten Betriebe auch für den durch Krankheit eines Arbeiters entstehenden Schaden haftet, wenn die Erkrankung erwiesenermassen und ausschliesslich durch den Betrieb der Fabrik herbeigeführt ist.

Haftpflichtgesetz vom 25. Juni 1881.

Unter dem 25. Juni 1881 wurde der Gesetzentwurf mit unwesentlichen Aenderungen zum Gesetz erhoben.

Art. 1 des Gesetzes spricht die Haftpflicht des Unternehmers für die durch sein oder seiner Werkführer etc. Verschulden herbeigeführten Unfälle aus.

Art. 2 erklärt den Unternehmer ausserdem für alle Betriebsunfälle haftbar, sofern er nicht nachweist, dass der Unfall durch höhere Gewalt, oder eigenes Verschulden der Verletzten, oder Verschulden dritter Personen, für welche er nicht gemäss Art. 1 zu haften hat, verursacht ist. (Es liegt sonach der Beweis für das Vorhandensein eines seine Haftpflicht ausschliessenden Unfalles unter allen Umständen dem Betriebsunternehmer ob. Das Gesetz gestattet hiervon keine Ausnahme.)

Art. 3 statuirt die Haftpflicht in Betreff der vom Bundesrath als solche bezeichneten gesundheitsgefährlichen Betriebe wie oben angegeben.

Art. 4 gewährt dem Unternehmer einen Regressanspruch gegen diejenigen Personen, für deren Verschulden er haftet.

Art. 5 führt drei Gründe auf, aus denen die Ersatzpflicht des Unternehmers in billiger Weise reduzirt werden soll (Unfall durch Zufall, theilweise Verschuldung des Verletzten, früher erlittene Verletzungen, welche auf die letzterlittene von Einfluss waren, bezw. bereits früher geschwächte Gesundheit).

Art. 6 handelt vom Schadensersatz, dessen Maximum auf den sechsfachen Jahresverdienst und höchstens auf 6000 Francs festgestellt wird.

Art. 7 bis 16 enthalten Vorschriften über die Unpfändbarkeit der Entschädigungsforderungen, über das Verhältniss zu Versicherungsverträgen, Zuständigkeit des Gerichts, Verjährung, über die Entscheidung der Frage, ob ein Betrieb eine „Fabrik“, also haftpflichtig ist etc.

Seit dem Erlasse dieses Gesetzes, dessen Wortlaut unten (Seite 113 f.) mitgetheilt ist, ruht die legislatorische Thätigkeit des Bundes auf dem hier fraglichen Gebiete. Insbesondere hat sich dieselbe bis jetzt auf die Einführung einer öffentlichen Unfallversicherung nicht erstreckt. Dagegen hat das Gesetz dem Privatversicherungswesen naturgemäss ein grosses Feld der Thätigkeit eröffnet. Der Artikel 2 des Gesetzes zwingt die Betriebsunternehmer geradezu, mit Privatgesellschaften Versicherungsverträge abzuschliessen, wenn anders sie nicht unter dem Damoklesschwert einer unabsehbaren Verantwortlichkeit leben wollen.

IV. Italien.

Geltendes Recht.

Die zur Zeit noch geltenden Artikel 1151 bis 1153 des italienischen Civilgesetzbuchs, welche die Verantwortlichkeit des Arbeitgebers für sein und seiner Werkführer etc. Verschulden statuiren, sind wörtlich gleichlautend mit den Artikeln 1382 bis 1384 des französischen Code civil, von denen unter „Frankreich" die Rede sein wird. So wenig wie hier haben jene Bestimmungen in Italien einen befriedigenden Zustand herbeizuführen vermocht (vergl. Atti Parlamentari. Camera dei Deputati, 1ª sessione 1882—83, Documenti No. 73, Seite 6 ff.).

Um hierin Wandel zu schaffen, hat man zwei Mittel in Anwendung zu bringen gesucht:

1. die Gründung einer Nationalkasse zur Sicherung der Arbeiter gegen die Unglücksfälle, welchen sie bei ihren Arbeiten ausgesetzt sind,
2. die Einführung einer scharfen Haftpflicht der Arbeitgeber etwa in der Art des § 1 des deutschen Haftpflichtgesetzes vom 7. Juni 1871 (oben Seite 9).

Jene Kasse ist durch das Gesetz vom 8. Juli 1883 gegründet und eben jetzt (März 1884), nachdem inzwischen die Reglements, welche die Versicherungsnormen enthalten, ausgearbeitet sind, eröffnet worden. — Die Verschärfung der Haftpflicht dagegen ist noch nicht erfolgt. Sobald sie in Kraft treten wird, findet sie die bezeichnete Kasse als Aushülfsmittel vor.

National-Unfallversicherungskasse.

Im Abschnitt XII, S. 117 f. ist der Wortlaut des Gesetzes vom 8. Juli 1883 mitgetheilt. Hier möge folgender Auszug genügen:

Die von dem Minister für Ackerbau, Industrie und Handel mit den Sparkassen zu Mailand, Turin, Bologna, Siena, Genua, Rom, Venedig, Cagliari, der Bank zu Neapel und der sizilianischen Bank geschlossene Konvention zur Gründung einer National-Unfallversicherungskasse wird genehmigt.

Zufolge dieser Konvention bilden die bezeichneten zehn Institute unter hervorragender Betheiligung der Mailändischen Sparkasse, für die zu gründende — selbständige — Kasse einen Garantiefonds in Höhe von 1 500 000 Lire.

Die Verwaltungskosten tragen die Institute pro rata, den betreffenden Beiträgen zum Garantiefonds entsprechend.

Die allgemeine Leitung der Kasse erfolgt durch einen Oberverwaltungsrath, bestehend aus den Mitgliedern des Exekutivkomitees der Sparkasse zu Mailand und je einem Mitgliede der übrigen betheiligten Institute. Den Vorsitz führt der Präsident (event. Vize-Präsident) der Sparkasse in Mailand.

Der Oberverwaltungsrath stellt die Bedingungen fest, nach welchen den einzelnen Gründungsinstituten auf ihr Verlangen die Feststellung der Unfälle, sowie die Zuerkennung der Entschädigungen übertragen werden kann.

Der Fonds der Versicherungskasse wird gebildet durch:

1. Versicherungsprämien,
2. Zinsen der angelegten Kapitalien,
3. freiwillige Beiträge, zufällige Einnahmen etc.

Alle im Königreiche vorhandenen Handarbeiter, Tagelöhner, Akkordarbeiter, welche 10 Jahr und darüber alt sind, können versichert werden.

Die Versicherung ist persönlich oder kollektiv und ist bestimmt für:

a) den Tod,
b) unbedingte dauernde Arbeitsunfähigkeit,
c) theilweise dauernde Arbeitsunfähigkeit,
d) theilweise Arbeitsunfähigkeit, wenn sie einen Monat übersteigt.

Die Festsetzung der Prämientarife und des Masses der Entschädigung erfolgt durch das Exekutivkomitee der Sparkasse zu Mailand. Nach Genehmigung des Oberverwaltungsraths ist ein diesbezügliches besonderes Reglement nach Anhörung des Staatsrathes dem König zur Genehmigung zu unterbreiten.

Die Revision der Tarife erfolgt von fünf zu fünf Jahren.

Die Entschädigungen werden als Kapitalsumme gezahlt, deren Konvertirung in Rente indess möglich ist.

Der jährliche Nettogewinn wird in besonderem Fonds nachgewiesen. Von fünf zu fünf Jahren wird dieser Fonds zur Hälfte zur Tilgung des Garantiefonds verwendet, zur anderen Hälfte unter die im letzten Lustrum dauernd unbedingt arbeitsunfähig Gewordenen vertheilt. Seitens der Regierung wird die Kasse unterstützt

1. durch Bewilligung des unentgeltlichen Beistandes der Postsparkassen bei allen mit Abschluss der Versicherungsver-

träge verbundenen Geschäften, einschliesslich der Einziehung der Prämien und der Auszahlung der Entschädigungen;

2. durch Befreiung sämmtlicher auf die Kasse bezüglichen Dokumente etc. von jeder Stempel-, Register- und Hypothekensteuer.

Haftpflicht-Gesetzentwürfe.

Was die bereits oben erwähnte Verschärfung der Haftpflicht anlangt, so haben im Jahre 1879 der Deputirte Pietro Pericoli und im Jahre 1880 die Deputirten Minghetti und Genossen, endlich die Regierung selbst im Jahre 1881 hierauf bezügliche Gesetzentwürfe eingebracht, welche indess zu keinem Abschluss kamen. Den Entwurf vom Jahre 1881, welcher in einer Kommission der Abgeordnetenkammer durchberathen war, zog die Regierung wieder zurück, um bald darauf (Februar 1882) einen neuen Entwurf der Kammer vorzulegen. Bis jetzt hat die Kommission, an welche der Entwurf überwiesen ist, einen Bericht über denselben noch nicht erstattet, sondern erst kürzlich den Justizminister um Mittheilung gerichtlicher Erkenntnisse ersucht, welche die Verantwortlichkeit der Arbeitgeber bei Unfällen der Arbeiter behandeln. Wann die Berathung im Plenum erfolgen wird, lässt sich demnach zur Zeit nicht bemessen.

Bei der Bearbeitung dieses Entwurfs ist, wie die Anmerkung auf Seite 9 der Motive ergiebt, der erste deutsche Unfallversicherungsentwurf wesentlich mit zu Rathe gezogen worden. Die Resultate der deutschen Unfallstatistik finden sich in den Motiven mitgetheilt.

Der Entwurf, — welcher den Eisenbahnbetrieb, das gesammte Baugewerbe, den fabrikmässigen und Handwerks-Betrieb umfasst, und die civilrechtliche Haftpflicht der Betriebsunternehmer etc. regelt — hat folgenden Wortlaut:

> Art. 1. Die Unternehmer von Eisenbahnen, und Personen, welche den Betrieb derselben ausüben, die Besitzer von städtischen oder ländlichen Grundstücken, auf welchen Neubauten (opere nuove) oder Reparaturen ausgeführt werden, die Eigenthümer von Bergwerken, Gruben und Werkstätten, sowie die den Betrieb derselben ausübenden Personen, die Ingenieure und Architekten, welche die Arbeiten leiten, sind stets solidarisch — unbeschadet der Regressnahme unter sich oder gegen den Haftbaren — für jeden Schaden verantwortlich, den Arbeiter an Körper oder Gesundheit erleiden, in Folge von Unfällen beim Betrieb der Eisenbahnen, bei ganzem oder theilweisem Zusammenbruch von Bauten, bei Erdabstürzen, Ausgrabungen, Explosionen oder, im Allgemeinen, bei jedem anderen ähnlichen bei der Arbeit vorgekommenen Unfall.

Diese Verantwortlichkeit hört auf, wenn bewiesen wird, dass der Fall auf dem Beschädigten allein beizumessende Nachlässigkeit, auf einen Zufall oder auf höhere Gewalt zurückzuführen ist.

Art. 2. Die dem vorstehenden Artikel gemäss von den dazu verpflichteten Personen zu zahlende Entschädigung umfasst:

I. im Falle des unmittelbar oder nach einer Kur eingetretenen Todes:

a) die Kur-, Verpflegungs- und Begräbnisskosten,

b) den wegen Arbeitsunfähigkeit während der Krankheit erlittenen Schaden,

c) den Schaden, welcher in Folge des Todes des Arbeiters den Familienmitgliedern, zu deren Unterhaltung er verpflichtet war, erwachsen ist;

II. im Falle einer Verletzung, welche den Tod nicht zur Folge hat, oder bei jedem anderen an der Gesundheit erlittenen Schaden:

a) die für die Heilung verausgabten Kosten,

b) den in Folge der dauernden oder zeitweiligen, gänzlichen oder theilweisen Arbeitsunfähigkeit erlittenen Schaden.

Art. 3. Die Gerichtsbehörde setzt die Höhe der Entschädigung fest unter Berücksichtigung der Gesammtheit der Umstände, welche den Unfall verursachten und unter Berücksichtigung der ökonomischen Lage der verantwortlichen Personen.

Mit Zustimmung der Interessenten kann die Gerichtsbehörde der Zahlung eines Kapitals die Aussetzung einer entsprechenden zeitweiligen oder lebenslänglichen Rente substituiren.

Art. 4. Können beim Urtheilsspruch noch nicht alle Folgen des Unfalls bestimmt werden, so kann die Gerichtsbehörde bei Festsetzung des Schadens sich die Zuerkennung einer höheren Entschädigung für den Fall des Todes oder einer merklichen Verschlimmerung des Gesundheitszustandes des Beschädigten vorbehalten.

Derselbe Vorbehalt kann gemacht werden zu Gunsten der verantwortlichen Personen bezüglich der Reduktion der Entschädigung für den Fall, dass die Folgen des Unfalls sich nach dem Urtheilsspruch als weniger schwer, als vorausgesehen, herausstellen.

In beiden Fällen muss die definitive Feststellung des Schadens spätestens innerhalb eines Jahres von dem Tage des den Vorbehalt enthaltenden Erkenntnisses geschehen.

Art. 5. Die Forderungen der Entschädigungsberechtigten an die verantwortlichen Personen haben dieselben Vorrechte wie die in den Art. 1956 Nr. 4 und 1963 des Civilgesetzbuchs erwähnten Forderungen und können weder cedirt noch mit Beschlag belegt werden.

Art. 6. Wenn der Beschädigte gegen die aus einem Unfall entspringenden Schäden versichert ist und die für den Unfall verantwortlichen Personen zur Zahlung der Versicherungsprämien beigetragen haben, so wird die vom versichernden Institut zuerkannte Summe zum vollen Betrage von der von den verantwortlichen Personen schuldigen Entschädigung in Abzug gebracht, wofern diese Personen zur Zahlung der Prämien mit mindestens einem Drittel derselben beigetragen haben und die Versicherung sich auf alle Unfälle ohne Unterschied erstreckte. Vgl. § 4 des deutschen Haftpflichtgesetzes oben Seite 10.

Art. 7. Die im Art. 1 erwähnten verantwortlichen Personen sind verpflichtet, der Gerichtsbehörde innerhalb 24 Stunden jeden Unfall bei Vermeidung einer Geldstrafe von 100 bis 250 Lire anzuzeigen.

Diese Anzeige muss für die in Bergwerken vorgekommenen Unfälle in derselben Frist auch dem Bergwerks-Ingenieur des betreffenden Distrikts erstattet werden.

Art. 8. In den durch das gegenwärtige Gesetz vorgesehenen Fällen findet seitens der Gerichtsbehörde das summarische und eilige Verfahren statt, und das Erkenntniss ist ohne Kautionsstellung und ungeachtet etwaigen Widerspruchs oder eingelegter Appellation stets provisorisch vollstreckbar.

Art. 9. Der Beschädigte oder die Entschädigungsberechtigten haben Anspruch auf unentgeltliche Vertretung vor Gericht.

Art. 10. Ein Verzicht, auch ein theilweiser, auf die Wohlthaten dieses Gesetzes gilt als nichtig und als nicht geschehen.

Art. 11. Die Klage auf Schadensvergütung verjährt mit dem Ablauf eines Jahres von dem Tage, an welchem der den Schaden verursachende Unfall stattfand oder, im Falle des Todes des Beschädigten, von dem Todestage an gerechnet. (Kammerdrucksache Nr. 73 cit.)

V. Frankreich.

Geltendes Recht.

Frankreich besitzt kein spezielles Gesetz über die Haftpflicht, sondern die Bestimmungen des gemeinen Rechts finden hier auch auf die gewerblichen Betriebsunternehmer Anwendung. Der Code civil enthält dieserhalb in den Art. 1382, 1383 und 1384 folgende Vorschriften:

„Art. 1382. Jede Handlung irgend welcher Art eines Menschen, durch die einem anderen ein Schaden zugefügt wird, verpflichtet denjenigen, durch dessen Verschulden der Schaden entstanden ist, diesen zu ersetzen.

Art. 1383. Jedermann ist für den Schaden verantwortlich, den er durch sein Thun, oder auch nur durch seine Fahrlässigkeit oder seine Unvorsichtigkeit verursacht hat.

Art. 1384. Man ist nicht nur für den Schaden verantwortlich, den man durch seine eigene Handlung verursacht, sondern auch für denjenigen, der durch die Handlung von Personen entsteht, für die man einzustehen, oder durch Sachen, die man unter seiner Obhut hat, etc.“

Während langer Zeit haben die französischen Gerichte diese Rechtssätze, welche auch auf den Eisenbahnbetrieb Anwendung finden, im Sinne des englischen „common employment“, d. h. der Nichtverantwortlichkeit des Arbeitgebers für die den Arbeitern bei dem Betriebe zustossenden Unfälle, die auf einer Schuld der Werkführer etc. beruhen, angewendet (vgl. VIII. Grossbritannien, S. 77 f.). Aber schon Ende der vierziger Jahre hat der Kassationshof den Satz aufgestellt, dass der Arbeitgeber für die Unfälle verantwortlich sei, die bei der Ausführung einer von ihm angeordneten Handlung sich ereignen, sofern dabei ihm oder einem seiner Angestellten ein Verschulden nachgewiesen werden kann.

Seitdem wandte sich die Rechtssprechung und wurde der Haftbarkeit eine Ausdehnung gegeben, wonach der Fabrikbesitzer im weitesten Umfang für Verletzungen, welche Arbeiter in einer Fabrik treffen können, verantwortlich gemacht wurde.

Wie wenig dabei häufig selbst die Berufung auf das eigene Verschulden des Beschädigten den Werkbesitzer von der Haftbarkeit retten konnte, zeigt folgendes Beispiel:

In einem Eisenbahnhofe war ein grosser Ofen, welcher zum Schmelzen von Metallen oder Aehnlichem benutzt wurde. Dieser Ofen war in Winternächten noch sehr heiss, und es kam in einer sehr kalten Winternacht vor, dass Arbeiter, um ihren Frost zu bekämpfen, sich auf die Oberfläche dieses Ofens zum Schlafen niederlegten. Zwei von den Arbeitern starben eines langsamen Verbrennungstodes auf diesem Ofen und das Gericht verurtheilte, gestützt auf den Artikel 1384 des Code, die Eisenbahnverwaltung, die hinterlassenen Familien dieser beiden Arbeiter zu entschädigen, weil es sagte, es läge hier die Verführung, sich auf den warmen Ofen zu legen, so nahe, dass die Eisenbahnverwaltung hätte Vorsichtsmassregeln ergreifen sollen gegen die natürliche Versuchung, welche diese Arbeiter erfasste (vgl. Botschaft des schweizerischen Bundesraths vom 6. Dezember 1875, betreffend den Entwurf des Fabrikengesetzes).

Nach dieser Richtung wurde lange Zeit in Frankreich judicirt, bis sich in den siebziger Jahren gerade in Folge der Reaktion, welche diese Extravaganz hervorgerufen hatte, wieder eine andere Richtung Bahn brach und man mehr in die Grundsätze limitirter Verantwortlichkeit zurückging, einer Verantwortlichkeit, welche indessen durch kein Gesetz genauer präzisirt ist.

Reformbedürfniss.

Im Grossen und Ganzen sind die Entscheidungen der Gerichte ausserordentlich schwankend, schon aus dem Grunde, weil, wie der Abgeordnete Faure in den Motiven der von ihm am 11. Februar 1882 vorgelegten Gesetzentwürfe sagt, im Allgemeinen dem Prozesse vollständig fremde Umstände, z. B. das Vermögen des Fabrikanten, seine eigenen Lasten, sein Gewinn etc. sehr viel mehr berücksichtigt werden, als die in der Werkstatt beobachteten Sicherheitsmassregeln (Documents parlementaires, Chambre, 11. Februar 1882). Dabei herrscht die grösste Verschiedenheit in der Höhe der festzusetzenden Entschädigungen je nach den einzelnen Landestheilen. „Ein und derselbe Fall, welcher in Paris dem Arbeitgeber 25000 Francs kosten würde, kostet ihn in Havre 20000, in Rouen 10000, in Lille 5000, anderswo 2000 ... Die Klagen über den bestehenden gesetzlichen Zustand sind einstimmig: zahlreiche Opfer, denen keine Hülfe und kein Schutz gewährt wird, endlose und ruinöse Prozesse, Zufall und höhere Gewalt zu Lasten der Beschädigten, freies Ermessen in der Höhe der Entschädigungen, die kleinste Unvorsichtigkeit so schwer bestraft wie das gröbste Versehen: dies Alles führt zu Rekriminationen, die nur zu gerecht sind.“ (Aus den Motiven des Gesetzentwurfs von Leon Peulevey, vom 26. November 1883, Nr. 2421 der Drucksachen der Chambre, Seite 4 und 5) [1]).

Unter diesen Umständen und mit Rücksicht auf das Vorgehen in den Nachbarländern war es natürlich, dass auch in Frankreich das Verlangen nach Reform sich geltend machte. In Folge dessen haben in neuerer Zeit mehrere Abgeordnete Gesetzentwürfe zum Zweck der anderweiten Regelung der Materie eingebracht, von denen zwei — die des Abgeordneten Faure — mit einigen zu Gunsten der Arbeiter getroffenen Abänderungen die Genehmigung der mit der Sache befassten Kommission der Abgeordnetenkammer, nicht aber die der Kammer selbst fanden. Seitdem ist noch ein neuer Gesetzentwurf von Peulevey vorgelegt worden, aus dessen Motiven die vorstehende Mittheilung herrührt. Der Inhalt der Gesetzentwürfe und der Gang der Verhandlungen ist kurz folgender:

Gesetzentwurf von Martin Nadaud.

Der unter dem 4. November 1881 von dem Deputirten Martin Nadaud eingebrachte Gesetzentwurf — Drucksachen der Chambre Nr. 5 — wollte die Arbeiter günstiger stellen durch eine Umdrehung der Beweislast in der Art des § 1 des deutschen Haftpflichtgesetzes bezw. nach schweizerischem Vorgang — freilich noch hierüber hinausgehend —, während alles Uebrige dem richterlichen Ermessen überlassen wurde. Derselbe lautet:

> Art. 1. Wer einen Andern beschäftigt, ist verpflichtet, denselben gegen alle aus der Arbeit in jedwedem Gewerbe, sowie auch auf den Staats- und Gesellschafts-Eisenbahnen entstehenden Unfälle zu schützen, wenn der Arbeitgeber nicht nachweist, dass die Unfälle durch die Schuld des Beschädigten entstanden sind.
>
> Art. 2. Die Entschädigungsklagen werden in erster Instanz vor dem Gewerbegericht angestellt. Wenn in den Städten oder Bezirken, wo die Unfälle eingetreten sind, diese Gerichtsbarkeit nicht besteht, so wird die Klage vor dem Friedensrichter und in der Berufung vor dem Gerichtshofe (devant la Cour) angestellt, welcher wie in summarischen Angelegenheiten entscheidet.

---

[1]) Zu Folge einer statistischen Zusammenstellung des Moniteurs des Assurances vereinnahmten die bestehenden 15 französischen Unfallversicherungsgesellschaften im Jahre 1882 an Prämien 8 913 788 Francs, während die Schädenzahlungen incl. Regulierungskosten 4 503 910 Francs = 50,5 % der Prämien, die Agenturprovisionen 1 531 571, die allgemeinen Verwaltungs- etc. Kosten 2 834 095 Francs betrugen („Mittheilungen für d öffentlichen Feuerversicherungsanstalten“, Jahrgang 1884, Nr. 1).

Gesetzentwürfe von Felix Faure.

Der Abgeordnete Faure kam dem zu erreichenden Ziele schon näher. Er brachte am 11. Februar 1882 — Drucksachen der Chambre Nr. 399 — zwei Gesetzentwürfe ein. Der erste derselben — „tendant à établir et à régulariser la responsabilité en matière d'accidents de fabrique ou de toute exploitation industrielle, agricole ou commerciale" — bezweckte die Verschärfung der Haftpflicht Aller, auch der landwirthschaftlichen Betriebsunternehmer, die Festsetzung bestimmter Entschädigungen — und zwar:

für die Wittwen eine Entschädigung im Betrage des doppelten Jahresverdienstes des verunglückten Ehemannes, jedoch in maximo 2500 Francs,

für jedes Kind bis zum 16. Jahre eine Jahresrente von 100 Francs,

für Ganz-Invalide Renten im Betrage eines Drittels des Lohnes, jedoch mindestens 370 und höchstens 750 Francs, daneben für die Frau eine Rente von 100 Francs und für jedes Kind bis zum 16. Jahre eine Rente von 100 Francs,

für Invalide, welche nur für ihr Gewerbe untauglich werden, geringere Renten,

endlich die Herbeiführung eines schiedsrichterlichen Verfahrens zur Festsetzung der Entschädigungen.

Der zweite Gesetzentwurf von Faure betraf die Errichtung einer unter der Bürgschaft des Staates stehenden öffentlichen Unfallversicherungskasse mit fakultativem Beitritt, zur Sicherung der Arbeitgeber gegen die ihnen durch den vorstehend skizzirten Gesetzentwurf auferlegte Haftpflicht. Der Gesetzentwurf wollte damit das unter dem Kaiserreich erlassene Gesetz vom 11. Juli 1868, betreffend die Errichtung einer — ebenfalls fakultativen — Unfallversicherungskasse, weiter ausbauen, welches bis dahin um deswillen ein todter Buchstabe geblieben war, weil die Arbeiter von der ihnen ermöglichten Versicherung keinen Gebrauch machten.

Gesetzentwurf von Maret und Genossen.

Noch bevor über die vorerwähnten Entwürfe eine Entscheidung getroffen war, reichten die Abgeordneten Maret und Genossen zu dem Zweck, den Arbeitern besser zu ihrem Recht zu verhelfen, am 7. März 1882 einen Gesetzentwurf ein, welcher die Einsetzung eines besonderen Unfallgerichts zum Gegenstande hatte. Letzteres sollte am Hauptorte des Departements unter dem Vorsitz eines Richters zusammentreten, theilweise abgelehnt werden können und endgültig entscheiden (Documents parl. I. S. 751).

Kommissionsberathung.

Die sämmtlichen vorerwähnten Gesetzentwürfe, zu denen noch ein von dem Deputirten Peulevey am 14. Januar 1882 eingereichter Gesetzentwurf hinzukam, der von ihm im November 1883 durch einen neuen Entwurf ersetzt wurde und deshalb hier nicht weiter behandelt ist — jener erste Peulevey'sche Entwurf liess die Haftpflicht der Arbeitgeber unberührt, eröffnete dagegen den Arbeitern die Möglichkeit, sich beim Staate gegen die Folgen erheblicher durch Zufall, höhere Gewalt oder eigene geringe Unvorsichtigkeit herbeigeführten Unfälle gegen eine Jahreszahlung von 2 Francs zu versichern — wurden von der Deputirtenkammer einer besonderen Kommission überwiesen. Letztere verwarf den Maret'schen Entwurf, um nicht der tagtäglich zunehmenden Neigung zur Abänderung der Rechtskompetenz und Gerichtsbarkeit nachzugeben, acceptirte den Nadaud'schen Entwurf mit Modifikationen, behielt sich dagegen die Berichterstattung über die einschneidenderen Gesetzentwürfe von Faure und Peulevey vor. (Bericht Girard's vom 28. März 1882 Nr. 694.)

Die Kammer war mit diesem Vorschlag der Kommission, welcher den hauptsächlichsten Schwierigkeiten aus dem Wege ging, nicht einverstanden, sondern verwies die sämmtlichen Entwürfe zur Erledigung in die Kommission zurück (Sitzungsprotokoll vom 13. Mai 1882).

Die letztere entledigte sich des ihr gewordenen Auftrags mittelst eines von Martin Nadaud erstatteten Berichts vom 11. November 1882 (Nr. 1334), welcher unter Verwerfung der übrigen Entwürfe die beiden vom Abgeordneten Faure vorgelegten Gesetzentwürfe mit einigen zu Gunsten der Arbeiter getroffenen Abänderungen zur Annahme empfiehlt.

Stellungnahme der Kammer.

In der Kammer fand auch dieser Vorschlag der Kommission keine günstige Aufnahme. Dreitägige Generaldebatten endigten mit der abermaligen Zurückweisung des gesammten Materials an die Kommission, welche nach Anhörung der Ansichten der Regierung einen neuen Bericht erstatten solle (vergl. Verhandlungen vom 8., 10. und 12. März 1883). Die Gesetzentwürfe der Kommission, welche auf der einen Seite die weitestgehende civilrechtliche Haftpflicht der Arbeitgeber statuirten und auf der anderen Seite mit Hülfe einer staatlichen fakultativen Unfallversicherungskasse dem Uebel abzuhelfen suchten, erfuhren die heftigste Opposition. Der von dem Handelsminister Horrison unterstützte Antrag Ribot's, die Entscheidung noch zu vertagen, rettete auf diese Weise die Vorarbeiten aus der Brandung.

Inzwischen waren die Gesetzentwürfe des Abgeordneten Faure, bezw. der Kommission auch im Lande auf starken Widerstand gestossen. Eine ganze Reihe von Handelskammern und industriellen Gesellschaften protestirte gegen das in jenen Entwürfen adoptirte Prinzip der unbedingten Haftpflicht des Arbeitgebers, welches alle Grundsätze des gemeinen Rechts und der Billigkeit über den Haufen werfe. („Un semblable projet consacre un tel renversement de toutes les notions de droit et d'équité naturelle qu'il ne pourra jamais être accepté par un Parlement français. . . . Dans son système la responsabilité revient quand même et toujours à l'employeur . . ." — Drucksachen der Chambre 1883, Nr. 2421 S. 3.)

Gesetzentwurf von Leon Peulevey.

Der Abgeordnete Peulevey, welcher die Opposition gegen die Entwürfe der Kommission in der Kammer geführt hatte, brachte nun unter dem 26. November 1883 seinen zweiten Gesetzentwurf ein, dessen Hauptbestimmungen die folgenden sind:

Art. 2. Die Haftpflicht des Arbeitgebers (aus Art. 1383 und 1384 des Code civil) besteht vollständig und unbeschränkt im Falle eines groben Versehens, mag dasselbe vom Arbeitgeber begangen sein oder den Personen, für welche dieser verantwortlich ist, zur Last fallen.

Art. 3. Geringe Versehen, welche vom Arbeitgeber oder vom Arbeiter begangen werden, sind dem Zufalle gleichgestellt; der Arbeitgeber ist jedoch, ohne Rücksicht auf den Anlass des Zufalls, in den unten festgestellten Grenzen dafür verantwortlich.

Art. 4. Die auf die Unfallversicherungskasse für Personen bezüglichen Bestimmungen des Gesetzes vom 11. Juli 1868 werden abgeändert wie folgt:

Art. 8 des genannten Gesetzes: „Die Versicherungen geschehen auf ein Jahr. Die Prämie beträgt 10 Frcs., welche der Versicherte (d. i. der Arbeiter) in zwei Raten von je 5 Frcs., die zweite spätestens in dem auf die Bezahlung der ersten folgenden Monate zahlen kann.

Diese Zahlungen können in den Amtslokalen der General-Schatzmeister oder der Unter-Einnehmer oder auch zu Händen der Einnehmer der direkten Steuern oder der Posteinnehmer erfolgen.

Art. 6. (9 des Gesetzes vom 11. Juli 1868.)

Die Einnahmen der Unfallversicherungskasse bestehen aus:

1. dem Betrage der von den Versicherten gezahlten oben angegebenen Quoten.

2. einem alljährlich in das Budget aufzunehmenden Beitrage des Staats, welcher im ersten Jahre eine Million beträgt.

3. den der Kasse gemachten Schenkungen und Vermächtnissen.

Art. 7. (10 des Gesetzes vom 11. Juli 1868.)

Die Unfälle zerfallen in vier Klassen:

1. Unfälle, welche eine unbedingte Arbeitsunfähigkeit veranlassen;

2. Unfälle, welche eine dauernde Arbeitsunfähigkeit für das Gewerbe herbeiführen;

3. Unfälle, welche den Tod herbeiführen;

4. Unfälle, welche eine zeitweise Arbeitsunfähigkeit veranlassen.

Diese verschiedenen Unfälle begründen Ansprüche auf lebenslängliche Pensionen, Entschädigungen oder Unterstützungen gemäss der folgenden Bestimmungen.

Art. 8. (11 des Gesetzes vom 11. Juli 1868).

Die durch die in den beiden ersten Nummern des vorhergehenden Artikels genannten Unfälle Beschädigten haben Anspruch auf eine lebenslängliche Pension, welche die Pensionskasse mittelst des ihr von der Unfallversicherungskasse übersandten, gemäss den Tarifen der Pensionskasse erforderlichen Kapitals zahlt.

Dieses Kapital besteht bei der Pension für Unfälle erster Klasse aus einer Summe gleich dem 640fachen Betrage der vom Versicherten gezahlten Quote, nämlich 6400 Frcs.

Die bei Unfällen der zweiten Klasse gewährte Pension beträgt nur die Hälfte derjenigen bei Unfällen erster Klasse.

Art. 9. (12 des Gesetzes vom 11. Juli 1868.)

Die im Falle des Todes in Folge eines Unfalles der Wittwe des Versicherten und, wenn derselbe unverheirathet oder kinderloser Wittwer ist, seinen 60jährigen Eltern (Vater oder Mutter) zu gewährende Entschädigung ist dem zweijährigen Betrage der Pension gleich, welche er nach dem Absatz 2 des vorstehenden Artikels beanspruchen könnte.

Wenn die Wittwe ein oder mehrere Kinder unter 16 Jahren hat, wird die durch den vorhergehenden Absatz gewährte Pension verdoppelt.

Art. 10. Im Falle von Beschädigungen, welche nur eine zeitweise Arbeitsunfähigkeit herbeiführten, gewährt die Versicherungskasse die erforderliche Unterstützung unter den nachstehenden Bedingungen und Beschränkungen.

Uebrigens schuldet die Versicherungskasse, ohne Rücksicht auf die Schwere des Unfalls, in allen Fällen dem Versicherten die weiter unten erwähnte vorläufige Hülfe.

Art. 11. In den im Artikel 8 oben gedachten Fällen ist der Arbeitgeber, der Beschädigte mag versichert sein oder nicht, von Rechtswegen verpflichtet, dem Beschädigten eine lebenslängliche Pension im halben Betrage der ihm von der Kasse gewährten oder derjenigen, auf welche er im Falle der Versicherung Anspruch haben würde, zu zahlen.

Art. 12. In dem unter den Artikel 12 des Gesetzes vom 11. Juli 1868 gehörigen Falle ist der Arbeitgeber verpflichtet, die der Wittwe gewährten Entschädigungen um einen der durch diesen Artikel bestimmten Summe gleichen Betrag, ohne Vermehrung im Falle von Kindern oder in deren Ermangelung von Ascendenten, zu erhöhen.

Er ist dazu in allen Fällen verpflichtet, selbst wenn der Verunglückte nicht versichert ist.

Art. 13. Der Arbeitgeber trägt auch die Hälfte zu den zeitweisen oder vorläufigen Unterstützungen bei, welche nach den Bestimmungen des Artikels 10 oben gewährt werden.

Er ist zum ganzen Betrage verpflichtet, wenn der Beschädigte nicht versichert ist und zwar auf eine vom Friedensrichter in der nachstehenden Weise ausgefertigte Anweisung.

Art. 14 statuirt die Unpfändbarkeit der Entschädigungsforderungen.

Art. 15 regelt die Anzeigepflicht bei schweren Unfällen und die Untersuchung durch den Friedensrichter.

Art. 16. Ohne Rücksicht auf das Ergebniss der Untersuchung und auf die wahrscheinlichen Ursachen des Unfalls stellt der untersuchende Beamte nach dem Gutachten des den Beschädigten behandelnden Arztes und auf Verlangen der betheiligten Parteien, Verwandten, Freunde oder Nachbarn eine gegen den Arbeitgeber oder die Unfallversicherungskasse vollstreckbare Unterstützungs-Anweisung, vorbehaltlich weiterer Auseinandersetzung zwischen ihnen, mit Berücksichtigung der Bedürfnisse des Beschädigten und seiner Familie aus.

Die erste Unterstützung kann von 14 zu 14 Tagen auf Gutachten des Arztes zwei Monate lang erneuert werden. Nach Ablauf dieser Frist kann die Unterstützung nur auf Grund der Entscheidung der gemäss den Bestimmungen der

Artikel 23 und 24 der Verordnung vom 10. August 1868 eingesetzten Verwaltungskommission fortgesetzt werden.

Art. 17. Diese Kommission hat ausserdem die Aufgabe, zu entscheiden, ob der Unfall einem groben Versehen des Arbeitgebers oder der Personen, für welche er verantwortlich ist, beigemessen werden muss und zu welcher Kategorie der Unfall gemäss der Bestimmungen des Artikels 7 gehört.

Im Falle eines groben Versehens ist die Kasse, wenn der Beschädigte versichert ist, nichtsdestoweniger an ihre Verpflichtungen gebunden; sie kann jedoch ihren Rekurs an den Arbeitgeber nehmen und in diesem Falle können der Beschädigte oder seine Mitberechtigten in der Instanz interveniren, um ihre Rechte geltend zu machen.

Wenn dagegen der Beschädigte nicht versichert ist, verweist die Kommission ihn mit seinen Ansprüchen an den Arbeitgeber; jedoch fallen nichtsdestoweniger die Unterstützungen und die vorläufige Hülfe, welche durch die vorstehenden Artikel 10 und 13 bestimmt sind, auf Grund der vom Friedensrichter ausgefertigten Anweisung dem Arbeitgeber zur Last.

Art. 18. Jede Klage wegen groben Versehens ist nur zulässig, wenn sie sich auf ein bestätigendes Gutachten der Verwaltungskommission stützt.

Art. 19. Das Honorar des den Beschädigten behandelnden Arztes und die vom Apotheker gelieferten Arzneimittel werden, wie es bezüglich der vorläufigen Unterstützungen oben bestimmt ist, auf das Visa des die Untersuchung führenden Beamten und vorbehaltlich des Rekurses der Kasse an den Arbeitgeber im Falle anerkannten groben Versehens, von dem Arbeitgeber oder der Unfallkasse bezahlt.

Art. 20. Im Falle groben Versehens seitens des Beschädigten hat derselbe keinen Anspruch auf vorläufige Unterstützungen; dies grobe Versehen muss jedoch gerichtlich festgestellt werden.

Man sieht, wie dieser Gesetzentwurf, indem er die Statuirung einer vollen und ausnahmslosen Haftpflicht der Arbeitgeber vermeidet, die letzteren auf künstlichem Wege zwingen möchte, bei der staatlichen Unfallversicherungskasse Deckung zu nehmen. Den Boden der Zwangsversicherung wagt der Entwurf nicht zu betreten, er steht dieser aber sehr nahe.

Welches das Schicksal der augenblicklich in der Kammerkommission beruhenden verschiedenen Projekte von Nadaud, Faure, Maret, Peulevey mit den dazu gestellten Amendements von Girard etc. sein wird, lässt sich nicht ermessen, Was aber aus dem Gang der Verhandlungen in Frankreich seit dem

Jahre 1881 klar erhellt, ist, dass es kaum möglich ist, auf dem Boden der Haftpflicht einen befriedigenden festen Punkt, an welchem sich einsetzen liesse, zu gewinnen. Man sieht die Projekte hin und her schwanken. Die hauptsächlich in Betracht kommenden gravitiren alle nach der Versicherung hin, aber indem sie die Versicherung in das Belieben stellen, fallen sie in das rein privatrechtliche Haftpflichtprinzip zurück, bei welchem es für die verunglückten Arbeiter nun und nimmermehr eine gesicherte Position giebt. — Der schwere Stein der zu lösenden Aufgabe liegt in Frankreich zur Zeit auf einer schiefen Ebene. Der Druck der Arbeitermassen wird schon dafür sorgen, dass derselbe nicht hinuntergleitet — aber nicht eher wird er in ruhiger Lage sich befinden, als bis er auf dasjenige Niveau gehoben ist, welches Deutschland und Oesterreich definitiv als das Endziel dieser Bestrebungen für die civilisirten Staaten festgelegt haben: auf die Ebene der allgemeinen obligatorischen Versicherung.

VI. Belgien.

In Bezug auf die Haftpflicht der Betriebsunternehmer hat Belgien, wo der Code Napoléon gilt, das gleiche Recht mit Frankreich (siehe dieses oben). Eine Aenderung ist hierin nicht eingetreten. Die Unfallversicherung der Arbeiter hat die Legislative bisher nicht beschäftigt.

Handelt es sich um Unfälle mit folgender Arbeitsunfähigkeit oder mit tödtlichem Ausgang, so wird den Mitgliedern einer auf Grund des Gesetzes vom 3. April 1851 (Loi sur les sociétés de secours mutuels) errichteten Gesellschaft die statutenmässige — niemals lebenslängliche — Unterstützung, bezw. den Hinterbliebenen das statutenmässige Sterbegeld zu Theil; ausserdem ist den Berg- und Hüttenleuten die Möglichkeit gegeben, für sich und ihre Hinterbliebenen Pensionen sicher zu stellen (Gesetz vom 28. März 1868 über die bergmännischen Unterstützungskassen). Diese Unterstützungs- und Pensionskassen liegen indess ausserhalb des Rahmens unseres Themas. Dieselben bestehen wohl in allen civilisirten Ländern; wir haben auf dieselben deshalb an anderen Stellen nicht erst noch ausdrücklich hingewiesen.

VII. Niederlande.

Die niederländische Gesetzgebung enthält keine besonderen Bestimmungen in Betreff der Haftpflicht der Betriebsunternehmer für die Folgen der Betriebsunfälle. Es kommt hier mithin das mit dem französischen Recht übereinstimmende allgemeine Recht in Anwendung, welches nur die Verantwortlichkeit für den durch Verschuldung herbeigeführten Schaden kennt und demjenigen den Beweis auferlegt, welcher einen Anspruch auf Grund des Verschuldens geltend macht — möge letzteres nun in eigenen Handlungen bezw. Unterlassungen oder in den Handlungen bezw. Unterlassungen bevollmächtigter Personen bestehen, für deren Handlungen der Vollmachtgeber einzustehen hat.

Die Bestimmungen des niederländischen Civilgesetzbuchs lauten hierüber wie folgt:

Art. 1401: Elke onrechtmatige daad, woordoor aan een ander schade wordt toegebracht, stelt dengene, door wiens schuld die schade veroorzaakt is, in de verplichting om dezelve te vergoeden.

Art. 1402: Een ieder is verantwoordelijk, niet alleen voor de schade, welke hij door zijne daad, maar ook voor die welke hij door zijne nalatigheid of onvoorzichtigheid veroorzaakt heeft.

Art. 1403: Men is niet alleen verantwoordelijk voor de schade, welke men door zijne eigene daad veroorzaakt, maar ook voor die welke veroorzaakt is door de daad van personen, voor welke men aansprakelijk is.

. . . . Degenen, die anderen aanstellen tot de waarneming hunner zaken, zijn verantwoordelijk voor de schade, door hunne . . . . ondergeshikten veroorzaakt in de werkzaamheden waartoe zij dezelve gebruikt hebben.

. . . De werkmeesters zijn verantwoordelijk voor de schade, door hunne leerlingen en knechts veroorzaakt gedurende den tijd, dat dezelve onder hun toezicht staan.

De hierboven vermelde verantwoordelijkheid houdt op, indien . . . de werkmeesters bewijzen, dat zij de daad, voor welke zij aansprakelijk zouden zijn, niet hebben kunnen beletten.

VIII. Grossbritannien.

Die Doktrin des common employment.

Bis zum Jahre 1880 gab es in dem vereinigten Königreiche so wenig wie in einem der zu demselben verbundenen drei Reiche ein auf die Haftpflicht gewerblicher Unternehmer bezügliches Spezialgesetz. Die Erörterung bezw. Entscheidung bezüglicher Fragen erfolgte daher nach den in jedem der einzelnen Länder geltenden gemeinen Rechte (Common Law).

Dieses ungeschriebene „einzig in seiner Anwendung erkennbare" Gewohnheitsrecht, welches im Grossen und Ganzen der römischrechtlichen Anschauung entsprach, indem es die Doktrin des Common employment (gemeinschaftliche Beschäftigung) auf die Fabrikbesitzer anwandte, erwies sich je länger desto mehr als unzulänglich. Unter dem Prinzip des Common employment wird nämlich verstanden, dass der Dienst- oder Geschäftsherr (master) der in seinem Dienst beschäftigten Person (servant) dann für Beschädigung **nicht** haftet, wenn der schädigende Vorgang das Ergebniss der Handlung oder Unterlassung eines Dienst- oder Arbeitergenossen (fellow servant) des Beschädigten ist und während der Zeit der gemeinschaftlichen Beschäftigung sich zugetragen hat. Als Arbeitsgenosse gilt, wer immer in einer gemeinsamen, gleichviel in welcher, von dem nämlichen Dienst- oder Geschäftsherrn abhängigen Stellung mit einem Anderen sich befindet. Gemeinschaftliche Beschäftigung ist die gleichzeitige Verwendung zweier oder mehrerer Personen zu Förderung bezw. Erreichung eines gemeinschaftlichen Zwecks. Wie es für den Begriff der „Arbeitsgemeinschaft" gleichgültig ist, ob etwa der eine Arbeiter dem andern gegenüber in einer mit besonderen Befugnissen ausgestatteten, oder in einer dem Ansehen oder der Verantwortlichkeit nach höheren, selbst in einer Autoritätsstellung sich befindet, so ist für den Begriff der „gemeinschaftlichen Beschäftigung" ohne Belang, ob die Art, in welcher die Verwendung der Genossen stattfindet, die nämliche oder eine verschiedene ist; folgende Stellungen gelten z. B. als genossenschaftliche: Arbeiter und Werkführer, Bremser und Zugführer, Grubendirektor (manager) und Bergarbeiter [1]).

---

[1]) v. Bojanowski, „Die Haftpflicht gewerblicher Unternehmer nach

Reformversuche.

In den siebziger Jahren wurden deshalb, nicht ohne Rückwirkung des deutschen Haftpflichtgesetzes vom Jahre 1871 in dem englischen Parlament Versuche gemacht, die Frage der Haftpflicht gewerblicher Unternehmer (Employers liability) gegenüber den von ihnen beschäftigten Arbeitern im Wege der Gesetzgebung zu regeln, jedoch ohne Erfolg. Erst die im Jahre 1880 von der Regierung eingebrachte Vorlage führte zum Abschluss der Frage.

Während über jene Vorlage verhandelt wurde, tauchte wohl auch die Idee der Ersetzung der Haftpflicht durch das Versicherungssystem auf, indess ohne dass von den Vertretern dieser Idee ein befriedigender Plan vorgelegt worden wäre.

So steht das vom 7. September 1880 veröffentlichte „Gesetz, betreffend die Haftpflicht gewerblicher Unternehmer von 1880“ (Employers' Liability Act (43 und 44 Vict. C. 42) denn lediglich auf dem privatrechtlichen Boden der Regelung der Haftpflicht des Betriebsunternehmers.

Das Haftpflichtgesetz vom 7. September 1880.

Das Gesetz bestimmt, dass der Unternehmer den Arbeitern für Körperbeschädigungen haftbar ist, welche verursacht werden durch einen Mangel in der Beschaffenheit der Maschinen und Werkzeuge, durch die Nachlässigkeit eines Beamten oder einer Person, welcher der Arbeiter zur Zeit des Unfalls gehorchen musste, durch eine Handlung oder Unterlassung einer Person im Dienste des Unternehmers, wenn die Handlung oder Unterlassung in Uebereinstimmung mit einer vom Unternehmer erlassenen Anordnung steht, oder durch die Nachlässigkeit einer Person im Dienste des Unternehmers, welche die Kontrole über Signale, Weichen u. s. w. hat.

Hierbei sind indess nicht wenige und nicht unerhebliche Ausnahmen zu beachten, wegen deren auf das unten abgedruckte Gesetz selbst verwiesen werden muss.

Abgesehen von diesen Ausnahmen ergeben sich Bedenken gegen das Gesetz aus der Begrenzung des Schadensersatzes auf das Maximum eines dreijährigen Arbeitsver-

---

englischem Recht“ in den Schriften des Vereins für Sozialpolitik, Band XIX, Die Haftpflichtfrage. Leipzig, Duncker & Humblot, 1880.

In diesem Bande finden sich ferner Aufsätze über die Haftpflichtfrage nach österreichischem Recht von A. Randa und A. Braf, nach belgischem Recht von M. van der Rest, nach holländischem Recht von A. Kerdijk, nach französischem Recht von Petersen, nach schweizerischem Recht von F. v. Wyss, nach nordamerikanischem Recht von J. H. Whiting; endlich ein Aufsatz zur Fortbildung des Haftpflichtgesetzes vom 7. Juni 1871 von J. Baron. Unter den zahlreichen über das englische Haftpflichtgesetz herausgegebenen Kommentaren ist derjenige von Roberts & Wallace, London 100 Chancery Lane, Reeves & Jurner hervorzuheben.

dienstes, aus der Nothwendigkeit der Geltendmachung der Schadensersatzforderung im Prozesswege, aus der Bestimmung ausserordentlich kurzer Verjährungsfristen (binnen 6 Wochen muss die Anzeige des Unfalls, binnen 6 Monaten die Klageerhebung erfolgt sein), endlich aus dem Mangel eines Paragraphen, welcher Arbeitsverträge für nichtig erklärt, in denen der Arbeiter auf die Anwendung des Gesetzes verzichten muss. Die Gewerkvereine agitiren deshalb schon lange für eine Aenderung des Gesetzes, bis jetzt indess erfolglos. (Vergl. Hasbach, „das Englische Arbeiterversicherungswesen“ Leipzig, Duncker und Humblot Seite 433, wo auch eine Statistik über die Wirksamkeit des Gesetzes mitgetheilt ist.)

Insbesondere ist eine im Jahre 1883 eingebrachte Bill (33), welche bezweckte, den Arbeiter davor zu schützen, Verträge einzugehen, welche ausserhalb der durch den „Employers' Liability Act“ von 1880 ihm zugedachten Wohlthaten lägen, verworfen, da man es für unangemessen erachtete, die Vertragsfreiheit zwischen Arbeiter und Unternehmer zu beschränken. Der Regierungsvertreter bemerkte dabei, die Regierung sei gegen jede Aenderung des Gesetzes, da man allen Grund habe, mit dessen bisherigen Resultaten zufrieden zu sein.

Weitere legislative Verhandlungen über diesen Gegenstand haben seitdem nicht stattgefunden. Wohl aber hat das Gesetz von 1880 zur Folge gehabt, dass auf privatem Wege Arbeiterversicherungsgesellschaften sich theils schon gebildet haben, theils noch in der Bildung begriffen sind. So hat u. A. auch die London und North Western Eisenbahngesellschaft, welche schon vor 15 Jahren die „London and North Western Railway Mutual Insurance Society“ gegründet hatte, nach Inkrafttreten des „Employers' Liability Act“ von 1880 eine neue Korporation unter dem Namen „The London and North Western Railway Works Mutual Insurance Society“ ins Leben gerufen, deren Mitglieder bei ihrem Eintritt auf alle Ansprüche an den Unternehmer, welche sie sonst aus dem „Employers' Liability Act“ herzuleiten berechtigt wären, verzichten.

Der Wortlaut des Gesetzes ist — nach von Bojanowski a. a. O. — folgender:

Gesetz zu Ausdehnung und Regelung der gewerblichen Unternehmern obliegenden Verpflichtung zu Leistung von Schadensersatz an solche aus der Zahl der von ihnen beschäftigten Arbeiter, welche eine Körperbeschädigung erfahren haben, vom 7. September 1880 — 43 und 44 Vict. cap. 42—.

(Gesetz, betr. die Haftpflicht gewerblicher Unternehmer von 1880.)

Von I. M. der Königin, im Beirath und mit Zustimmung der in dem gegenwärtigen Parlamente versammelten geistlichen und weltlichen Lords sowie der Gemeinen und kraft deren Genehmhaltung, wird verordnet was folgt:

1. Verbesserung der Rechtsvorschriften.

Wofern nach dem Zeitpunkte, zu welchem dieses Gesetz in Wirksamkeit tritt, ein Arbeiter eine Körperbeschädigung erfährt:

1. aus Anlass irgend eines Mangels in der Beschaffenheit der mit dem Gewerbebetriebe des Unternehmers in Verbindung stehenden oder der eben dabei in Gebrauch befindlichen Arbeitsvorkehrungen, Geräthschaften, maschinellen Anlagen oder Inventarstücke; oder
2. aus Anlass des nachlässigen Verhaltens irgend einer in dem Dienste des Unternehmers befindlichen Person, welcher irgendwie Aufsichtsbefugnisse übertragen sind, und zwar in der Zeit, während welcher diese Person in der Ausführung ihrer Aufsichtsbefugnisse begriffen ist; oder
3. aus Anlass des nachlässigen Verhaltens irgend einer in dem Dienste des Unternehmers befindlichen Person, deren Befehlen oder Weisungen der Arbeiter zu der Zeit als die Beschädigung stattfand, nachzukommen verpflichtet war und auch nachkam, sofern die fragliche Beschädigung aus dem gedachten Verhalten hervorgegangen ist; oder
4. aus Anlass von Handlungen oder Unterlassungen, welche irgend eine in dem Dienste des Unternehmers befindliche Person in Befolgung der Vorschriften oder Anordnungen des Unternehmers, oder in Befolgung solcher besonderen Instruktionen bewirkt oder begeht, welche irgend eine zu dem Behufe von dem Unternehmer mit Autorität ausgerüstete Person erlassen hat; oder
5. aus Anlass des nachlässigen Verhaltens irgend einer in dem Dienste des Unternehmers befindlichen Person, welche bei Eisenbahnen die Verantwortung oder die Kontrole für bezw. über irgend welche Signale, Weichen, Zugmaschinen oder Züge hat,

haben der Arbeiter, oder, falls die Beschädigung das Ableben desselben herbeiführt, die gesetzlichen persönlichen Vertreter des Arbeiters und die aus Anlass des Todesfalls berechtigten Personen eben denselben Rechtsanspruch auf Schadenersatz und eben dieselben Rechtshülfen gegen den Unternehmer, wie wenn der Arbeiter nicht ein Arbeiter des Unternehmers, oder nicht in dessen Diensten befindlich, oder nicht zu dessen Gewerbsunternehmen verdungen gewesen wäre.

2. Ausnahmen in Ansehung der verbesserten Rechtsvorschriften.

Ein Arbeiter ist nach Massgabe dieses Gesetzes zu irgend welchen Rechtsansprüchen auf Schadensersatz oder zu Rechtshülfe gegen den Unternehmer in jedem der folgenden Fälle nicht berechtigt; nämlich:

1. nach Unterabschnitt Eins in Abschnitt Eins, es sei denn, dass die dort erwähnten Mängel hervorgegangen sind aus oder unentdeckt, oder unabgestellt geblieben sind wegen der Nachlässigkeit des Unternehmers oder einer in dem Dienste des Unternehmers befindlichen Person, welcher von dem Unternehmer die Verpflichtung auferlegt ward, danach zu sehen, dass die Arbeitsvorkehrungen, Geräthschaften, maschinellen Anlagen oder Inventarstücke in zweckentsprechendem Zustande sich befanden.
2. Nach Unterabschnitt Vier in Abschnitt Eins, es sei denn, dass die Beschädigung durch irgend welche Ungehörigkeiten oder Mängel in den vorerwähnten Vorschriften, Anordnungen oder Instruktionen herbeigeführt ward; mit dem Vorbehalt jedoch, dass — wofern Vorschriften oder Anordnungen von Seiten eines der königlichen ersten Staatssekretäre oder des Handelsamts, oder eines sonstigen Regierungsdepartements nach Massgabe oder kraft eines Gesetzes genehmigt oder angenommen worden sind —, solche Vorschriften oder Anordnungen für die Zwecke dieses Gesetzes als ungehörig oder mangelhaft nicht angesehen werden dürfen.
3. So oft der Arbeiter die mangelhafte Beschaffenheit oder das nachlässige Verhalten kannte, welches seine Beschädigung herbeiführte und er innerhalb einer angemessenen Frist dem Unternehmer oder einer ihm (dem Arbeiter) in dem Dienste des Unternehmers übergeordneten Person davon Anzeige zu erstatten oder erstatten zu lassen verabsäumte, es sei denn, dass, nach seiner (des Arbeiters) Wahrnehmung, die fragliche mangelhafte Beschaffenheit, oder das nachlässige Verhalten dem Unternehmer oder der erwähnten übergeordneten Person bereits bekannt waren.

3. Abgrenzung der als Schadensersatz einziehbaren Summe.

Der nach Massgabe dieses Gesetzes als Schadensersatz einziehbare Geldbetrag darf diejenige Summe nicht übersteigen, welche sich anschlagsmässig als der während dreier Jahre vor dem Eintritt des schädigenden Ereignisses erarbeitete Verdienst einer solchen Person ermitteln lässt- die innerhalb der fraglichen Jahre in ebenderselben Lebens, stellung, in der nämlichen Beschäftigung und in dem nämlichen Bezirke in Arbeit stand, woselbst der Arbeiter zu der Zeit beschäftigt war, als die Beschädigung stattfand.

4. Frist zu Einziehung des Schadensbetrages.

Klagen, nach Massgabe dieses Gesetzes, behufs Einziehung des Betrages zu Ausgleichung einer erlittenen Beschädigung dürfen nicht anders rechtshängig gemacht werden, als wenn die Anzeige davon, dass eine Beschädigung stattgefunden hat, binnen sechs Wochen nach dem Eintritt des die Beschädigung verursachenden Unfalls erstattet, die Klage selbst aber binnen sechs Monaten, oder, wenn ein Todesfall vorliegt, binnen zwölf Monaten, von eben demselben Zeitpunkte an gerechnet, angestellt wird; stets jedoch mit dem Vorbehalte, dass bei dem Eintritt eines Todesfalls das Unterbleiben der Anzeige dann die Anbringung der Klage nicht ausschliessen soll, wenn nach richterlichem Ermessen genügender Grund dazu vorhanden war, dass die Erstattung der Anzeige unterblieb.

5. Strafgelder können von Entschädigungsgeldern nach Massgabe dieses Gesetzes in Abzug gebracht werden.

Von Entschädigungsgeldern, welche einem Arbeiter oder den Vertretern eines Arbeiters oder solchen Personen zugebilligt wurden, die durch Vermittelung eines Arbeiters oder durch einen solchen vertreten einen Klagegrund nach Massgabe dieses Gesetzes für sich in Anspruch nehmen, ist zulässig, diejenigen Strafgelder, und zwar entweder ganz oder theilweise, in Abzug zu bringen, deren Zahlung an den betreffenden Arbeiter, dessen Vertreter oder die gedachten zur Klage berechtigten Personen kraft eines sonstigen Gesetzes zu erfolgen hatte; wofern aber ein Arbeiter, oder dessen Vertreter, oder solche Personen nach Maassgabe dieses Gesetzes eine Klage anstellen, die durch Vermittelung eines Arbeiters oder durch einen solchen vertreten, einen Klagegrund nach Massgabe dieses Gesetzes für sich in Anspruch nehmen, und wofern die aus Anlass des nämlichen Klagegrundes nach Maassgabe eines sonstigen Gesetzes verbüssten Strafgelder, ganz oder theilweise, zuvor noch nicht gezahlt wurden, sind der Arbeiter, dessen Vertreter, oder jene Personen nicht berechtigt mit Bezug auf denselben Klagegrund nach Massgabe eines sonstigen Gesetzes irgend welche Strafgelder oder Theilbeiträge von solchen in Empfang zu nehmen.

6. handelt von dem Verfahren vor Gericht und ist hier in Wegfall gebracht.

7. Verfahren bei der Zustellung von Anzeigen betreffs Beschädigungen.

Anzeigen betreffs Beschädigungen nach Massgabe dieses Gesetzes müssen den Namen und den Wohnort der beschädigten Person enthalten, auch die Ursache der Beschädigung in der Sprache des gewöhnlichen Lebens, und ferner den Tag angeben, an welchem die Schädigung sich zutrug; sie sind dem Unternehmer oder, bei dem Vorhandensein von mehr als einem Unternehmer, einem derselben zuzustellen.

Die Zustellung kann durch Ausreichung der Anzeige an oder in dem Wohnhause oder dem Geschäftsraume derjenigen Person, an welche sie gerichtet ist, bewirkt werden.

Die Anzeige kann auch durch die Inanspruchnahme der Post mittelst eines eingeschriebenen Briefes bewirkt werden, und hat die Adresse des Briefes auf diejenige Person, in deren letztbekanntem Wohnhause oder Geschäftsraume zu lauten, an welche die Anzeige zugestellt werden soll; wird die Anzeige durch Inanspruchnahme der Post zugestellt, so gilt die Zustellung als zu der Zeit bewerkstelligt, zu welcher ein die Anzeige enthaltender Brief im gewöhnlichen Laufe der Post ausgereicht worden wäre, und der Nachweis betreffs der stattgehabten Zustellung einer derartigen Anzeige soll als genügend erbracht angesehen werden, wenn dargethan wird, dass die Anzeige ordnungsmässig adressirt und eingeschrieben ward.

Falls eine Mehrheit von Personen, ohne Unterschied ob mit Korporationsrechten versehen oder nicht, als Unternehmer auftritt, ist die Anzeige in der Art zuzustellen, dass sie entweder in dem Geschäftsraume ausgereicht, oder mittelst der Post in einem eingeschriebenen, an den Geschäftsraum adressirten Brief gesendet wird; sollte mehr als ein Geschäftsraum vorhanden sein, so kann die Sendung an einen derselben erfolgen.

Anzeigen nach Massgabe dieses Abschnitts dürfen, etwa darin enthaltener Mängel oder Ungenauigkeiten wegen, nicht als ungültig angesehen werden, es sei denn, dass der Richter, welcher die Klage zu behandeln hat, die aus der in der Anzeige erwähnten Beschädigung hervorgeht, der Ansicht ist, dass der fragliche Mangel oder die fragliche Ungenauigkeit dem Beklagten bei dessen Einlassung auf die Klage nachtheilig und dass der Mangel oder die Ungenauigkeit absichtlich irreleitend seien.

8. Begriffserläuterungen.

Sofern die Wortstellung nicht ein Anderes erfordert, bedeutet

der Ausdruck „eine Person, welcher irgend wie Aufsichtsbefugnisse übertragen sind“, eine solche, deren ausschliessliche oder hauptsächliche Verpflichtung in Beaufsichtigung besteht und welche unter gewöhnlichen Umständen mit stofflicher Arbeit nicht befasst ist;

begreift der Ausdruck „Unternehmer“ jede Mehrheit von Personen in sich, ohne Unterschied, ob mit Korporationsrechten versehen oder nicht;

bedeutet der Ausdruck „Arbeiter“ Eisenbahnangestellte und sonstige Personen, auf welche das Unternehmer- und Arbeitergesetz von 1875 Anwendung findet.

9. Beginn der Wirksamkeit des Gesetzes.

Dieses Gesetz soll vor dem 1. Januar 1881, welcher Tag in diesem Gesetz als der Beginn der Wirksamkeit desselben in Bezug genommen ist, nicht in Geltung treten.

10. Abgekürzter Titel.

Dieses Gesetz darf als Gesetz, betreffend die Haftpflicht gewerblicher Unternehmer von 1880 angeführt werden und soll bis zum 31. Dezember 1887 und bis zu dem Ende der dann nächsten Parlamentssitzung, jedoch nicht länger in Kraft bleiben, es sei denn, dass das Parlament ein Anderes verfügt und sämmtliche nach Massgabe dieses Gesetzes vor jenem Zeitpunkt eingeleitete Klagen sollen Fortgang finden, wie wenn dieses Gesetz nicht erlöschen würde.

IX. Dänemark.

In Dänemark ist die Frage wegen Sicherung der Arbeiter gegen die Folgen der Betriebsunfälle, sei es durch Einführung einer erweiterten Haftpflicht der Betriebsunternehmer, sei es in der Form einer allgemeinen Versicherung der Arbeiter bis jetzt nicht Gegenstand legislativer Verhandlungen gewesen. Kommen Unfälle vor, so werden solche lediglich nach den allgemeinen Grundsätzen der Haftpflicht behandelt.

Der dem Reichstag im Oktober 1883 vorgelegte Gesetzentwurf wegen Errichtung einer Anstalt für billige Altersversorgung ist mit der Unfallversicherung nur entfernt in Verbindung zu bringen. Bei der Berathung des Entwurfs im Folkething gab der Konseilspräsident indess ausdrücklich zu erkennen, dass die Vorlage nur als ein erster Schritt auf dem schwierigen Felde der Versorgung der Arbeiter anzusehen sei.

Das Folkething hat den Entwurf an den Finanzausschuss zur Begutachtung verwiesen, wo derselbe nach allgemeiner Ansicht bis auf weiteres ruhen wird, so dass dieser erste Anlauf auf dem Gebiete der sozialpolitischen Gesetzgebung in Dänemark vor der Hand zu keinem Ziele führen dürfte.

X. Schweden und Norwegen.

Weder in Schweden, noch in Norwegen ist die Haftpflicht der Arbeitgeber oder die Unfallversicherung bisher Gegenstand legislativer Verhandlungen gewesen. Nur Seitens privater Assoziationen hat man in Schweden in der letzten Zeit, besonders in Folge der Vorgänge in Deutschland dieser Materie eine grössere Aufmerksamkeit zugewandt, die jedoch noch nicht zu thatsächlichem Einschreiten auf diesem Gebiete geführt hat.

Zur Zeit gilt also noch in Schweden und Norwegen in Betreff der Haftpflicht der Betriebsunternehmer das allgemeine Recht, wonach zwischen dem Unfall und dem Verschulden des Unternehmers ein ursächlicher Zusammenhang bestehen muss, wenn der Unternehmer für den entstandenen Schaden regresspflichtig sein soll.

XI. Russland.

Die Frage der Haftpflicht der Arbeitgeber für die ihren Arbeitern zustossenden Betriebsunfälle bildet in Russland schon seit einer längeren Reihe von Jahren den Gegenstand legislatorischer Erwägungen. Die bestehende Gesetzgebung enthält keine besonderen Bestimmungen in dieser Beziehung und im allgemeinen Gesetzbuch finden sich nur einige wenige Paragraphen, welche im einzelnen Falle auch bei der Entschädigung des Arbeiters durch den Arbeitgeber für die beim Geschäftsbetrieb erlittenen Verletzungen in Betracht kommen können. Diese Bestimmungen (§§ 574, 644, 647, 657, 660, 661, 684 und 689, I. Theil des X. Bandes der Gesetzsammlung, Jahrgang 1857) beschränken die Schadenersatzverbindlichkeit auf die durch nachweisbares Verschulden herbeigeführten Körperverletzungen und Tödtungen, entsprechend der römischrechtlichen Auffassung.

Die Bestrebungen hierin eine Aenderung zu Gunsten der Arbeiter — im Wege der Verschärfung der Haftpflicht der Arbeitgeber — einzuführen, datiren bereits vom Jahre 1859, ohne dass jedoch die Entwürfe der mit den Vorarbeiten betrauten Kommissionen bis jetzt zu einem positiven Resultat geführt hätten.

In allerneuester Zeit (Sommer 1883) ist nun wiederum ein Entwurf von Haftpflichtbestimmungen in dem Finanzministerium, Departement für Handel und Gewerbe von einer Kommission ausgearbeitet worden, welcher indess noch einen weiten Weg zurückzulegen haben wird, bis er die Gesetzeskraft erlangt, und auf diesem Wege zweifellos noch manche Aenderung erfahren wird. Der Entwurf ist seinem wesentlichen Inhalt nach veröffentlicht worden (vergl. u. a. „Deutsche volkswirthschaftliche Korrespondenz" vom 5. September 1883, Nr. 69). Derselbe verschmilzt englische, schweizerische und deutsche Rechtssätze bezw. Gesetzentwurfsstücke, wobei augenscheinlich ein grosses Wohlwollen gegen die Arbeiter massgebend gewesen ist. In der Ziffer 11 unten und in der Nothwendigkeit der gerichtlichen Klage zeigt sich vornehmlich — vom Standpunkte der Arbeiter aus — die Schattenseite des Entwurfs, während andererseits der Arbeitgeber durch die Zuweisung einer weitgehenden privatrechtlichen Haftpflicht in eine prekäre Lage gebracht wird. Der Inhalt des Entwurfs ist im Wesentlichen folgender:

1. Die Inhaber von Fabriken, Bergwerken und anderen gewerblichen Etablissements, gleichviel, ob sie der Krone, Privatpersonen oder Genossenschaften gehören, ebenso die Bauunternehmer, sind zur Entschädigung jedes Einzelnen verpflichtet, der durch Verstümmelung oder Tod Schaden erleidet und zwar in Folge einer der nachstehenden Ursachen:

a) in Folge von Mängeln und Unvollkommenheiten der im Betriebe befindlichen Maschinen und Apparate, in Folge ungenügender Schutzmittel gegen die gefährliche Wirkung der Maschinen, in Folge von Bruch oder Beschädigung von Maschinen, in Folge von Kesselexplosionen oder Explosion chemischer Stoffe.

b) In Folge von Fahrlässigkeit eines Beamten, dem die Ueberwachung des Betriebes obliegt, oder in Folge von Befehlen des Besitzers oder seines Bevollmächtigten, welche Verunglückung von Arbeitern nach sich zogen, ebenso in Folge Zulassung der Arbeit unter durch besondere Bestimmungen verbotenen Verhältnissen, z. B. Zulassung des Reinigens der Maschine während der Arbeitszeit etc.

c) Bezüglich der Industriezweige, welche für die Gesundheit schädlich sind oder gefährliche Krankheiten erzeugen, sind die Besitzer nur in dem Falle verantwortlich, wenn die Krankheit sich erwiesenermassen auf Vernachlässigung der sanitären und hygienischen Verhältnisse zurückführen lässt und wenn es bewiesen werden kann, dass die Erkrankung durch grössere Fürsorge hätte verhindert werden können, z. B. durch bessere Ventilation, durch Erweiterung der Fabrikräume und dergl.

2. Die Höhe der Entschädigung ist in jedem einzelnen Falle nach einem gewissen Prozentbetrag von dem letzten Lohnsatz der Geschädigten, unter Beobachtung folgender Regeln zu normiren.

3. Im Todesfalle muss die Entschädigung enthalten: a) die Kosten der ärztlichen Behandlung des Verunglückten; b) die Beerdigungskosten; c) die Entschädigung der Verluste derjenigen, welche in dem Verstorbenen ihren Ernährer hatten, und zwar in folgendem Verhältniss: den Wittwen lebenslängliche Pension im Betrage von 50 % der Gage des Verstorbenen (die Pension erlischt, sobald die Wittwe sich wieder verehelicht); minderjährigen Kindern beiderlei Geschlechts bis zum 15. Lebensjahr einschliesslich, wenn die Mutter oder Stiefmutter am Leben ist, $16^2/_3$ %; wenn sie als vater- und mutter-

lose Waisen zurückbleiben, 25 %; den mittellosen Eltern der Verstorbenen je $16^2/_3$ %. Alle diese Pensionen dürfen aber zusammen 75 % des Jahresgehalts des Verstorbenen nicht übersteigen.

4. Im Falle einer Schädigung an der Gesundheit, welche eine zeitweilige oder beständige Arbeitsunfähigkeit nach sich zieht, ist der Besitzer des gewerblichen Unternehmens verpflichtet, dem Geschädigten alle Kosten der ärztlichen Behandlung und seinen pekuniären Verlust und im Falle seines Todes der Familie die gleichen Schäden zu ersetzen; er ist verpflichtet, dem Geschädigten im Falle gänzlicher Untauglichkeit zur Arbeit eine Pension im vollen Betrage seines Jahreseinkommens auszusetzen und im Falle nicht totaler Arbeitsunfähigkeit je nach dem Grade der Beschädigung im Betrage von 25 bis 75 % des Jahreslohnes.

5. Der Geschädigte ist seinem Wunsche entsprechend zu entschädigen: a) durch Auszahlung einer einmaligen Geldunterstützung, die den sechsfachen Betrag seines Jahresgehalts und überhaupt den Betrag von 6000 Rubel nicht übersteigen darf, b) durch jährlich oder ratenweise auf Grund der Art. 3 und 4 dieser Regeln ihm selbst oder seiner Familie zu zahlende Unterstützungen.

Im letzteren Falle hat der Betriebsunternehmer die pünktliche Zahlung der Unterstützungen durch Hinterlegung eines entsprechenden Kapitals in einer Behörde zu sichern, oder das Betriebsunternehmen wird mit Beschlag belegt, wobei im Falle der Liquidation des Unternehmens oder dessen Versteigerung, der Geschädigte oder dessen Familie vor allen übrigen Gläubigern zu befriedigen ist. Den Gerichten wird das Recht ertheilt, die Betriebsunternehmer zur Einzahlung dieser Unterstützungen in Regierungsanstalten zu verpflichten, welche für die Weiterbeförderung Sorge tragen.

6. Bei später eintretender Veränderung in den Verhältnissen d. h. bei einer Aenderung in dem Zustande der Erwerbsfähigkeit oder der Mitgliederzahl der Familie des Geschädigten, kann der Betrag der ad 5 litt. b erwähnten Unterstützung, auf Ansuchen des die Unterstützung erhaltenden oder des dieselbe zahlenden, durch gerichtliche Verfügung erhöht oder verringert werden.

7. Die in Ziffer 5 enthaltenen Bestimmungen dürfen nicht auf dem Wege privatrechtlicher Uebereinkünfte des Betriebsunternehmers mit den Arbeitern oder anderen Angestellten verändert werden. Alle, gegenwärtige Bestimmungen verletzenden Uebereinkünfte und Verträge sind für ungiltig anzuerkennen.

8. Der Prozess wegen der ad 3 und 4 erwähnten Entschädigung kann in Jahresfrist anhängig gemacht werden, wobei diese Frist von dem Tage des Todes oder der Verletzung zu

laufen beginnt; diese Frist ist aber nicht in Betracht zu ziehen, wenn der Betriebsunternehmer sich die Verletzung der vorhergehenden Ziffer 7 zu Schulden kommen lässt, d. h. wenn er mit dem Geschädigten eine besondere Uebereinkunft über dessen Entschädigung trifft; in diesem letzteren Falle beginnt die obige Frist von dem Zeitpunkte an zu laufen, wo auf Grund der Uebereinkunft der Betriebsunternehmer dem Geschädigten gegenüber aller Verbindlichkeiten entbunden ist. Für die Einreichung der Gesuche um Modifizirung der Unterstützung (Ziffer 5 litt b) ist keinerlei Frist anzusetzen.

9. Als verantwortliche Person vor dem Geschädigten figurirt immer der Betriebsunternehmer selbst, dem es freisteht sich durch Verklagung desjenigen schadlos zu halten durch dessen Schuld der Unfall entstanden ist.

10. Die Gesuche um Entschädigung für erlittene Verluste sind bei demjenigen Gerichte einzureichen, in dessen Bezirke der Unfall stattgefunden hat.

11. Die Betriebsunternehmer können nur in den Fällen von der Verpflichtung, die Geschädigten für den Schaden und die erlittenen Verluste entschädigen zu müssen, befreit werden, wenn sie (die Betriebsunternehmer) nachweisen, dass das Unglück entstanden ist:

a) nicht durch die Schuld des Betriebsunternehmers, der Verwaltung oder der Agenten des Unternehmers, und dass das Unglück auch durch die Ergreifung von Vorsichtsmassregeln nicht hätte vermieden werden können,

b) in Folge der Einwirkung einer unbezwinglichen Elementarkraft.

XII. Abdruck von Gesetzen und Gesetzentwürfen.

Oesterreich.

Unfallversicherungsgesetz-Entwurf vom Jahre 1883.

Versicherungspflichtige Betriebe[1].

§ 1. Alle in Fabriken, in Bergwerken und den dazu gehörigen Anlagen, in Hüttenwerken, in Brüchen und auf Werften beschäftigten Arbeiter und Betriebsbeamten, letztere jedoch nur sofern ihr Jahresarbeitsverdienst an Lohn oder Gehalt und anderen Bezügen achthundert Gulden nicht übersteigt, sind gegen die Folgen der beim Betriebe sich ereignenden Unfälle nach Massgabe der Bestimmungen dieses Gesetzes versichert.

Dasselbe gilt von Arbeitern, sowie von Betriebsbeamten, mit dem oben bezeichneten Jahresarbeitsverdienst, welche

1. in Gewerbsbetrieben, die sich auf die Ausführung von Bauarbeiten erstrecken oder sonst bei der Ausführung von Bauten beschäftigt sind. Diese Bestimmung findet keine Anwendung auf solche Arbeiter, welche, ohne in einem Gewerbsbetriebe der bezeichneten Art beschäftigt zu sein, lediglich einzelne Reparaturarbeiten an Bauten ausführen;

2. in Betrieben beschäftigt sind, bei denen Dampfkessel oder solche Triebwerke in Verwendung kommen, die durch elementare Kraft (Wind, Wasser, Dampf, Gas, heisse Luft, Elektrizität etc.) oder durch Thiere bewegt werden. Diese Bestimmung findet keine Anwendung auf solche Betriebe, für welche nur vorübergend eine nicht zu der Betriebsanlage gehörige Kraftmaschine benützt wird;

3. in Betrieben beschäftigt sind, in welchen explodirende Stoffe erzeugt oder verwendet werden.

---

[1]) Die Paragraphüberschriften sind diesseits beigefügt worden. Vgl. Note 1 S. 45 oben.

Die Begründung des Gesetzentwurfs ist im folgenden nicht mit zum Abdruck gebracht.

Als Arbeiter, beziehungsweise als Betriebsbeamte im Sinne dieses Gesetzes sind auch Lehrlinge, Volontäre, Praktikanten und andere Personen anzusehen, welche wegen noch nicht beendeter Ausbildung keinen oder einen niedrigeren Arbeitsverdienst beziehen.

§ 2. Auf Eisenbahn- und Schiffahrtsbetriebe finden die Bestimmungen dieses Gesetzes nur dann Anwendung, wenn sie als integrirende Bestandtheile eines versicherungspflichtigen Betriebes lediglich für diesen bestimmt sind. Doch bleiben jene Arbeiter und Betriebsbeamten den Bestimmungen dieses Gesetzes unterworfen, welche zwar von Eisenbahnunternehmungen beschäftigt werden, auf welche jedoch das Gesetz vom 5. März 1869, R. G. Bl. Nr. 27, ihrer Beschäftigung nach keine Anwendung findet.

Befreiungen, Ausdehnungen.

§ 3. Der Minister des Innern ist ermächtigt, für solche nach § 1 versicherungspflichtige Unternehmungen, welche mit Unfallsgefahr für die darin beschäftigten Personen nicht verbunden sind, die Versicherungspflicht auszuschliessen.

Desgleichen ist der Minister des Innern berechtigt, andere als die im § 1 bezeichneten Unternehmungen, welche mit Unfallsgefahr, namentlich mit besonderer Feuersgefahr verbunden sind, der Versicherungspflicht zu unterwerfen.

§ 4. Dieses Gesetz findet keine Anwendung auf Bedienstete, welche in einem Betriebe des Staates, eines Landes, einer Gemeinde oder eines öffentlichen Fondes mit festem Gehalte und Pensionsanspruch angestellt sind.

Lohnbegriff.

§ 5. Als Gehalt oder Lohn im Sinne dieses Gesetzes gelten auch Tantièmen und Naturalbezüge. Der Werth der letzteren ist nach den örtlichen Durchschnittspreisen in Ansatz zu bringen.

Gegenstand der Versicherung.

§ 6. Den Gegenstand der im § 1 bezeichneten Versicherung bildet der durch dieses Gesetz bestimmte Ersatz des Schadens, welcher durch eine Körperverletzung oder durch den Tod des Versicherten entsteht.

Erwerbsunfähigkeit.

§ 7. Im Falle einer Körperverletzung soll der Schadensersatz in einer dem Verletzten vom Beginne der fünften Woche nach Eintritt des Unfalles angefangen für die Dauer der Erwerbsunfähigkeit zu gewährenden Rente bestehen.

Für die Berechnung der Rente wird zunächst der Arbeitsverdienst ermittelt, welchen der Verletzte während des letzten Jahres seiner Beschäftigung in dem Betriebe, wo der Unfall sich ereignete, bezogen hat. War der Verletzte in dem Betriebe nicht ein volles Jahr, von dem Unfalle zurückgerechnet, beschäftigt, so ist für die Berechnung der Rente jener Arbeitsverdienst massgebend, welchen während dieses Zeitraumes Arbeiter derselben Art in demselben Betriebe oder in benachbarten gleichartigen Betrieben durchschnittlich bezogen haben.

Findet der Betrieb seiner Natur nach nicht während des ganzen Jahres, sondern nur während einer gewissen Betriebszeit statt, so wird demnach bei der Berechnung des durchschnittlichen täglichen Arbeitslohnes nur die Zahl der Arbeitstage während der Betriebszeit berücksichtigt.

Zufällige Betriebsunterbrechungen haben ausser Betracht zu bleiben.

Das Dreihundertfache des durchschnittlichen täglichen Arbeitsverdienstes gilt als Jahresarbeitsverdienst. Uebersteigt der in dieser Weise ermittelte Jahresarbeitsverdienst die Summe von achthundert Gulden, so bleibt der Mehrbetrag ausser Berechnung.

Der Jahresarbeitsverdienst von Lehrlingen, Volontären, Praktikanten und anderen Personen, welche wegen noch nicht beendeter Ausbildung keinen oder einen niedrigeren Arbeitsverdienst beziehen, ist in derselben Höhe, wie der niedrigste Jahresarbeitsverdienst vollgelohnter Arbeiter, beziehungsweise Betriebsbeamter jener Beschäftigung, für welche die Ausbildung erfolgt, jedoch höchstens mit einem Betrage von dreihundert Gulden zu bemessen.

Die Rente beträgt:

a) im Falle gänzlicher Erwerbsunfähigkeit und für die Dauer derselben 60 % des Jahresarbeitsverdienstes;
b) im Falle theilweiser Erwerbsunfähigkeit und für die Dauer derselben einen Bruchtheil der unter a) festgesetzten Rente, welcher nach dem Masse der verbliebenen Erwerbsfähigkeit zu bemessen ist, jedoch nicht über 50 % des Jahresarbeitsverdienstes betragen darf.

Dem Verletzten steht ein Anspruch auf Schadenersatz nicht zu, wenn er den Betriebsunfall vorsätzlich herbeigeführt hat.

Karenzzeit.

§ 8. Der Unternehmer des versicherungspflichtigen Betriebes ist verpflichtet, für die Verpflegung und Heilung der in seinem Betriebe beschäftigten, durch einen Betriebsunfall verletzten Arbeiter oder Betriebsbeamten unverzüglich Sorge zu tragen. Für die Kosten bis zum Ablauf von vier Wochen nach dem Eintritt des Unfalles hat, wenn hiefür nicht durch die rechtzeitig getroffene Fürsorge der Gemeinde oder durch bestehende Krankenkassen schon vorgesehen und wenn der Verletzte arm ist, der Betriebsunternehmer aufzukommen.

Insofern die Bestreitung dieser Kosten, abgesehen von den Bestimmungen dieses Gesetzes Anderen obliegen würde, wird dem Betriebsunternehmer der Ersatzanspruch gegen dieselben vorbehalten. Ueber solche Ersatzansprüche des Betriebsunternehmers ist in gleicher Weise zu entscheiden, wie dies in Betreff der Ersatzansprüche der Gemeinden im Gesetze vom 3. Dezember 1863, R.G.Bl. Nr. 105, vorgeschrieben ist.

Tödtliche Unfälle.

§ 9. Im Falle der Tod aus dem Betriebsunfalle erfolgt ist, soll der Schadenersatz ausser in den Leistungen, welche nach § 7 dem Verletzten für die Zeit vor dem Eintritte des Todes etwa gebühren, noch bestehen:

1. in den Beerdigungskosten, welche nach dem Gebrauche des Ortes, jedoch höchstens mit dem Betrage von 25 fl. zu bemessen sind;

2. in einer den Hinterbliebenen des Getödteten vom Todestage angefangen zu gewährenden Rente, für deren Berechnung die Bestimmungen des § 7, Absatz 2 bis 6, massgebend sind.

Diese Rente beträgt:

a) für die Wittwe des Getödteten bis zu deren Tode oder Wiederverheirathung 20 %; für den Wittwer, wenn und solange derselbe erwerbsunfähig ist, 20 %; für jedes hinterbliebene eheliche oder uneheliche Kind bis zu dessen zurückgelegtem 15. Lebensjahre 10 % und wenn ein eheliches Kind auch den zweiten Elterntheil verloren hat oder verliert 15 % des Jahresarbeitsverdienstes. Die Renten des hinterbliebenen Ehegatten und der Kinder können zusammen 50 % des Jahresarbeitsverdienstes nicht übersteigen; ergiebt sich aus den obigen Sätzen ein höherer Betrag, so werden die einzelnen Renten verhältnissmässig gekürzt,

b) für Ascendenten des Verstorbenen, wenn dieser ihr einziger Ernährer war, für die Zeit bis zu ihrem Tode oder bis zum Wegfall der Bedürftigkeit 20 % des Jahresarbeitsverdienstes. Dieser Betrag darf wegen des Vorhandenseins mehrerer Berechtigter nicht überschritten werden, und gebührt in diesem Falle den Eltern der Vorzug vor den Grosseltern.

Im Falle der Wiederverheirathung erhält die Wittwe den dreifachen Betrag ihrer Jahresrente als Abfertigung Der Rentenbezug eines Wittwers wird durch dessen Wiederverheirathung nicht berührt.

Hat die verletzte Person erst nach dem Unfalle eine Ehe geschlossen, so steht nach ihrem Tode der Wittwe, beziehungsweise dem Wittwer und den aus einer solchen Ehe entsprossenen Kindern ein Anspruch nicht zu. Auch den unehelichen Kindern, welche erst nach dem Unfalle erzeugt wurden, sowie einem aus seinem Verschulden geschiedenen Ehegatten steht ein Anspruch nicht zu.

Wenn Berechtigte der unter a) bezeichneten Art mit Berechtigten zusammentreffen, welche unter b) bezeichnet sind, so steht den Letzteren ein Anspruch nur insoweit zu, als für die Ersteren der bezeichnete Höchstbetrag der Rente nicht in Anspruch genommen wird.

Die den Hinterbliebenen zustehenden Ansprüche werden dadurch nicht berührt, dass der Getödtete den Betriebsunfall vorsätzlich herbeigeführt hat.

Träger der Versicherung.

§ 10. Die im § 1 vorgeschriebene Versicherung erfolgt durch besondere, zu diesem Zwecke zu errichtende Versicherungsanstalten, welche auf dem Grundsatze der Gegenseitigkeit beruhen.

In der Regel soll für den Bezirk jeder Handels- und Gewerbekammer eine solche Versicherungsanstalt am Sitze der Kammer errichtet werden. Der Minister des Innern ist jedoch ermächtigt, den Bezirk der zu errichtenden Versicherungsanstalten in anderer Weise festzustellen und namentlich anzuordnen, dass für mehrere Kammerbezirke nur eine Versicherungsanstalt, oder dass für einen Kammerbezirk mehrere Versicherungsanstalten errichtet werden. In gleicher Weise ist der Minister des Innern ermächtigt, im einzelnen Falle den Sitz dieser Versicherungsanstalten zu bestimmen.

Dem Minister des Innern ist ferner das Recht vorbehalten, die Bezirke der in Gemässheit dieses Gesetzes errichteten Versicherungsanstalten zu ändern, mehrere solche Anstalten zu einer einzigen zu vereinigen oder die Theilung einer solchen Anstalt anzuordnen. Vor jeder solchen Verfügung sind die betheiligten Versicherungsanstalten einzuvernehmen.

Die bezeichneten Versicherungsanstalten unterliegen der staatlichen Aufsicht nach Massgabe der für andere Versicherungsanstalten geltenden und der besonderen, in diesem Gesetze enthaltenen Bestimmungen.

Die besoldeten Beamten dieser Versicherungsanstalten sind in Eid und Pflicht zu nehmen. Zur Anstellung und Entlassung derselben ist die staatliche Genehmigung erforderlich.

Mitgliedschaft.

§ 11. Mitglieder der im § 10 bezeichneten Versicherungsanstalten sind die Unternehmer der in dem Bezirke der

Anstalt gelegenen versicherungspflichtigen Betriebe und die in denselben beschäftigten im § 1 bezeichneten Arbeiter und Betriebsbeamten.

§ 12. Als Unternehmer eines versicherungspflichtigen Betriebes gilt Derjenige, für dessen Rechnung der Betrieb erfolgt.

Für die im § 1, Abs. 2, Ziffer 1, bezeichneten Betriebe gilt als Unternehmer, soweit es sich um Arbeiter und Betriebsbeamte handelt, welche in Gewerbsbetrieben beschäftigt sind, die sich auf die Ausführung von Bauarbeiten erstrecken, der betreffende Gewerbetreibende; für sonstige bei der Ausführung eines Baues beschäftigte Personen Derjenige, welcher die Ausführung eines Baues als Unternehmer übernommen hat, und, sofern ein solcher nicht vorhanden ist, der Bauherr.

Exemtionen.

§ 13. Bergwerksbetriebe zur Gewinnung vorbehaltener Mineralien und die nach § 131 des allgemeinen Berggesetzes vom 23. Mai 1854, R.G.Bl. No. 146, zu diesen Betrieben gehörigen Anlagen, bei welchen auf Grund der berggesetzlichen Vorschriften Bruderladen (Knappschaftskassen oder Versorgungsanstalten) bestehen, sind in die nach § 10 zu errichtenden Versicherungsanstalten nicht einzubeziehen. Sofern jedoch durch die Statuten der Bruderlade die in einem solchen Betriebe beschäftigten, im § 1 bezeichneten Personen gegen die Folgen der beim Betriebe sich ereignenden Unfälle nicht mindestens in gleichem Masse versichert sind, wie nach den Bestimmungen dieses Gesetzes, und der Betriebsunternehmer zur Bruderlade nicht mindestens gleich hohe Beiträge leistet, als er nach diesem Gesetze für die Unfallversicherung zu leisten hätte, müssen die betreffenden Leistungen der Bruderlade und beziehungsweise die Beiträge des Betriebsunternehmers spätestens bis zum Ablaufe eines Jahres nach dem Eintritte der Wirksamkeit dieses Gesetzes im Wege der Statutenänderung auf die bezeichneten Minimalbeträge erhöht werden.

Wird dieser Verpflichtung zur Statutenänderung innerhalb der obigen Frist nicht entsprochen, oder ergiebt sich bei der von der zuständigen Aufsichtsbehörde vorzunehmenden Untersuchung der Bruderlade, dass der Vermögensstand oder die Geschäftsgebarung derselben nicht volle Sicherheit für die Erfüllung ihrer Verpflichtungen gegen die Versicherten gewähren, so ist der Minister des Innern berechtigt, im Einvernehmen mit dem Ackerbauminister und beziehungsweise bei Salzbergwerken und den dazu gehörigen Anlagen im Einvernehmen mit dem Finanzminister die Einbeziehung des betreffenden Betriebes in die Versicherungsanstalt des Bezirkes anzuordnen.

§ 14. Wenn ausser dem im § 13 bezeichneten Falle mit einer versicherungspflichtigen Unternehmung eine Hülfs- oder Invalidenkasse, eine Versorgungs- oder Wittwenanstalt oder ein ähnliches Institut verbunden ist, durch dessen staatlich genehmigte Statuten die in dieser Unternehmung beschäftigten, im § 1 bezeichneten Personen gegen die Folgen der beim Betriebe sich ereignenden Unfälle mindestens in gleichem Masse versichert sind, wie nach den Bestimmungen dieses Gesetzes, und wenn der Betriebsunternehmer zu diesem Institute mindestens gleich hohe Beiträge leistet, als er nach diesem Gesetze für die Unfallversicherung zu leisten hätte, so ist derselbe berechtigt, zu begehren, dass die Unternehmung nicht in die nach § 10 zu errichtenden Versicherungsanstalten einbezogen werde.

Ueber dieses Begehren entscheidet das Ministerium des Innern nach vorhergegangener Untersuchung des betreffenden Institutes. Das Begehren ist abzuweisen, wenn der Vermögensstand oder die Geschäftsgebarung des Institutes nicht volle Sicherheit für die Erfüllung der demselben gegen die Versicherten obliegenden Verpflichtungen gewähren.

§ 15. Die Bruderladen, Hülfs- und Invalidenkassen, Versorgungs- und Wittwenanstalten und ähnliche Institute der in den §§ 13 und 14 bezeichneten Art unterliegen der staatlichen Aufsicht. Ergiebt sich bei einer späteren Untersuchung eines solchen Institutes, dass es nach seinem Vermögensstande oder seiner Geschäftsgebarung nicht mehr volle Sicherheit für die Erfüllung der demselben gegen die Versicherten obliegenden Verpflichtungen gewährt, so ist der Minister des Innern berechtigt, die Einbeziehung der betreffenden Unternehmung in die Versicherungsanstalt des Bezirkes anzuordnen. Handelt es sich um die Einbeziehung eines der im § 13 bezeichneten Betriebe, so ist vorher das Einvernehmen mit dem Ackerbauminister, und beziehungsweise bei Salzbergwerken und den dazu gehörigen Anlagen mit dem Finanzminister zu pflegen.

Beim Eintritte eines Unfalles sind die vorbezeichneten Institute der in eine Versicherungsanstalt nicht einbezogenen Betriebsunternehmungen verpflichtet, den Kapitalswerth der dem Versicherten oder seinen Hinterbliebenen nach den Statuten gebührenden Rente der Versicherungsanstalt des Bezirkes ungesäumt auszufolgen, an welche letztere hiedurch die Verpflichtung zur ferneren Auszahlung dieser Rente übergeht. Für die Ausfolgung des bezeichneten Kapitalswerthes, welcher nach den für die Versicherungsanstalt des Bezirkes geltenden Grundlagen zu berechnen ist, haftet der Betriebsunternehmer als Bürge und Zahler. Die Bestimmungen dieses Absatzes finden keine Anwendung auf solche Institute, welche bei einer vom Staate betriebenen versicherungspflichtigen Unternehmung bestehen.

Organisation.

§ 16. Der Vorstand der nach § 10 zu errichtenden Versicherungsanstalten, welchem die gesammte Geschäftsführung und die Vertretung der Anstalt zusteht, ist als ein Collegium in der Weise zu organisiren, dass derselbe aus einer durch drei theilbaren Anzahl von Mitgliedern gebildet wird, von welchen ein Drittel aus Vertretern der Betriebsunternehmer, das zweite Drittel aus Vertretern der Versicherten und das letzte Drittel aus solchen mit den Verhältnissen des Bezirkes vertrauten Personen besteht, welche von dem Minister des Innern in den Vorstand berufen werden. Der Vorstand wählt aus seiner Mitte den Obmann und dessen Stellvertreter.

Der Minister des Innern ist berechtigt, den Vorstand einer Versicherungsanstalt aufzulösen und die Geschäftsführung und Vertretung derselben provisorisch einem Verwalter zu übertragen. Jedoch ist der Minister gehalten, binnen vier Wochen nach der Auflösung die nöthigen Veranlassungen behufs neuerlicher Konstituirung des Vorstandes zu treffen.

Musterstatut.

§ 17. Für jede Versicherungsanstalt ist nach dem Vorbilde eines im Verordnungswege zu veröffentlichenden Musterstatutes ein besonderes Statut auszuarbeiten, in welches namentlich die näheren Bestimmungen über das aktive und passive Wahlrecht der Mitglieder, sowie über die Wahl der im § 16 bezeichneten Vertreter der Betriebsunternehmer und der Versicherten aufzunehmen sind und welches, sowie alle späteren Abänderungen desselben, zur Giltigkeit der staatlichen Genehmigung bedarf.

Gefahrenklassen.

§ 18. Sämmtliche im Geltungsgebiete dieses Gesetzes gelegenen, versicherungspflichtigen Betriebe werden in Gefahrenklassen eingetheilt.

Das Verhältniss, in welchem die versicherungspflichtigen Betriebe hinsichtlich des Durchschnittsmasses ihrer Unfallsgefahr zu einander stehen, wird ziffermässig in der Weise festgestellt, dass das Durchschnittsmass für die gefährlichsten Betriebe gleich 100 gesetzt und darnach das Durchschnittsmass aller übrigen Betriebe in Perzentsätzen bemessen wird.

Auf Grund dieser Bemessung erfolgt die Einreihung der versicherungspflichtigen Betriebe in die einzelnen Gefahrenklassen in der Weise, dass jede Gefahrenklasse mehrere ziffermässig unmittelbar auf einander folgende Perzentsätze umfasst.

Die Eintheilung der versicherungspflichtigen Betriebe in Gefahrenklassen und die Feststellung der Perzentsätze jeder Gefahrenklasse erfolgen auf Grund der Ergebnisse der Unfallstatistik im Verordnungswege.

Die Einreihung der in eine Gefahrenklasse gehörigen Betriebe in die einzelnen Perzentsätze dieser Klasse erfolgt durch die Versicherungsanstalt nach Massgabe der Unfallsgefahr der einzelnen Betriebe und namentlich mit Rücksicht auf die bei denselben bestehenden Einrichtungen zur Verhütung von Unfällen. Die Gefahrenklassen und die innerhalb derselben festgesetzten Perzentsätze werden mit einem Verzeichnisse der jeder Gefahrenklasse angehörenden Industriezweige und Betriebsarten öffentlich bekannt gemacht.

Die Eintheilung in Gefahrenklassen und die Feststellung der Perzentsätze sind auf Grund der Erfahrungen sämmtlicher im § 10 bezeichneten Versicherungsanstalten von fünf zu fünf Jahren einer Revision zu unterziehen.

Diese Revision hat im fünften Jahre der betreffenden Periode in der Weise stattzufinden, dass die in Folge derselben verfügten Aenderungen mit Beginn des sechsten Jahres in Wirksamkeit treten können.

Reservefonds.

§ 19. Bei jeder in Gemässheit dieses Gesetzes errichteten Versicherungsanstalt ist zur Bildung eines Reservekapitals jährlich ein Betrag innezuhalten, dessen Höhe vom Minister des Innern festgesetzt wird. Demselben Zwecke sind auch die Ueberschüsse aus der Geschäftsgebarung der Anstalt zuzuführen.

Von den gesammten, bei einer Versicherungsanstalt sich ergebenden Zuflüssen zum Reservekapital ist die Hälfte zur Bildung eines Spezialreservefondes für die betreffende Versicherungsanstalt, die andere Hälfte zur Bildung eines gemeinsamen Reservefondes für sämmtliche im Geltungsgebiete dieses Gesetzes errichteten Versicherungsanstalten zu verwenden.

Die Reservefonde, deren Höchstbetrag vom Minister des Innern festzusetzen ist, sind zur Deckung der Abgänge bestimmt, welche bei der Aufstellung der jährlichen Bilanz aus der Vergleichung der Höhe der nach mathematischen Grundsätzen berechneten Verpflichtungen der Anstalt mit den zur Deckung dieser Verpflichtungen bestimmten Aktiven sich ergeben. Hiebei ist in der Weise vorzugehen, dass für den bei einer Anstalt sich ergebenden Abgang zunächst der Spezialreservefond der betreffenden Anstalt zu verwenden ist, und erst nach Aufzehrung desselben der gemeinsame Reservefond in Anspruch genommen werden kann.

Der gemeinsame Reservefond wird vom Staate als ein besonderer Fond verwaltet. Ueber die Verwendung desselben entscheidet von Fall zu Fall der Minister des Innern.

Deckungskapital.

§ 20. Die Mittel zu der nach mathematischen Grundsätzen zu berechnenden Deckung der von den Versicherungsanstalten nach Massgabe der §§ 7 und 9 zu leistenden Ersätze und der Verwaltungskosten, sowie des nach § 19 zur Bildung eines Reservekapitals innezuhaltenden Betrages werden durch Beiträge aufgebracht, welche von den Mitgliedern nach Massgabe des von den Versicherten bezogenen Arbeitsverdienstes zu entrichten sind (Versicherungsbeiträge). Ein Arbeitsverdienst, welcher den Betrag von achthundert Gulden für ein Jahr übersteigt, kommt nur mit diesem letzteren Betrage in Anrechnung.

Die Versicherungsbeiträge werden nach einem von der Versicherungsanstalt aufzustellenden, staatlich zu genehmigenden Tarif bemessen. Die Aufstellung des Tarifes hat auf Grund des Beitragssatzes zu erfolgen, welcher für je ein Gefahrenperzent und einen Gulden des Arbeitsverdienstes als erforderlich ermittelt wird.

Für das erste Betriebsjahr wird der Tarif im Verordnungswege festgestellt.

Der Minister des Innern ist berechtigt, auf Grund des Ergebnisses der Jahresgebarung einer Versicherungsanstalt die Erhöhung oder Herabsetzung ihres Tarifes anzuordnen.

Arbeiterbeiträge.

§ 21. Von den tarifmässigen Versicherungsbeiträgen für jene Versicherten, deren Arbeitsverdienst im Durchschnitte für den Arbeitstag mehr als einen Gulden beträgt, fallen dem Versicherten 25 Perzent, dem Unternehmer des versicherungspflichtigen Betriebes dagegen 75 Perzent zur Last.

Die tarifmässigen Versicherungsbeiträge für Lehrlinge, Volontäre, Praktikanten und andere versicherte Personen, welche wegen noch nicht beendeter Ausbildung keinen oder einen niedrigeren Arbeitsverdienst beziehen, sowie für solche Versicherte, deren Arbeitsverdienst im Durchschnitte für den Arbeitstag weniger als einen Gulden beträgt, fallen dem Unternehmer des versicherungspflichtigen Betriebes allein zur Last.

Anmeldeverfahren.

§ 22. Die Betriebsunternehmer (§ 12) sind verpflichtet, über jeden bestehenden versicherungspflichtigen Betrieb binnen einer vom Minister des Innern im Verordnungswege festzusetzenden Frist und über jeden nach Ablauf dieser Frist neu begonnenen versicherungspflichtigen Betrieb binnen längstens vierzehn Tagen an jene Versicherungsanstalt, in deren Bezirk der versicherungspflichtige Betrieb gelegen ist, eine Anzeige zu erstatten, welche den Gegenstand und die Art des Betriebes, die Zahl der in demselben gegen Lohn oder Gehalt beschäftigten Personen und die Gesammthöhe der Löhne oder Gehalte angiebt. Für die neu begonnenen Betriebe ist in der Anzeige auch der Tag der Betriebseröffnung bekanntzugeben.

In gleicher Weise haben auch die politischen Behörden erster Instanz über die in ihrem Sprengel bestehenden oder neu eröffneten versicherungspflichtigen Betriebe Mittheilungen an die betreffende Versicherungsanstalt zu richten.

Nach Empfang einer solchen Anzeige oder Mittheilung hat die Verwaltung der Versicherungsanstalt darüber zu entscheiden, ob ein Betrieb versicherungspflichtig, und im bejahenden Falle, in welche Gefahrenklasse und unter welchen Perzentsatz dieser Gefahrenklasse derselbe einzureihen sei. Von dieser Entscheidung ist der Betriebsunternehmer unter Mittheilung des Tarifes zu verständigen. Derselbe ist berechtigt, binnen vierzehn Tagen nach der Zustellung gegen diese Entscheidung bei der politischen Landesbehörde Einspruch zu erheben. Diese letztere Behörde hat über den Einspruch die Versicherungsanstalt einzuvernehmen uud die etwa sonst erforderlichen Erhebungen zu pflegen und entscheidet hierauf unter Vorbehalt des Rechtszuges an das Ministerium des Innern.

Zur Erhebung des bezeichneten Einspruches gegen die Entscheidung der Versicherungsanstalt ist auch das bei derselben bestehende Organ der Staatsaufsicht berechtigt.

Die Erhebung des Einspruches hat keine aufschiebende Wirkung.

Betriebsveränderungen.

§ 23. Der Betriebsunternehmer (§ 12) ist verpflichtet, jede Aenderung in dem Gegenstande oder in der Art des Betriebes, welche für die Versicherungspflichtigkeit, für die Einreihung in die Gefahrenklasse oder in den Perzentsatz einer Gefahrenklasse von Bedeutung sein kann, binnen acht Tagen der Versicherungsanstalt anzuzeigen. Diese hat darüber zu entscheiden, ob in Folge der eingetretenen Aenderung das Unternehmen aufgehört hat, versicherungspflichtig zu sein, oder ob dasselbe in eine andere Gefahrenklasse oder in einen anderen Perzentsatz derselben Gefahrenklasse einzureihen ist.

Bezüglich der Entscheidung über diese Anzeige und des Einspruches gelangen die Bestimmungen des § 22, Absatz 3, 4 und 5 zur Anwendung.

§ 24. Gelangen thatsächliche Umstände, welche für die Einreihung eines versicherungspflichtigen Betriebes in eine Gefahrenklasse oder in den Perzentsatz einer Gefahrenklasse von Einfluss sind, erst nach einer der in den §§ 22 und 23 bezeichneten Entscheidungen zur Kenntniss der Versicherungsanstalt, so ist dieselbe berechtigt, nach Einvernehmung des Betriebsunternehmers zu entscheiden, dass der betreffende

Betrieb vom Zeitpunkte dieser Entscheidung in eine andere Gefahrenklasse oder in einen anderen Perzentsatz derselben Gefahrenklasse eingereiht werde.

Bezüglich dieser Entscheidung und des Einspruches gegen dieselbe gelangen die Bestimmungen des § 22, Absatz 3, 4 und 5 zur Anwendung.

Einzahlung der Beiträge.

§ 25. Binnen vierzehn Tagen nach Ablauf jeder statutenmässigen Beitragsperiode haben die Betriebsunternehmer (§ 12) die von ihnen und den von ihnen beschäftigten Personen zu leistenden Quoten des tarifmässigen Versicherungsbeitrages unter Beifügung einer Berechnung über die Höhe des Versicherungsbeitrages für die abgelaufene Beitragsperiode bei der Anstalt einzuzahlen. Das Formular für diese Berechnung ist im Statute der Versicherungsanstalt vorzuschreiben.

§ 26. Die Betriebsunternehmer haften der Versicherungsanstalt auch für die von den Versicherten zu entrichtende Quote des Versicherungsbeitrages. Sie sind berechtigt, den von ihnen beschäftigten Personen den Betrag, welchen diese letzteren nach Massgabe des § 21 zu dem Versicherungsbeitrage zu leisten haben, bei der Lohn- oder Gehaltszahlung auf den verdienten Lohn oder Gehalt anzurechnen, und von demselben zurückzubehalten. Die Anrechnung und Zurückbehaltung erfolgt bei den im Laufe der statutenmässigen Beitragsperiode, für welche der Versicherungsbeitrag zu leisten ist, stattfindenden Lohn- und Gehaltszahlungen auf Grund einer von dem Betriebsunternehmer zu verfassenden Berechnung, welche sämmtlichen in dem Betriebe beschäftigten versicherten Personen bekannt zu geben ist.

Ueber Beschwerden gegen diese Berechnung entscheidet die politische Behörde erster Instanz unter Vorbehalt des weiteren Rechtszuges.

§ 27. Die Versicherungsanstalt prüft, ob die von den Betriebsunternehmern eingereichten Berechnungen über die Höhe der Versicherungsbeiträge für die abgelaufene Beitragsperiode (§ 25) richtig sind. Zu diesem Ende ist sie berechtigt, durch Beauftragte an Ort und Stelle diejenigen Geschäftsbücher und Belege des Betriebsunternehmers einsehen zu lassen, aus welchen die Löhne und Gehalte der Versicherten zu ersehen sind. Die Betriebsunternehmer sind verpflichtet, den legitimirten Vertretern der Versicherungsanstalt die fraglichen Geschäftsbücher und Belege zur Einsicht vorzulegen. Auf Grund der vorgenommenen Prüfung erfolgt die Feststellung der Versicherungsbeiträge für die abgelaufene Beitragsperiode.

Kommt der Betriebsunternehmer der ihm nach § 25 obliegenden Pflicht zur Vorlage der obigen Berechnung nicht rechtzeitig nach, so hat die Anstalt den Versicherungsbeitrag für die abgelaufene Beitragsperiode von Amtswegen festzustellen. Auch in diesem Falle steht ihr das obenbezeichnete Recht zur Einsicht der Geschäftsbücher und Belege des Betriebsunternehmers zu und obliegt dem Letzteren die entsprechende Verpflichtung zur Vorlage dieser Bücher und Belege.

Von dem Ergebnisse der Feststellung ist der Betriebsunternehmer zu verständigen. Zugleich ist die erforderliche Veranlasssung wegen einer allfälligen Nachzahlung oder Rückvergütung zu treffen.

Der Betriebsunternehmer ist berechtigt, binnen 14 Tagen nach erfolgter Verständigung gegen die Feststellung des Versicherungsbeitrages bei der politischen Landesbehörde Einspruch zu erheben. Diese letztere Behörde hat über den Einspruch die Versicherungsanstalt einzuvernehmen und die etwa sonst erforderlichen Erhebungen zu pflegen; sie entscheidet hierauf unter Vorbehalt des Rechtszuges an das Ministerium des Innern.

Zur Erhebung des bezeichneten Einspruches gegen die Feststellung des Versicherungsbeitrages ist auch das bei der Versicherungsanstalt bestehende Organ der Staatsaufsicht berechtigt.

Die Erhebung des Einspruches hat keine aufschiebende Wirkung.

§ 28. Wird die im § 22 vorgeschriebene Anzeige gar nicht oder nicht rechtzeitig erstattet, und gelangt die Versicherungsanstalt in Folge dessen erst nachträglich zur Kenntniss von dem Bestande eines versicherungspflichtigen Betriebes, so hat jeder Betriebsunternehmer, welcher die obige Anzeige nicht oder nicht rechtzeitig erstattet hat, die Versicherungsbeiträge für die während der Dauer seines Betriebes bis zu dem Zeitpunkte, in welchem die Versicherungsanstalt von dem Bestande des betreffenden Betriebes Kenntniss erhalten hat, abgelaufenen Beitragsperioden allein zu tragen.

Bezüglich der Feststellung der rückständigen Versicherungsbeiträge und des Einspruches gegen diese Feststellung gelangen die Bestimmungen des § 27, Absatz 2 bis 6 zur Anwendung.

Verwaltungsexekution.

§ 29. Rückständige Versicherungsbeiträge werden im Verwaltungswege eingetrieben.

Betriebseinstellungen.

§ 30. Wird ein versicherungspflichtiger Betrieb eingestellt, so hat der Betriebsunternehmer (§ 12) binnen acht Tagen der Versicherungsanstalt davon Anzeige zu machen. Gleichzeitig mit der Erstattung der Anzeige ist der Versicherungsbeitrag für die Zeit seit Ablauf der letzten statutenmässigen Beitragsperiode, unter Beifügung einer Berechnung (§ 25) bei der Anstalt einzuzahlen.

Ueberwachung der Betriebe.

§ 31. Die Versicherungsanstalt ist berechtigt, durch Beauftragte den versicherungspflichtigen Betrieb an Ort und Stelle besichtigen zu lassen.

Den legitimirten Vertretern der Versicherungsanstalt ist der Eintritt in sämmtliche Lokalitäten des versicherungspflichtigen Betriebes jederzeit, während der Nacht jedoch nur in dem Falle gestattet, wenn der Betrieb auch zur Nachtzeit fortgesetzt wird. Der Betriebsunternehmer, sowie alle in dem Betriebe Beschäftigten sind verpflichtet, ihnen die gewünschten Auskünfte über den Betrieb betreffende Verhältnisse zu geben.

Auf Grund der von den bezeichneten Vertretern gemachten Wahrnehmungen kann die Versicherungsanstalt bei der politischen Behörde erster Instanz, in deren Sprengel der versicherungspflichtige Betrieb gelegen ist, und wenn es sich um einen Bergbau auf vorbehaltene Mineralien handelt, bei der betreffenden Bergbehörde die Erlassung von Anordnungen über die von dem Betriebsunternehmer zur Verhütung von Unfällen in seinem Betriebe zu treffenden Einrichtungen, sowie über das zu demselben Zwecke von den Versicherten zu beobachtende Verhalten beantragen. Wird diesem Antrage stattgegeben, so sind die erlassenen Anordnungen, gegen welche der weitere Rechtszug offen steht, dem Betriebsunternehmer zuzustellen und in der Betriebsstätte in geeigneter Weise bekannt zu machen.

Anzeige und Untersuchung der Unfälle.

§ 32. Von jedem in einem versicherungspflichtigen Betriebe vorkommenden Unfalle, durch welchen eine in demselben beschäftigte Person getödtet wird, oder eine körperliche Verletzung erleidet, welche voraussichtlich den Tod oder eine Arbeitsunfähigkeit von mehr als einer Woche zur Folge haben wird, ist von dem Betriebsunternehmer oder von Demjenigen, welcher zur Zeit des Unfalles den Betrieb zu leiten hatte, binnen drei Tagen nach dem Unfalle die schriftliche Anzeige in zwei Exemplaren an die politische Behörde erster Instanz zu erstatten.

Form und Inhalt dieser Anzeige wird im Verordnungswege festgesetzt.

§ 33. Die politische Behörde hat von jeder bei ihr einlangenden Unfallanzeige (§ 32) ein Exemplar ungesäumt der Versicherungsanstalt zu übersenden.

§ 34. Gelangt ein Unfall zur Anzeige, durch welchen eine versicherte Person getödtet wird, oder eine Körperverletzung erleidet, welche voraussichtlich den Tod oder eine Erwerbsunfähigkeit von mehr als vier Wochen zur Folge haben wird, so hat die politische Behörde durch geeignete Erhebungen so bald wie möglich insbesondere festzustellen:

1. die Veranlassung und Art des Unfalles;
2. die getödteten oder verletzten Personen;
3. die Art der vorgekommenen Verletzungen;
4. den Aufenthalt der verletzten Personen;
5. die Hinterbliebenen der durch den Unfall getödteten Personen, welche nach § 9 zur Erhebung eines Ersatzanspruches berechtigt sind.

Die Versicherungsanstalt kann durch einen Beauftragten an den Erhebungen sich betheiligen. Zu diesem Ende ist ihr von der Einleitung derselben rechtzeitig Kenntniss zu geben. Die allfälligen Kosten der Erhebungen und namentlich jene, welche durch die erforderlichen Falls etwa beigezogenen Sachverständigen verursacht werden, sind von der Versicherungsanstalt zu tragen. Das Ergebniss der gepflogenen Erhebungen ist der Versicherungsanstalt mitzutheilen.

§ 35. Die Gemeindebehörden sind verpflichtet, bei Erhebung derjenigen Thatsachen mitzuwirken, welche für die Feststellung der Entschädigungsberechtigungen und die Höhe der Entschädigungen in Betracht kommen.

Festsetzung der Entschädigung.

§ 36. Sind versicherte Personen in Folge des Unfalles getödtet, so hat die Versicherungsanstalt sofort nach Abschluss der Erhebungen (§ 34) oder, falls der Tod erst später eintritt, sobald sie von demselben Kenntniss erlangt, die Feststellung der nach § 9 zu leistenden Entschädigung vorzunehmen.

Sind versicherte Personen in Folge des Unfalles körperlich verletzt, so ist nach Ablauf von vier Wochen, nach dem Eintritt des Unfalles, die Feststellung der nach § 7 gebührenden Rente für diejenigen verletzten Personen vorzunehmen, welche zu dieser Zeit noch völlig oder theilweise erwerbsunfähig sind.

Für diejenigen verletzten Personen, welche sich nach Ablauf von vier Wochen noch in ärztlicher Behandlung behufs Heilung der erlittenen Verletzungen befinden, ist die Feststellung zunächst auf die bis zur Beendigung des Heilverfahrens zu leistenden Rentenzahlungen zu beschränken, im Uebrigen aber die Feststellung der Rente erst nach Beendigung des Heilverfahrens vorzunehmen.

§ 37. Entschädigungsansprecher, für welche die Entschädigung nicht von Amtswegen festgestellt wurde, haben ihren Anspruch bei Vermeidung des Ausschlusses vor Ablauf eines Jahres nach dem Eintritte des Unfalles bei der betreffenden Versicherungsanstalt anzumelden.

Wird der angemeldete Entschädigungsanspruch als begründet anerkannt, so ist die Höhe der Entschädigung sofort festzustellen; im entgegengesetzten Falle ist der Entschädigungsanspruch durch schriftlichen Bescheid abzulehnen.

§ 38. Die Betriebsunternehmer sind verpflichtet, der Versicherungsanstalt über Aufforderung binnen acht Tagen über den Lohn und Gehalt der getödteten und verletzten, sowie der in ihren Betrieben beschäftigten Personen jene Nachweisungen zu liefern, welche zur Berechnung des Arbeitsverdienstes nach § 7, Absatz 2 bis 6 erforderlich sind.

§ 39. Ueber die Feststellung der Entschädigung hat die Versicherungsanstalt dem Entschädigungsberechtigten einen schriftlichen Bescheid zu ertheilen, aus welchem die Höhe der zuerkannten Entschädigung und die Art ihrer Berechnung zu ersehen ist. Bei Entschädigungen für gänzlich oder theilweise erwerbsunfähig gewordene Verletzte ist namentlich anzugeben, in welchem Masse die Erwerbsunfähigkeit angenommen wurde.

Fälligkeitstermine.

§ 40. Die Kosten der Beerdigung (§ 8, Z. 1) sind eine Woche nach ihrer Feststellung zu zahlen.

Die Renten der Verletzten und der Hinterbliebenen sind in monatlichen Raten im Voraus zu zahlen.

Schiedsgerichte.

§ 41. Für jede in Gemässheit des § 10 errichtete Versicherungsanstalt wird an dem Sitze derselben ein Schiedsgericht errichtet, welches zur Entscheidung über die gegen die Versicherungsanstalt erhobenen, von derselben nicht anerkannten Entschädigungsansprüche ausschliesslich zuständig ist.

Das Schiedsgericht besteht aus einem ständigen Vorsitzenden, vier Beisitzern und den nöthigen Stellvertretern. Der Vorsitzende und sein Stellvertreter wird vom Justizminister im Einvernehmen mit dem Minister des Innern aus der Zahl der richterlichen Staatsbeamten ernannt. Von den Beisitzern werden zwei, sowie ihre Stellvertreter von dem Minister des Innern im Einvernehmen mit den betheiligten Ministern aus fachkundigen Kreisen in das Schiedsgericht auf bestimmte Zeit berufen. Ein Beisitzer und sein Stellvertreter wird von den dem Vorstande der Versicherungsanstalt angehörigen Vertretern der Betriebsunternehmer, der letzte Beisitzer und sein Stellvertreter von den dem bezeichneten Vorstande angehörigen Vertretern der Versicherten auf bestimmte Zeit gewählt. Von den Mitgliedern des Schiedsgerichtes darf keines dem Vorstande der Versicherungsgesellschaft angehören oder in dem Dienste derselben stehen.

Im Uebrigen wird die Zusammensetzung des Schiedsgerichtes und das Verfahren vor demselben im Verordnungswege geregelt. Die mit der Einrichtung und Gebarung des Schiedsgerichtes verbundenen Kosten sind von der Versicherungsanstalt zu tragen.

Rechtsmittel oder Klagen gegen das schiedsgerichtliche Erkenntniss sind nicht zulässig.

Zur Vollstreckung des schiedsgerichtlichen Erkenntnisses oder eines vor dem Schiedsgerichte geschlossenen Vergleiches ist das zuständige Gericht des Schuldners berufen.

Entschädigungsansprüche gegen die Versicherungsanstalt sind vor Ablauf eines Jahres von der Zustellung des im § 37, beziehungsweise 39 bezeichneten Bescheides an den Ansprecher bei Vermeidung des Ausschlusses mittelst Klage vor dem Schiedsgerichte zu erheben.

Veränderung der Verhältnisse.

§ 42. Tritt in den Verhältnissen, welche für die Feststellung der Entschädigung massgebend waren, eine wesentliche Veränderung ein, so kann eine anderweitige Feststellung derselben Seitens der Versicherungsanstalt auf Antrag oder von Amtswegen erfolgen.

Ist der körperlich Verletzte, für welchen eine Entschädigung auf Grund des § 7 festgestellt war, in Folge der Verletzung gestorben, so muss die Anmeldung des Anspruches auf Gewährung einer Entschädigung für die Hinterbliebenen, falls deren Feststellung nicht von Amtswegen erfolgt ist, bei Vermeidung des Ausschlusses vor Ablauf eines Jahres nach dem Tode des Verletzten bei der Versicherungsanstalt erfolgen.

Eine Erhöhung der festgestellten Rente kann nur für die Zeit nach Anmeldung des höheren Anspruches gefordert werden.

Eine Minderung oder Aufhebung der festgestellten Rente tritt von dem Tage ab in Wirksamkeit, an welchem der dieselbe aussprechende Bescheid (§ 39) dem Entschädigungsberechtigten zugestellt ist. Die gegen diesen Bescheid bei dem Schiedsgerichte erhobene Klage (§ 41) hat keine aufschiebende Wirkung.

Im Uebrigen finden auf das Verfahren in den vorstehenden Fällen die §§ 35, 37, Absatz 2, 38, 39 und 41 sinngemässe Anwendung.

Ersetzung der Rente durch Kapitalzahlung.

§ 43. Ein Uebereinkommen zwischen der Versicherungsanstalt und einem zum Bezuge einer Rente Berechtigten, wonach gegen Verzichtleistung auf die Rente oder einen Theil derselben der derzeitige Rentenwerth ganz oder theilweise in Kapital ausgezahlt werden soll, ist nur dann rechtsverbindlich, wenn diesem Uebereinkommen die zur Armenversorgung des Bezugsberechtigten verpflichtete Gemeinde zugestimmt hat.

Ausländer.

§ 44. Ist der Berechtigte ein Ausländer und hält sich derselbe dauernd im Auslande auf, so ist die Versicherungsanstalt berechtigt, denselben für seinen Rentenanspruch mit dem dreifachen Betrage der Jahresrente abzufinden.

Diese Bestimmung findet auf Angehörige der Länder der ungarischen Krone keine Anwendung.

Unpfändbarkeit der Entschädigungsforderungen.

§ 45. Die dem Entschädigungsberechtigten auf Grund dieses Gesetzes zustehenden Forderungen gegen die Versicherungsanstalt können weder in Exekution gezogen, noch durch Sicherungsmaassregeln getroffen werden. Eine Ausnahme hievon besteht nur zu Gunsten der gegen den Entschädigungsberechtigten nach dem Gesetze bestehenden Forderungen zur Leistung des Unterhaltes.

Soweit Exekution und Sicherungsmaassregeln nicht zulässig sind, ist auch jede Verfügung über die dem Entschädigungsberechtigten zustehenden, oben bezeichneten Forderungen durch Zession, Anweisung, Verpfändung oder durch ein anderes Rechtsgeschäft ohne rechtliche Wirkung.

Verbot vertragsmässiger Beschränkungen.

§ 46. Die Versicherungsanstalten sind nicht berechtigt, die Anwendung der Bestimmungen dieses Gesetzes zu ihrem Vortheil durch Verträge (Reglements) im Voraus auszuschliessen oder zu beschränken. Vertragsbestimmungen, welche diesem Verbote zuwiderlaufen, sind ohne rechtliche Wirkung.

Haftpflicht der Betriebsunternehmer.

§ 47. Wenn der Betriebsunternehmer (§ 12) oder im Falle seiner Handlungsunfähigkeit sein gesetzlicher Vertreter den Unfall vorsätzlich oder durch grobes Verschulden, namentlich durch Ausserachtlassung der zur Verhütung von Betriebsunfällen erlassenen Anordnungen herbeigeführt hat, so ist er verpflichtet, die Versicherungsanstalt für alle von derselben auf Grund dieses Gesetzes zu leistenden Entschädigungen schadlos zu halten.

In gleicher Weise haftet eine Aktiengesellschaft, eine Erwerbs- und Wirthschaftsgenossenschaft oder ein anderer Verein, wenn ein Mitglied des Vorstandes oder ein Liquidator, sowie eine Handelsgesellschaft, wenn ein zur Geschäftsführung berechtigter Gesellschafter oder ein Liquidator den Unfall vorsätzlich oder durch grobes Verschulden, namentlich durch Ausserachtlassung der oben bezeichneten Vorschriften herbeigeführt hat.

Als Ersatz für die Rente kann die Versicherungsanstalt in den vorstehend bezeichneten Fällen deren Kapitalswerth fordern, welcher nach den für die Gebarung der Versicherungsanstalt geltenden Grundlagen zu berechnen ist.

Der Ersatzanspruch der Versicherungsanstalt verjährt in drei Jahren vom Tage des Unfalles an gerechnet.

§ 48. Der Versicherte oder dessen Hinterbliebene sind nur in dem Falle berechtigt, gegen den Betriebsunternehmer Ansprüche geltend zu machen, welche über die in den §§ 7 und 9 festgesetzte Entschädigung hinausgehen, wenn der Betriebsunfall von einer der in § 47, Absatz 1 und 2, bezeichneten Personen vorsätzlich herbeigeführt wurde.

Haftung Dritter.

§ 49. Die Haftung eines Dritten, welcher den Unfall vorsätzlich herbeigeführt oder durch ein Verschulden veranlasst hat, bestimmt sich nach den bestehenden gesetzlichen Vorschriften. Jedoch geht die Forderung des Entschädigungsberechtigten an den Dritten auf die Versicherungsanstalt insoweit über, als die Verpflichtung dieser letzteren zur Entschädigung nach diesem Gesetze begründet ist.

Staatsaufsicht.

§ 50. Die staatliche Aufsicht über die in Gemässheit dieses Gesetzes errichteten Versicherungsanstalten wird von den politischen Landesbehörden und dem Minister des Innern ausgeübt. Der Minister des Innern ist auch berufen die staatliche Genehmigung in jenen Fällen zu ertheilen, in welchen sie nach diesem Gesetze erforderlich ist. Demselben bleibt vorbehalten, einzelne nach diesem Gesetze ihm zustehende Befugnisse den politischen Landesbehörden zu übertragen.

Fachmännischer „Beirath“.

§ 51. Zur Unterstützung des Ministers des Innern bei der ihm nach diesem Gesetze vorbehaltenen Wirksamkeit wird ein Beirath aus Fachmännern, welche dem Bereiche der Industrie und der Versicherung angehören, gebildet, dessen Zusammensetzung und Wirkungskreis durch ein besonderes, im Verordnungswege zu erlassendes Reglement bestimmt wird. Die Anhörung dieses Beirathes ist namentlich erforderlich:

1. vor Erlassung der Verordnung über das Musterstatut für die Versicherungsanstalten (§ 17);
2. vor Erlassung der Verordnungen über die Eintheilung der versicherungspflichtigen Betriebe in Gefahrenklassen

und die Feststellung der Perzentsätze innerhalb der Gefahrenklassen (§ 18);
3. vor jeder Verwendung aus dem gemeinsamen Reservefond (§ 19);
4. vor der Festsetzung des Tarifs für das erste Betriebsjahr (§ 20 Absatz 3) und
5. vor der Anordnung einer Erhöhung oder Herabsetzung des Tarifs einer Versicherungsanstalt (§ 20 Absatz 4).

§ 52. Sofern in diesem Gesetze nicht etwas Anderes vorgesehen ist, sind Rekurse gegen Entscheidungen der politischen Behörden, welche einem Rechtszuge unterliegen, binnen 14 Tagen nach Zustellung der in Beschwerde gezogenen Entscheidung bei jener Behörde zu überreichen, welche in erster Instanz entschieden hat.

Rechtshülfe.

§ 53. Die politischen Behörden sind verpflichtet, den an sie gerichteten Ersuchen der in Gemässheit dieses Gesetzes errichteten Versicherungsanstalten nach Thunlichkeit zu entsprechen, diesen Anstalten ihre Unterstützung angedeihen und ihnen auch unaufgefordert alle Mittheilungen zukommen zu lassen, welche für den Geschäftsbetrieb derselben von Wichtigkeit sein können.

Strafbestimmungen.

§ 54. Wenn die nach §§ 22, 23 und 30 zu erstattenden Anzeigen, die nach §§ 25 und 30 der Versicherungsanstalt zu liefernde Berechnung oder die nach § 38 zu liefernden Nachweisungen unwahre thatsächliche Angaben enthalten, so wird der Betriebsunternehmer, welcher diese Anzeigen erstattet oder diese Berechnung oder Nachweisungen geliefert hat, sofern nicht der Thatbestand einer nach den allgemeinen Strafgesetzen zu bestrafenden Handlung vorliegt, mit Geld von fünf bis fünfhundert Gulden und im Nichteinbringungsfalle mit Arrest von einem Tage bis zu drei Monaten bestraft.

Dasselbe gilt im Falle des § 31 von jedem zur Ertheilung von Auskünften Verpflichteten, welcher dem legitimirten Vertreter der Versicherungsanstalt unwahre Auskunft gegeben hat.

§ 55. Betriebsunternehmer, welche einer der ihnen nach den §§ 22, 23, 25, 27, 30 und 38 obliegenden Verpflichtungen zur Erstattung von Anzeigen, zur Lieferung von Berechnungen oder Nachweisungen oder zur Vorlage der Geschäftsbücher und Belege nicht rechtzeitig nachgekommen sind, werden mit Geld bis 150 fl. und im Nichteinbringungsfalle mit Arrest bis zu einem Monate bestraft.

Das Gleiche gilt von Denjenigen, welche im Falle des § 31 dem legitimirten Vertreter der Versicherungsanstalt den

Eintritt verwehrt oder ihm die verlangte Auskunft verweigert haben, sowie von dem zur Erstattung der im § 32 bezeichneten Anzeige Verpflichteten, welcher dieselbe nicht rechtzeitig erstattet hat.

§ 56. Wird ein versicherungspflichtiger Betrieb nicht von dem Betriebsunternehmer selbst, sondern durch einen Stellvertreter (Geschäftsführer) betrieben, so sind die in den §§ 54 Absatz 1, und 55 Absatz 1 bezeichneten Strafen gegen den letzteren zu verhängen. Der Betriebsunternehmer haftet jedoch auch in diesem Falle für die verhängten Geldstrafen.

§ 57. Die Bestrafung der in den §§ 54 und 55 bezeichneten Gesetzesübertretungen steht den politischen Behörden zu.

Gebühren- und Stempelfreiheit.

§ 58. Alle zur Begründung und Abwicklung der Rechtsverhältnisse zwischen den Versicherungsanstalten und den Versicherten erforderlichen Verhandlungen und Urkunden sind gebühren- und stempelfrei.

Verhältniss zu Kranken- etc. Kassen.

§ 59. Die Ansprüche, welche den Versicherten gegen Bruderladen, Kranken-, Sterbe-, Invaliden- und andere Unterstützungskassen, sowie gegen andere als die in Gemässheit dieses Gesetzes zu errichtenden Versicherungsanstalten zustehen, werden durch dieses Gesetz nicht berührt. Dasselbe gilt von der Verpflichtung der Gemeinden und anderer Korporationen und Stiftungen zur Armenversorgung.

Eine Ausnahme von dieser Bestimmung findet nur in Betreff solcher Verträge statt, welche zwischen einer Privatversicherungsanstalt und dem Unternehmer eines nach diesem Gesetze versicherungspflichtigen Betriebes über die Versicherung der in diesem Betriebe beschäftigten, unter § 1 fallenden Personen gegen Betriebsunfälle vor dem Ablaufe des Jahres 1883 abgeschlossen wurden und deren Dauer in dem Zeitpunkte, mit welchem die Wirksamkeit der im § 1 bezeichneten Versicherung beginnt, noch nicht abgelaufen ist. In solche Verträge tritt nämlich die nach § 10 zu errichtende Versicherungsanstalt, in deren Bezirk der betreffende Betrieb gelegen ist, an Stelle des Betriebsunternehmers und der versicherten Personen kraft des Gesetzes in der Weise ein, dass die nach § 10 zu errichtende Versicherungsanstalt für die noch nicht abgelaufene Dauer des Versicherungsvertrages die Prämien zu ihrer jeweiligen Fälligkeit an die versichernde Privatanstalt zu bezahlen hat und dafür alle jene Beträge für sich in Empfang nimmt, welche die betreffende Privatanstalt in Folge vorkommender Betriebsunfälle laut des Versicherungsvertrages zu entrichten verpflichtet ist.

Die Bestimmung des vorstehenden Absatzes gelangt nur dann zur Anwendung, wenn der betreffende Versicherungsvertrag von dem Betriebsunternehmer, welcher denselben abgeschlossen hat, binnen drei Monaten nach dem Eintritte der Wirksamkeit dieses Gesetzes der politischen Behörde erster Instanz, in welchem der versicherungspflichtige Betrieb gelegen ist, unter Vorlage der diesfälligen Polize angezeigt wird.

Staatsvorschuss.

§ 60. Die Staatsverwaltung wird ermächtigt, für die erste Einrichtung der nach § 10 zu errichtenden Versicherungsanstalten und für die Gebarung derselben bis zum Ablauf der ersten statutenmässigen Beitragsperiode Vorschüsse zu leisten, welche von den betreffenden Versicherungsanstalten zu ersetzen sind.

Gesetzeskraft.

§ 61. Dieses Gesetz tritt drei Monate nach seiner Kundmachung in Wirksamkeit.

Der Zeitpunkt, mit welchem die Wirksamkeit der im § 1 bezeichneten Versicherung beginnt, wird jedoch erst nachträglich durch den Minister des Innern im Verordnungswege festgesetzt.

Zum Zwecke der Organisirung der im § 10 bezeichneten Versicherungsanstalten ist der Minister des Innern berechtigt, alle erforderlichen Erhebungen zu pflegen und namentlich von den Unternehmern versicherungspflichtiger Betriebe alle dienlichen Auskünfte zu begehren.

Ausführungsbestimmung.

§ 62. Mit dem Vollzuge dieses Gesetzes sind der Minister des Innern und der Justizminister im Einvernehmen mit den übrigen betheiligten Ministern betraut.

(Nr. 783 der Beilagen zu den stenogr. Protokollen des Abgeordnetenhauses. — IX. Session.)

Die Schweiz.

Bnndesgesetz, betreffend die Haftpflicht aus Fabrikbetrieb, vom 25. Juni 1881.

Die Bundesversammlung der schweizerischen Eidgenossenschaft,

mit Hinsicht auf Art. 34 der Bundesverfassung und in Ausführung von Absatz 1 des Art. 5 des Bundesgesetzes über die Arbeit in den Fabriken, vom 23. März 1877;

nach Einsicht einer Botschaft des Bundesrathes vom 26. Wintermonat 1880,

beschliesst:

Art. 1. Wer eine Fabrik im Sinne des Gesetzes vom 23. März 1877 betreibt, haftet, wenn in den Räumlichkeiten seiner Fabrik und durch den Betrieb derselben ein Angestellter oder ein Arbeiter getödtet oder körperlich verletzt wird, innerhalb den Bestimmungen dieses Gesetzes für den entstandenen Schaden, sofern er selbst oder ein Mandatar, Repräsentant, Leiter oder Aufseher der Fabrik durch ein Verschulden in Ausübung der Dienstverrichtungen die Verletzung oder den Tod herbeigeführt hat.

Art. 2. Der Betriebsunternehmer haftet gleichfalls, wenn auch ohne ein solches Verschulden in den Räumlichkeiten seiner Fabrik und durch den Betrieb derselben eine Körperverletzung oder der Tod eines Angestellten oder eines Arbeiters herbeigeführt wird, insofern er nicht beweist, dass der Unfall durch höhere Gewalt oder durch Verbrechen oder Vergehen dritter Personen, welche nicht in Art. 1 aufgezählt sind, oder durch eigenes Verschulden des Verletzten oder Getödteten erfolgt ist.

Art. 3. In denjenigen Industrieen, welche der Bundesrath in Ausführung von Art. 5, Litt. d des Fabrikgesetzes als solche bezeichnet, die gefährliche Krankheiten erzeugen, haftet der Betriebsunternehmer auch für den durch Krankheit eines Angestellten oder eines Arbeiters entstandenen Schaden, wenn die Erkrankung erwiesenermassen und ausschliesslich durch den Betrieb der Fabrik erfolgt ist.

Art. 4. Der Betriebsunternehmer hat das Rückgriffsrecht auf diejenigen Personen, für deren Verschulden er haftbar ist.

Art. 5. Die Ersatzpflicht des Betriebsunternehmers wird in billiger Weise reduzirt:

a) wenn die Tödtung oder die Verletzung (die in Art. 3 erwähnten Fälle nicht inbegriffen) aus Zufall eingetreten ist;
b) wenn dem Geschädigten ein Theil der Schuld an dem Unfall (oder an der Krankheit im Sinne von Art. 3) zufällt, insbesondere wenn er gegen die Vorschriften des Fabrikreglements gehandelt oder als Angestellter oder Arbeiter einen Mangel an den Einrichtungen, durch welchen der Unfall (oder die Krankheit) herbeigeführt worden ist, entdeckt hat, ohne davon einem seiner Vorgesetzten oder dem Betriebsunternehmer selbst Kenntniss gegeben zu haben; es wäre denn, der Klagberechtigte könne beweisen, dass der Fabrikant oder die zuständige

Aufsichtsperson von diesem mangelhaften oder gefahrdrohenden Zustande schon unterrichtet war;

c) wenn des Geschädigten früher erlittene Verletzungen auf die letzte und deren Folgen Einfluss haben, oder wenn die Gesundheit des Erkrankten durch seine frühere Gewerbsausübung bereits geschwächt war.

Art. 6. Der zu leistende Schadenersatz umfasst:

a) Im Todesfalle:

die Kosten einer versuchten Heilung; den Schaden, welchen der Getödtete oder Verstorbene während der Krankheit durch gänzliche oder theilweise Erwerbsunfähigkeit erlitten hat; die Beerdigungskosten; den Schaden, welchen die Hinterlassenen eines Getödteten oder Verstorbenen erleiden, wenn derselbe zu ihrem Unterhalt verpflichtet war.

Zu den entschädnissberechtigten Hinterlassenen gehören: Ehegatten; Kinder, bezw. Grosskinder; Eltern, bezw. Grosseltern; Geschwister.

b) Im Falle von Verletzung oder Erkrankung:

alle Heilungs- und Verpflegungskosten, sowie den Schaden, welchen der Verletzte oder Erkrankte infolge gänzlicher oder theilweiser, dauernder oder vorübergehender Erwerbsunfähigkeit erlitten hat.

Der Richter wird mit Berücksichtigung aller Umstände eine Entschädigungssumme festsetzen, welche jedoch in den schwersten Fällen (Art. 1 und 3) weder den sechsfachen Jahresverdienst des Betreffenden, noch die Summe von Francs 6000 übersteigen soll.

Dieses Maximum findet keine Anwendung auf die Fälle, wo die Verletzung oder Tödtung durch eine strafrechtlich verfolgbare Handlung von Seite des Betriebsunternehmers herbeigeführt worden ist.

Immerhin sind die Kosten für ärztliche Behandlung, Verpflegung und diejenigen für die Beerdigung in diesem Maximum nicht inbegriffen.

Mit Zustimmung aller Betheiligten kann der Richter auch an die Stelle einer Aversalsumme eine Rente von entsprechender Höhe treten lassen.

Mit dem Tage, an welchem der definitive Urtheilsspruch in Kraft tritt, erlischt für den Fabrikanten jede Verpflichtung für Befriedigung weiter gehender Ansprüche an denselben.

Art. 7. Die Forderungen Entschädigungsberechtigter gegen den Entschädigungsverpflichteten können rechtsgültig weder verpfändet noch auf Dritte übertragen werden.

Auch sind Entschädnissforderungen und Entschädigungsgelder von der Pfändung, Arrest- und Verbotnahme und von der Konkursmasse des Berechtigten ausgenommen.

Art. 8. Wenn bei der Urtheilsfällung die Folgen einer Körperverletzung oder Erkrankung noch nicht genügend klar vorliegen, so kann der Richter ausnahmsweise für den Fall des erfolgenden Todes oder einer wesentlichen Verschlimmerung des Gesundheitszustandes des Verletzten oder Erkrankten die Festsetzung einer grösseren Entschädigung vorbehalten. Immerhin darf die Gesammtsumme der zuerkannten Entschädigungen die in Art. 6 festgesetzten Grenzen nicht überschreiten.

Den gleichen Vorbehalt kann das Gericht auch zu Gunsten des Fabrikanten machen für den Fall, dass sich die Folgen der Verletzung wesentlich günstiger gestalten sollten, als angenommen wurde.

Art. 9. Wenn der Getödtete, Verletzte oder Erkrankte bei einer Unfallversicherung, Unterstützungskasse, Krankenkasse oder einer ähnlichen Anstalt versichert war, und wenn der Betriebsunternehmer durch Prämien oder andere Beiträge bei dieser Versicherung mitgewirkt hat, so sind die von jenen Anstalten dem Verletzten, Erkrankten oder den Rechtsnachfolgern des Getödteten bezahlten Beträge von der Entschädigung ganz in Abzug zu bringen, sofern der Betriebsunternehmer nicht weniger als die Hälfte an die bezahlten Prämien und andere Beiträge geleistet hat.

Beträgt die Mitleistung des Betriebsunternehmers dagegen weniger als die Hälfte, so wird von der Entschädigung nur jene Summe abgezogen, welche im Verhältniss zu den von ihm geleisteten Beiträgen steht.

Der Betriebsunternehmer hat nur dann Anspruch auf diese Abzüge, wenn die Versicherung, an welche er beiträgt, alle Unfälle und Erkrankungen umfasst.

Art. 10. Die Betriebsunternehmer sind nicht befugt, die in diesem Gesetze enthaltenen Bestimmungen über die Haftpflicht mittelst Reglementen, Publikationen oder durch besondere Uebereinkunft mit ihren Angestellten, Arbeitern oder mit Dritten (ausgenommen der in Art. 9 vorgesehene Fall) im Voraus zu beschränken oder auszuschliessen. Vertragsbestimmungen, welche dieser Vorschrift entgegen stehen, haben keine rechtliche Wirkung.

Art. 11. Bei Streitigkeiten über die aus diesem Gesetz abgeleiteten Ansprüche auf Schadensersatz entscheidet der kantonale Richter, mit Weiterziehung an das Bundesgericht, gemäss dem Gesetze über die Organisation der Bundesrechtspflege.

Art. 12. Die in diesem Gesetze erwähnten Schadenersatzansprüche verjähren nach einem Jahre von dem Tage an gerechnet, an welchem die Tödtung oder Verletzung erfolgt ist, oder an welchem die Krankheit als eine spezifische Berufskrankheit (Art. 5, Litt. d des Fabrikgesetzes) erkannt und amtlich ausgewiesen wurde.

Immerhin steht den Betheiligten das Recht zu, bei einem Unfalle oder einer Erkrankung, auch bevor eine Schadenersatzklage anhängig gemacht wird, die auf den Unfall oder die Krankheit bezüglichen thatsächlichen Verhältnisse gerichtlich konstatiren zu lassen.

Art. 13. Die Verjährungsfrist von einem Jahre findet auch auf die in Art. 8 vorgesehenen Fälle für Rektifizirung der Urtheilssprüche Anwendung; sie läuft von dem Tage des ausgefällten Urtheils hinweg.

Art. 14. Wenn Zweifel waltet, ob eine industrielle Anstalt, die nicht auf dem Fabrikverzeichnisse sich befindet, in dasselbe hätte eingetragen werden sollen, und ob somit auf einen in derselben vorgekommenen Unfall oder eine Krankheit das gegenwärtige Gesetz Anwendung finde, so entscheidet der Bundesrath, nach Einholung des Berichtes der resp. Kantonsregierung, endgültig. (Art. 1 Absatz 2 des Bundesgesetzes über die Arbeit in den Fabriken vom 23. März 1877.)

Art. 15. Der Artikel 5 des Bundesgesetzes betreffend die Arbeit in den Fabriken vom 23. März 1877, mit Ausnahme der Litt. d desselben, ist aufgehoben und ebenso alle Bestimmungen kantonaler Gesetze und Verordnungen, welche dem gegenwärtigen Gesetze widersprechen.

Art. 16. Der Bundesrath wird beauftragt, auf Grundlage der Bestimmungen des Bundesgesetzes vom 17. Brachmonat 1874 (A. S. n. F. I, 116), betreffend die Volksabstimmung über Bundesgesetze und Bundesbeschlüsse, die Veröffentlichung dieses Gesetzes zu veranstalten und den Beginn der Wirksamkeit desselben festzusetzen.

Also beschlossen vom Nationalrathe,

Bern, den 24. Brachmonat 1881.

Der Präsident: A. Vessaz.
Der Protokollführer: Schiess.

Also beschlossen vom Ständerathe,

Bern, den 25. Brachmonat 1881.

Der Präsident: C. Kappeler.
Der Protokollführer: Schatzmann.

Der schweizerische Bundesrath beschliesst:

Das vorstehende, unterm 9. Heumonat 1881 öffentlich bekannt gemachte Bundesgesetz [1]) wird hiemit gemäss Art. 89 der Bundesverfassung in Kraft und vom heutigen Tage an als vollziehbar erklärt.

Bern, den 11. Weinmonat 1881.

Im Namen des schweiz. Bundesrathes,
Der Bundespräsident:
Droz.

Der Kanzler der Eidgenossenschaft:
Schiess.

Italien.

1.

Gesetz betr. die Gründung einer nationalen Unfall-Versicherungskasse für Arbeiter in Italien, vom 8. Juli 1883 (Gazetta ufficiale vom 17. Juli 1883).

Art. 1. Es wird die angeschlossene Konvention genehmigt, welche zu Rom am 18. Februar 1883 zwischen dem Ministerium für Ackerbau, Handel und Industrie und zwischen
der Sparkasse von Mailand,
der Sparkasse von Turin,
der Sparkasse von Bologna,
dem Monte de' Paschi von Siena,
dem Leihhause und der Sparkasse von Genua,
der Sparkasse von Rom,
der Sparkasse von Venedig,
der Sparkasse von Cagliari,
der Bank von Neapel und
der Bank von Sicilien
zum Zwecke der Gründung einer Nationalkasse zur Versicherung der Arbeiter gegen Unfälle, denen sie bei ihren Arbeiten ausgesetzt sind, abgeschlossen ist.

Art. 2. Auf Verlangen der genannten Kasse gewährt die Regierung die unentgeltlichen Dienste der Postsparkassen für die Aufnahme von Versicherungsanträgen und für alle Handlungen, welche damit in Verbindungen stehen, einschliesslich der Einziehung von Prämien und der Auszahlungen von Entschädigungen.

---

[1]) Siehe Bundesblatt vom Jahr 1881, Band III, Seite 549.

Die Kasse kann innerhalb der reglementmässigen Grenzen die Mitwirkung der Municipalbehörden verlangen.

Art. 3. Befreit von Stempel-, Register- und Regierungskonzessionsgebühren sind alle die Errichtung der Kasse betreffenden Akte, nachträgliche Statutenänderungen, die Versicherungsscheine, Register, Bescheinigungen, die öffentlichen Bekanntmachungen und alle anderen Dokumente, welche sowohl im Interesse der Kasse selbst als in dem der Versicherten bei Ausführung des gegenwärtigen Gesetzes nothwendig werden sollten.

Ebenso sind befreit von allen Stempel-, Register- und Hypothekengebühren die durch Verfügungen unter Lebenden oder von Todeswegen der Kasse gemachten Schenkungen und Zuwendungen.

Die Uebertragungen von Titeln der öffentlichen Schuld, in welchen die Kapitalien der Kasse anzulegen sind, geschehen kosten- und gebührenfrei.

Art. 4. Die Nationalversicherungskasse ist den Bestimmungen des Handelsgesetzbuchs über die Handelsgesellschaften nicht unterworfen.

Die Tarife und alle Verwaltungsreglements, in welchen auch die Verantwortlichkeit der Administratoren näher bestimmt werden wird, sollen durch Königliches Dekret genehmigt und in die amtliche Gesetzsammlung aufgenommen werden.

Konvention.

Zwischen dem Ministerium für Ackerbau, Industrie und Handel einerseits und

der Sparkasse von Mailand,
der Sparkasse von Turin,
der Sparkasse von Bologna,
dem Monte de' Paschi von Siena,
dem Leihhause und der Sparkasse von Genua,
der Sparkasse von Rom,
der Sparkasse von Venedig,
der Sparkasse von Cagliari,
der Bank von Neapel und
der Bank von Sizilien

andererseits wird nachstehende Konvention zum Zwecke der Gründung einer Arbeiterunfall-Versicherungskasse abgeschlossen.

Art. 1. Es wird eine Versicherungskasse gegründet zur Vergütung der Schäden aus Unfällen, von welchen Arbeiter im Königreich bei der Arbeit betroffen werden.

Sie hat die Rechte einer autonomen juristischen Person (Ente morale autonomo); sie wird von dem Executivkomitee der Sparkasse zu Mailand verwaltet und führt den Namen: Nationale Arbeiterunfall-Versicherungskasse (Cassa nazionale di assicurazione per gli infortuni degli operai sul lavora).

Art. 2. Bei Bildung der Versicherungskasse wirken die Institute mit, welche die gegenwärtige Konvention unterzeichnet haben.

Art. 3. Diese Institute steuern auch zur Bildung des Garantiefonds der Versicherungskasse bei, welcher auf 1 500 000 Lire festgesetzt wird.

Zu dem genannten Zwecke werden beitragen:

die Sparkasse zu Mailand	mit Lire	600 000
" " " Turin	" "	100 000
" " " Bologna	" "	100 000
der Monte de' Paschi zu Siena	" "	100 000
das Leihhaus und die Sparkasse zu Genua	" "	75 000
die Sparkasse zu Rom	" "	100 000
" " " Venedig	" "	50 000
" " " Cagliari	" "	50 000
" Bank von Neapel	" "	200 000
" " " Sizilien	" "	100 000

Art. 4. Alle für die Verwaltung der Versicherungskasse nothwendigen Ausgaben werden von den unterschriebenen Instituten getragen und zwar pro rata der von ihnen gemäss des vorhergehenden Artikels gezahlten Beiträge.

Nach Ablauf des zweiten Quinquenniums des Betriebes der Kasse und gestützt auf die Erfahrung bezüglich der normalen Höhe der Verwaltungskosten, wird den unterschriebenen Instituten die Befugniss eingeräumt, sich der Verpflichtung zur Zahlung der respektiven Kostenquote dadurch zu entziehen, dass sie entweder ein Kapital einzahlen, dessen nach dem gesetzlichen Zinsfuss berechneten Erträge der Höhe der Kostenquote selbst gleichkommen oder indem sie einen entsprechenden jährlichen Beitrag zusichern.

Art. 5. Ein aus den Mitgliedern des Exekutivkomitees der Sparkasse zu Mailand und je einem Vertreter der anderen unterschriebenen Institute zusammengesetzter Oberverwaltungsrath bestimmt die Regeln und die allgemeine Richtung der Verwaltung und die Beziehungen zwischen der Centralverwaltung und den anderen Gründungsinstituten; er bestimmt den Zeitpunkt der Zusammenberufungen, setzt die Normen, Grenzen und die Vertheilung der Verwaltungskosten gemäss des vorhergehenden Artikels fest; er genehmigt die Rechnungen der Geschäftsführung; er beräth über eventuelle Tarifreformen und trifft endlich alle jene Massregeln, welche von einem, ihm vom Exekutivkomitee der Mailänder Sparkasse zur Genehmigung zu unterbreitenden internen Spezialreglement werden bestimmt werden.

Der Präsident der Sparkasse zu Mailand, und statt seiner der Vizepräsident, beruft den Oberverwaltungsrath zusammen und präsidirt ihm.

Bei den Berathungen des Oberverwaltungsraths gilt — bei Stimmengleichheit — der Vorschlag als abgelehnt.

Art. 6. Der Oberverwaltungsrath wird die Vorschriften erlassen, nach welchen den einzelnen Gründungsinstituten, auf ihr Verlangen, die Feststellung der Unfälle und die Zuerkennung der Entschädigungen übertragen werden wird.

Art. 7. Der Fonds der Versicherungskasse wird gebildet:
a) aus den Versicherungsprämien,
b) aus den Zinsen der angelegten Kapitalien,
c) aus Vermächtnissen, Schenkungen und aus jedem anderen Einkommen, das zufällig oder auf Grund besonderer Willensäusserung zu Gunsten aller eingeschriebenen Mitglieder oder zum Zweck besonderer Verwendung erworben werden wird.

Art. 8. Versichert kann jeder in Italien lebende Arbeiter werden, der das 10. Lebensjahr erreicht hat und sich mit Handarbeiten beschäftigt oder Dienste leistet als Stückarbeiter oder Tagelöhner.

Art. 9. Die Versicherung ist eine individuelle oder kollektive. Die Kollektivversicherung geschieht entweder Seitens der Arbeitgeber allein, oder seitens der Arbeitgeber und Arbeiter zusammen, oder endlich von zu einem Konsortium vereinigten Arbeitern allein.

Art. 10. Die persönliche wie die Kollektivversicherung findet für alle Unfälle statt, welche
a) den Tod des Versicherten,
b) die dauernde vollständige Arbeitsunfähigkeit,
c) die dauernde theilweise Arbeitsunfähigkeit,
d) die zeitweilige, über einen Monat andauernde Arbeitsunfähigkeit

zur Folge haben.

Art. 11. Das Exekutivkomitee der Mailänder Sparkasse wird die Prämientarife und das Mass der Entschädigungen sowohl für die persönliche wie für die Kollektivversicherung feststellen vorbehaltlich der Genehmigung seitens des nach Art. 5 gebildeten Oberverwaltungsraths und der Königlichen Regierung. Die Tarife selbst, sowie die Unterscheidung und Bestimmung der im vorhergehenden Artikel erwähnten Fälle von Arbeitsunfähigkeit werden in einem besonderen nach Anhörung des Staatsraths durch Königliches Dekret zu genehmigenden Reglement aufgeführt werden.

Von 5 zu 5 Jahren erfolgt den im Art. 5 festgesetzten Bestimmungen gemäss eine Revision der Tarife.

Art. 12. Bei Berechnung der Tarife und Zahlung der Prämien dürfen keinerlei Verwaltungskosten veranschlagt werden. Letztere werden, gemäss Art. 4, von den unterzeichneten Instituten allein getragen.

Art. 13. Die Entschädigung erfolgt durch Auszahlung des Kapitals an den Beschädigten. Auf Verlangen des Berechtigten kann die Kasse das Kapital selbst an die Nationalpensionskasse zahlen zum Zwecke der Konvertirung in lebenslängliche oder zeitweilige Rente.

Art. 14. Bei dem jährlichen Abschluss der Rechnungen wird aus dem Reinertrage der Verwaltung ein Spezialfonds gebildet.

Von 5 zu 5 Jahren und nachdem die technische Bilanz gezogen, wird der Fonds selbst zur Hälfte zur Abtragung des Garantiefonds in den durch Art. 3 bestimmten Verhältnissen verwandt, während die andere Hälfte pro rata denjenigen Personen zu Gute kommt, welchen im abgelaufenen Quinquennium eine Entschädigung für dauernde absolute Arbeitsunfähigkeit zuerkannt wurde.

Solange der Garantiefonds nicht zurückgezahlt ist, gebühren die Zinsen desselben den respektiven Instituten nach Verhältniss ihrer noch ungedeckten Beiträge.

Nach Abtragung des Garantiefonds wird der Oberverwaltungsrath bestimmen, ob und in welchem Masse die resp. Zinsen um die Hälfte des Reingewinns der Verwaltung zur Vermehrung des Dotationskapitals verwandt, oder ob sie ganz oder theilweise irgend einer speziellen Kategorie der Versicherten überwiesen werden sollen.

Art. 15. Der Betrieb der Versicherungskasse beginnt spätestens innerhalb eines Jahres von der Promulgation des die gegenwärtige Konvention genehmigenden Gesetzes.

Roma, 18. Februar 1883.

Berti.

A. Annoni für die Sparkasse von Mailand.
P. Massa - - - - Turin.
N. Piccolomini für den Monte de' Paschi in Siena.
A. Podestà für das Leihhaus in Genua.
S. Giustiniani-Bandini für die Sparkasse von Rom.
L. Ivancich - - - - Venedig.
E. Roberti - - - - Cagliari.
D. Consiglio für die Bank von Neapel.
E. Notarbartolo - - - - Sizilien.
C. Zucchini - - Sparkasse von Bologna.

Geschehen auf Befehl Seiner Majestät. Der Minister für Ackerbau, Industrie und Handel.

gez. Berti.

2.

Aus den Motiven des vorstehenden Gesetzes (Atti Parlamentari, Senato del Regno, sessione de 1882—83, Documenti Nr. 73).

Abgesehen von den Banken von Neapel und Sizilien haben:

die Kasse zu Mailand:	Depots	281	Mill., Reservefonds	34,5 M.
- - - Turin:	-	29,7	- -	3 -
- - - Bologna:	-	22,4	- -	5,1 -
- - - Rom:	-	48,2	- -	6,5 -
- - - Cagliari:	-	8,9	- -	1,2 -

die Kasse von Genua ist weniger gut gesichert, hängt aber mit dem Leihamte zusammen, welches über 6 Millionen Grundkapital besitzt.

Diese Kassen können also ohne Nachtheil für ihre Deponenten einen Theil ihrer Einnahmen auf das neue Institut verwenden. Auch dürfen dieselben, sobald der Reservefonds ein Zehntel der Depots beträgt, den Ueberschuss so verwenden. Sie haben keine Aktionäre und gegen ihre freiwillige derartige Verwendung zu wohlthätigen Zwecken lässt sich daher nichts einwenden. Die Regierung könnte also die Genehmigung mittelst Königlicher Verordnung nicht versagen. Sie hielt es aber für angemessener, dem Institute mittelst Genehmigung des Nachtrags durch das Parlament ein grösseres Ansehn und Kredit zu verschaffen; auch konnte der Staat ohne jene die Unterstützung aus eigenen Mitteln [Postsparkassen-Benutzung] und die in Art. 3 aufgeführten Befreiungen nicht bewilligen.

Der in der Deputirtenkammer erhobene Einwand, dass diese Befreiungen ein Monopol zu Gunsten der Nationalkasse und zum Nachtheile der Privatgesellschaften darstellten, ist nicht begründet, weil die Befreiungen der Versicherungspolizen, welche allein Besorgnisse der Privatgesellschaften erregen könnten, unbedeutend sind. Auch würde die Verweigerung derselben seitens der Regierung die Gründer gezwungen haben, ihrerseits ihre Beiträge zu erhöhen, um die Versicherten nur mit dem Nettobetrage der Prämien belasten zu brauchen. Damit würde aber der Konkurrenz der Versicherungsgesellschaften ebensowenig genützt worden sein. Während die Nationalkasse sich allein mit dieser Versicherung gegen Unglücksfälle beschäftigt, betreiben die Privatgesellschaften dieselbe nur als Nebengeschäft und zur Ergänzung der Lebensversicherungen, zur Vermehrung ihrer Kundschaft und Erweiterung ihrer Thätigkeit. Endlich wird die Regierung, wenn während der Einrichtung der Nationalkasse sich die übermässige Beeinträchtigung der Privatgesellschaften oder der wohlthätigen Zwecke der Nationalkasse herausstellen sollte, auf Beseitigung der Nachtheile bedacht sein.

In Betreff des Art. 4 rechtfertigen der besondere Charakter der Kasse und die Qualität ihrer Gründer die Bestimmung, dass dieselbe den Vorschriften des Handelsgesetzbuchs bezüglich der handeltreibenden Gesellschaften nicht unterliegt; dies wurde auch nicht bestritten.

Gegen die Art der Bestätigung der Tarife wurden allerdings Einwände erhoben; man wollte die Regierung von der auch nur indirekten Verantwortlichkeit für den Erfolg befreien und die Tarife gesetzlich feststellen. Die Regierung wünscht aber nicht jeder Einwirkung auf ein durch ihre Mitwirkung gegründetes Institut zu entsagen und es widerstrebt ihr, auch nur den Verdacht zu erwecken, als verbänden die Gründer sich, um die Bedingungen der Versicherung ungünstiger zu gestalten. Die gesetzliche Feststellung würde sie auch der Freiheit der Bewegung berauben, welche die von der Erfahrung und technischen Befähigung so abhängige Behandlung der heiklen Versicherungsfrage erfordert.

Die Versicherung ist nach den Bestimmungen der Konvention nur im Königreiche wohnenden Arbeitern gestattet, um nicht die Nationalkasse von Hause aus mit Versicherungen von Personen zu belasten, welche in weiter Entfernung vom Vaterlande leben, wo die Ermittelungen immer schwierig und kostspielig sind. Diesen Grund erkannte die Kammer an und legte Art. 7 und 8 der Konvention so aus, dass einem zeitweise auswandernden und durch Unglück ausserhalb des Landes betroffenen versicherten Arbeiter die Liquidation der Versicherungssumme nicht verweigert werden kann. Die Regierung wird sich für die Annahme dieser Ausnahme durch den Vorstand der Kasse verwenden, so dass dieselbe in die besonderen Bestimmungen des Reglements aufgenommen wird. Ueberdies wird die Mehrzahl der Versicherungen kollektiv durch die Betheiligung der Arbeitgeber erfolgen und daher die Versicherung zeitweise auswandernder Arbeiter sehr beschränkt sein.

Schliesslich rechnet man auf die Unterstützung der gegenseitigen Hülfsgesellschaften, wie schon die Kammer in ihrer Tagesordnung that.

Deutschland.

1.

Gesetz, betreffend die Verbindlichkeit zum Schadensersatz für die bei dem Betriebe von Eisenbahnen, Bergwerken etc. herbeigeführten Tödtungen und Körperverletzungen. Vom 7. Juni 1871 (Reichs-Gesetzbl. S. 207.).

Wir Wilhelm, von Gottes Gnaden Deutscher Kaiser, König von Preussen etc., verordnen im Namen des Deutschen Reichs, nach erfolgter Zustimmung des Bundesraths und des Reichstags, was folgt:

§ 1. Wenn bei dem Betriebe einer Eisenbahn ein Mensch getödtet oder körperlich verletzt wird, so haftet der Betriebsunternehmer für den dadurch entstandenen Schaden, sofern er nicht beweist, dass der Unfall durch höhere Gewalt oder durch eigenes Verschulden des Getödteten oder Verletzten verursacht ist.

§ 2. Wer ein Bergwerk, einen Steinbruch, eine Gräberei (Grube) oder eine Fabrik betreibt, haftet, wenn ein Bevollmächtigter oder ein Repräsentant oder eine zur Leitung oder Beaufsichtigung des Betriebes oder der Arbeiter angenommene Person durch ein Verschulden in Ausführung der Dienstverrichtungen den Tod oder die Körperverletzung eines Menschen herbeigeführt hat, für den dadurch entstandenen Schaden.

§ 3. Der Schadenersatz (§§ 1 und 2) ist zu leisten:

1. im Fall der Tödtung durch Ersatz der Kosten einer versuchten Heilung und der Beerdigung, sowie des Vermögensnachtheils, welchen der Getödtete während der Krankheit durch Erwerbsunfähigkeit oder Verminderung der Erwerbsfähigkeit erlitten hat. War der Getödtete zur Zeit seines Todes vermöge Gesetzes verpflichtet, einem Anderen Unterhalt zu gewähren, so kann dieser insoweit Ersatz fordern, als ihm in Folge des Todesfalles der Unterhalt entzogen worden ist;
2. im Fall einer Körperverletzung durch Ersatz der Heilungskosten und des Vermögensnachtheils, welchen der Verletzte durch eine in Folge der Verletzung eingetretene zeitweise oder dauernde Erwerbsunfähigkeit oder Verminderung der Erwerbsfähigkeit erleidet.

§ 4. War der Getödtete oder Verletzte unter Mitleistung von Prämien oder anderen Beiträgen durch den Betriebsunternehmer bei einer Versicherungsanstalt, Knappschafts-, Unterstützungs-, Kranken- oder ähnlichen Kasse gegen den Unfall versichert, so ist die Leistung der letzteren an den Ersatzberechtigten auf die Entschädigung einzurechnen, wenn die Mitleistung des Betriebsunternehmers nicht unter einem Drittel der Gesammtleistung beträgt.

§ 5. Die in den §§ 1 und 2 bezeichneten Unternehmer sind nicht befugt, die Anwendung der in den §§ 1 bis 3 enthaltenen Bestimmungen zu ihrem Vortheil durch Verträge (mittelst Reglements oder durch besondere Uebereinkunft) im Voraus auszuschliessen oder zu beschränken.

Vertragsbestimmungen, welche dieser Vorschrift entgegenstehen, haben keine rechtliche Wirkung.

[§ 6 — aufgehoben durch § 13 des Einführungsgesetzes zur Civilprozessordnung, vom 30. Januar 1877 (Reichs-Gesetzbl. S. 244) —].

§ 7. Das Gericht hat unter Würdigung aller Umstände über die Höhe des Schadens, sowie darüber, ob, in welcher Art und in welcher Höhe Sicherheit zu bestellen ist, nach freiem Ermessen zu erkennen. Als Ersatz für den zukünftigen Unterhalt oder Erwerb ist, wenn nicht beide Theile über die Abfindung in Kapital einverstanden sind, in der Regel eine Rente zuzubilligen.

Der Verpflichtete kann jederzeit die Aufhebung oder Minderung der Rente fordern, wenn diejenigen Verhältnisse, welche die Zuerkennung oder Höhe der Rente bedingt hatten, inzwischen wesentlich verändert sind. Ebenso kann der Verletzte, dafern er den Anspruch auf Schadenersatz innerhalb der Verjährungsfrist (§ 8) geltend gemacht hat, jederzeit die Erhöhung oder Wiedergewährung der Rente fordern, wenn die Verhältnisse, welche für die Feststellung, Minderung oder Aufhebung der Rente massgebend waren, wesentlich verändert sind.

Der Berechtigte kann auch nachträglich die Bestellung einer Sicherheit oder Erhöhung derselben fordern, wenn die Vermögensverhältnisse des Verpflichteten inzwischen sich verschlechtert haben.

§. 8. Die Forderungen auf Schadenersatz (§§ 1 bis 3) verjähren in zwei Jahren vom Tage des Unfalls an. Gegen denjenigen, welchem der Getödtete Unterhalt zu gewähren hatte (§ 3 Nr. 1), beginnt die Verjährung mit dem Todestage. Die Verjährung läuft auch gegen Minderjährige und diesen gleichgestellte Personen von denselben Zeitpunkten an, mit Ausschluss der Wiedereinsetzung.

§ 9. Die Bestimmungen der Landesgesetze, nach welchen ausser den in diesem Gesetz vorgesehenen Fällen der Unternehmer einer in den §§ 1 und 2 bezeichneten Anlage oder eine andere Person, insbesondere wegen eines eigenen Verschuldens für den bei dem Betriebe der Anlage durch Tödtung oder Körperverletzung eines Menschen entstandenen Schaden haftet, bleiben unberührt.

Die Vorschriften der §§ 3, 4, 6 bis 8 finden auch in diesen Fällen Anwendung, jedoch unbeschadet derjenigen Bestimmungen der Landesgesetze, welche dem Beschädigten einen höheren Ersatzanspruch gewähren.

§ 10. Die Bestimmungen des Gesetzes, betreffend die Errichtung eines obersten Gerichtshofes für Handelssachen, vom 12. Juni 1869, sowie die Ergänzungen desselben werden auf diejenigen bürgerlichen Rechtsstreitigkeiten ausgedehnt, in welchen durch die Klage oder Widerklage ein Anspruch auf Grund des gegenwärtigen Gesetzes oder der in § 9 erwähnten landesgesetzlichen Bestimmungen geltend gemacht wird.

Urkundlich unter Unserer Höchsteigenhändigen Unterschrift und beigedrucktem Kaiserlichen Insiegel.

Gegeben Berlin, den 7. Juni 1871.

L. S. Wilhelm.

Fürst v. Bismarck.

Litteratur.

Das vorstehende Gesetz hat eine reichhaltige Litteratur hervorgerufen. Abgesehen von zahlreichen, in Zeitschriften zerstreuten Aufsätzen (vgl. u. a. Achenbach, in der Zeitschrift für Bergrecht, Band 9, J. Baron in den Schriften des Vereins für Socialpolitik, Band 19 — cf. oben Note 1 S. 77 zu Abschn. VIII —) kommen hier namentlich in Betracht:

I. Allgemeines:

Frantz, Adolf, Die Haftpflicht der Eisenbahn-, Bergbau- und Fabrik-Unternehmer. Vom Standpunkte der Gesetzgebung, Volkswirthschaft und Statistik, mit besonderer Rücksicht auf Versicherungsanstalten, Knappschaftsvereine u. s. w. Berlin (1872). 4°.

Schwanck, A., Die deutsche Haftpflichtfrage und ihre Lösung. Betrachtet im Lichte der Thatsachen und der Wirklichkeit. Düsseldorf, Schwann 1881. gr. 8°. (136 Seiten.) 2 Mark.

Steiner, Max, Zur Haftpflichtfrage. Wien, Hölder 1881. gr. 8°. (III. 130 Seiten.) 2,40 Mark.

II. Spezielles.

Endemann, W., Die Haftpflicht der Eisenbahnen, Bergwerke etc. für die bei deren Betriebe herbeigeführten Tödtungen und Körperverletzungen. Erläuterungen des Reichsgesetzes vom 7. Juni 1871. Berlin, Guttentag 1871. gr. 8°. (87 Seiten.) 1,50 Mark.

Jacobi, L., Die Verbindlichkeit zum Schadenersatze für die bei dem Betriebe von Eisenbahnen, Bergwerken, Fabriken etc. herbeigeführten Tödtungen und Körperverletzungen. Gesetz vom 7. Juni 1871. Mit Erläuterungen. Berlin, Kortkampf 1874. gr. 8°. (44 Seiten.) 1,50 Mark.

— — Dasselbe. 11. völlig umgearbeitete Aufl. Berlin (1878). 8°. (124 Seiten.) 1,50 Mark.

Kah, K., Das Haftpflichtgesetz, betreffend die Verbindlichkeit zum Schadenersatze für die bei dem Betriebe von Eisenbahnen, Bergwerken, Fabriken . . . herbeigeführten Tödtungen und Körperverletzungen, erläutert. Mannheim und Strassburg, Bensheimer 1874. gr. 8°. (201 Seiten.) 4 Mark.

Eger, Georg, Das Reichs-Haftpflichtgesetz, betreffend die Verbindlichkeit zum Schadenersatz für die bei dem Betriebe von Eisenbahnen, Bergwerken, Steinbrüchen, Gräbereien und Fabriken herbeigeführten Tödtungen und Körperverletzungen. Vom 7. Juni 1871. Erläutert. Breslau, Kern's Verlag 1876. gr. 8°. (XXXVI. 532 Seiten.) 11 Mark.

— Dasselbe. 2. vermehrte Aufl. Breslau, Kern's Verlag 1879. (XL. 642 Seiten.) gr. 8°. 15 Mark.

Kowalzig, F., Das reichsgesetzliche Urheberrecht an Schriftwerken, das Reichs-Haftpflichtgesetz, ... erläutert vornehmlich aus den Entscheidungen des Reichs-Oberhandelsgerichts. Berlin, Springer 1877. (IV. 163 Seiten.) gr. 8°. 2,80 Mark.

Genzmer, St., Das Reichs-Haftpflichtgesetz, betreffend die Verbindlichkeit zum Schadenersatz für die bei dem Betriebe von Eisenbahnen,

Bergwerken, Steinbrüchen, Gräbereien und Fabriken herbeigeführten Tödtungen und Körperverletzungen vom 7. Juni 1871, aus der Rechtslehre und der Rechtsprechung erläutert. Berlin, Guttentag 1882. 8°. (VII. 200 Seiten.) 2,80 Mark.

2.

Gesetzentwurf der Abgeordneten Dr. Buhl und Genossen, betreffend die Entschädigung bei Unfällen und die Unfallversicherung der Arbeiter, Antrag vom 10. Januar 1882 (Drucksachen des Reichstags I. Session 1881, Nr. 66).

I. Abschnitt. Allgemeine Grundsätze.

§ 1. Wenn durch Unfall bei dem Betrieb einer der im folgenden Paragraphen genannten Unternehmungen ein darin beschäftigter Arbeiter oder Beamter getödtet oder körperlich verletzt wird, so hat hierfür der Unternehmer Entschädigung nach Massgabe dieses Gesetzes zu gewähren.

Für die sich hieraus ergebende Verpflichtung hat der Unternehmer Sicherheit zu bestellen.

Die Sicherheitsbestellung erfolgt, vorbehaltlich der im dritten Abschnitt enthaltenen Bestimmungen, durch die von dem Unternehmer zu bewirkende Gesammtversicherung aller in seinem Unternehmen beschäftigten Arbeiter und Beamten.

§ 2. Die Unternehmungen, auf welche sich dieses Gesetz bezieht, sind:

1. Bergwerke, Salinen, Aufbereitungsanstalten, Brüche, Gräbereien und Gruben, Hütten- und Walzwerke, Fabriken;
2. Werften, gewerbsmässiger Baubetrieb in Bauhöfen und an Bauten;
3. gewerbsmässige Herstellung von Farben, Chemikalien und Explosivstoffen;
4. gewerbsmässige Beförderung von Personen oder Gütern zu Wasser oder zu Lande;
5. gewerbliche, forstwirthschaftliche und landwirthschaftliche Unternehmungen, soweit darin dauernd oder vorübergehend ein durch elementare Kräfte bewegtes Triebwerk oder ein Dampfkessel zur Verwendung kommt.

Für solche Arten von Unternehmungen, deren Betrieb mit Unfallgefahr für die darin beschäftigten Personen nicht verknüpft ist, kann durch Beschluss des Bundesraths die Verpflichtung zur Sicherheitsbestellung ausgeschlossen werden.

§ 3. Als Unternehmer gilt die Person oder die Vereinigung von Personen, für deren Rechnung das Geschäft betrieben wird.

Für Bauarbeiten gilt als Unternehmer derjenige, welcher die Ausführung der Bauarbeiten für eigene Rechnung bewerkstelligt. War ihm die Ausführung von einem anderen Unternehmer überlassen, so ist Letzterer für die Erfüllung der dem Unternehmer durch dieses Gesetz auferlegten Verpflichtungen subsidiär verantwortlich.

II. Abschnitt. Von der Entschädigung.

§ 4. Die Entschädigung in den Fällen des ersten Abschnittes erfolgt ausschliesslich nach Massgabe folgender Bestimmungen.

§ 5. Die Entschädigung soll im Fall der Verletzung bestehen:

1. in den Kosten des Heilverfahrens;
2. in einer dem Verletzten für die Dauer der Erwerbsunfähigkeit zu gewährenden Rente.

Dieselbe ist nach Massgabe desjenigen Arbeitsverdienstes zu bemessen, welchen Arbeiter derselben Art in demselben Betriebe oder in gleichartigen Betrieben nach den örtlichen Verhältnissen regelmässig beziehen. Uebersteigt dieser Arbeitsverdienst 2000 Mark jährlich, so bleibt der Mehrbetrag ausser Berechnung.

Personen, welche wegen noch nicht beendeter Ausbildung keinen oder einen niedrigeren Arbeitsverdienst beziehen, sind dabei mit dem niedrigsten Betrage des Arbeitsverdienstes vollgelohnter Arbeiter derjenigen Beschäftigung, für welche die Ausbildung erfolgt, jedoch höchstens mit einem Jahresarbeitsverdienst von 600 Mark in Ansatz zu bringen.

Die Rente beträgt: etc.

§ 6. Die Entschädigung soll für den Fall der Tödtung bestehen etc.

im Wesentlichen wie in den verschiedenen Regierungsentwürfen — mit der Massgabe, dass im Fall der Tödtung die Kosten des Heilverfahrens und eine Rente für die Dauer der Krankheit von Anfang an gewährt werden sollen.

§ 7. Dem Verletzten und seinen Hinterbliebenen steht ein Anspruch in Gemässheit des Gesetzes nicht zu, wenn der Verletzte den Unfall vorsätzlich herbeigeführt hat.

§ 8. Ist der Unfall durch Vorsatz des Unternehmers oder im Falle seiner Handlungsunfähigkeit durch Vorsatz seines Vertreters oder dadurch herbeigeführt, dass eine für die Betriebsanlage gesetzlich vorgeschriebene, zur Sicherheit dienende Einrichtung unterlassen ist, so bleibt der Unternehmer nach den bestehenden gesetzlichen Vorschriften für den vollen Schaden verhaftet, auch soweit derselbe die nach Massgabe dieses Gesetzes festgesetzte Entschädigung übersteigt.

In gleicher Weise haften Aktiengesellschaften, eingetragene Genossenschaften und Handelsgesellschaften, wenn der Unfall durch ein Mitglied ihres Vorstandes, oder Einen der Liquidatoren vorsätzlich oder durch die im Absatz 1 bezeichnete Unterlassung herbeigeführt ist.

Die Haftung eines Dritten, welcher den Unfall vorsätzlich oder durch Verschulden verursacht hat, bestimmt sich nach den bestehenden gesetzlichen Vorschriften.

III. Abschnitt. Von der Sicherheitsbestellung.

§ 9. Die nach § 1 dem Unternehmer obliegende Versicherung ist wegen aller aus diesem Gesetze sich ergebenden Verpflichtungen bei einer zu diesem Zwecke im Deutschen Reich zugelassenen Versicherungsanstalt (Genossenschaft oder sonstigen Versicherungsgesellschaft) zu bewirken.

Die Versicherung ist bei Beginn des Unternehmens beziehungsweise bei Einführung des Triebwerks oder Aufstellung des Dampfkessels nachzuweisen.

§ 10. Durch Reichsgesetz werden die Normativbestimmungen festgesetzt, unter denen eine Versicherungsanstalt mit der im § 1 bezeichneten Wirkung zuzulassen ist.

Bis zum Erlass dieses Gesetzes entscheidet der Bundesrath über die Zulassung mit folgender Massgabe:

Zuzulassen ist eine Versicherungsanstalt, welche

a) alle Unternehmen der Betriebskategorien beziehungsweise der Bezirke, für welche die Versicherungsanstalt errichtet ist, unter den in den Statuten vorgesehenen Bedingungen in Versicherung nimmt;

b) für jede festgestellte Rente das zur Deckung erforderliche Kapital bei der von dem Bundesrath hierfür bestimmten Stelle zu hinterlegen und bei eintretenden Veränderungen bis zur Sicherheitshöhe zu ergänzen sich verpflichtet;

c) den Nachweis führt, dass die Anstalt für die ihr obliegenden Verpflichtungen in finanzieller Hinsicht Gewähr bietet, und der Aufsicht hierüber, nach den hierfür zu erlassenden Bestimmungen der Centrallandesbehörde, sich unterwirft.

§ 11. Die Versicherung muss von dem Unternehmer auf eine bestimmte, je mit einem Kalenderjahr ablaufende Zeitdauer und unbedingt abgeschlossen werden.

Die Gesammtversicherung aller Entschädigungen, welche bei Erwerbsunfähigkeit von nicht länger als vier Wochen zu leisten sind, kann bei einer besonderen Versicherungsanstalt oder bei derselben Versicherungsanstalt unter besonderen Bedingungen erfolgen.

Die abgeschlossene Versicherung bleibt, so lange das Unternehmen betrieben wird, innerhalb der bei Abschluss der Versicherung festgesetzten Zeitdauer zu Gunsten der Entschädigungsberechtigten in voller Wirksamkeit. Bei Nichterfüllung der Versicherungsbedingungen seitens des Unternehmers steht der Versicherungsanstalt nur das Recht zu, Erfüllung und Ersatz des durch Nichterfüllung entstandenen Schadens von dem Unternehmer zu fordern.

Verträge jeder Art, welche die abgeschlossene Versicherung einschränken oder aufheben, sind nichtig.

§ 12. Die Betriebsverwaltungen des Reichs, eines Bundesstaates oder eines Kommunalverbandes sind von der Versicherungspflicht befreit.

In gleicher Weise sind die nach § 3 nur subsidiär verpflichteten Unternehmer von Bauarbeiten von der Versicherungspflicht befreit.

Für die Fälle, in welchen der Unternehmer eine nach Massgabe der §§ 1 und 9 genügende Versicherung nicht nehmen kann oder nicht nehmen will, ist vorschriftsmässige Sicherheit zu bestellen und, dass dies geschehen, der unteren Verwaltungsbehörde des Bezirks, in welchem der Betrieb gelegen ist, nachzuweisen. Der Bundesrath erlässt die allgemeinen Bestimmungen über die Art und Höhe, in welcher diese Sicherheitsbestellung zu erfolgen hat.

§ 13. Der Unternehmer hat die erfolgte Sicherheitsbestellung beim Beginn des Unternehmens und im Fall der nach § 11 erfolgten Versicherung bei dem jedesmaligen Ablauf der Versicherungsfrist der unteren Verwaltungsbehörde des Bezirks, in welchem der Betrieb gelegen ist, nachzuweisen.

§ 14. Die zuständige Behörde ist befugt, den vorschriftsmässigen Nachweis der Sicherstellung durch Geldstrafe bis zu 500 Mark zu erzwingen; die Festsetzung der Strafe erfolgt nach schriftlicher Androhung. Die Festsetzung der Strafe kann wiederholt werden.

Unter Zustimmung der höheren Verwaltungsbehörde kann der Betrieb nach schriftlich erfolgter Androhung wegen versäumten oder ungenügenden Nachweises untersagt werden.

Die Art, in welcher der Nachweis zu führen und bei jedesmaliger Veränderung zu ergänzen ist, wird durch Reichsgesetz und bis zum Erlass dieses Gesetzes durch eine vom Kaiser unter Zustimmung des Bundesraths zu erlassende Verordnung bestimmt.

IV. Abschnitt. Ueber die Anzeige der Unfälle und die Untersuchung des Thatbestandes.

§ 15. Von der Centrallandesbehörde sind Unfallkommissare für räumlich begrenzte Bezirke zu ernennen und die Anweisungen über den Geschäftsgang bei den durch dieses Gesetz ihnen übertragenen Obliegenheiten zu erlassen.

§ 16. Von jedem Betriebsunfalle, durch welchen eine Person getödtet wird oder eine Körperverletzung erleidet, welche nach ärztlichem Gutachten eine Erwerbsunfähigkeit von mindestens einer Woche zur Folge haben wird, ist von dem Unternehmer innerhalb 48 Stunden bei der Ortspolizeibehörde schriftliche Anzeige zu machen. Im Fall der Körperverletzung ist in der Anzeige zu vermerken, ob die Erwerbsunfähigkeit nach ärztlichem Gutachten länger als vier Wochen andauern wird.

Für den Unternehmer kann Derjenige, welcher zur Zeit des Unfalls den Betrieb oder den Betriebstheil, in welchem sich der Unfall ereignete, zu leiten hat, die Anzeige erstatten; im Fall der Behinderung des Unternehmers ist er dazu verpflichtet.

Die in der Anzeige zu beantwortenden Fragen werden vom Bundesrathe festgesetzt.

§ 17. Die Polizeibehörde, bezw. die vorgesetzte Dienstbehörde hat die bei ihr eingehenden Unfallanzeigen in ein von ihr zu führendes Unfallverzeichniss einzutragen und, wenn der Unfall eine Tödtung oder eine nach ärztlichem Gutachten länger als vier Wochen andauernde Erwerbsunfähigkeit zur Folge hat, alsbald an den Unfallkommissar des Bezirks einzusenden.

§ 18. Jeder beim Unfallkommissar zur Anzeige gelangte Unfall ist von demselben sobald wie möglich einer Untersuchung zu unterziehen, durch welche festzustellen sind:

1. die Veranlassung und der Ort des Unfalls;
2. die getödteten und verletzten Personen;
3. die Art der vorkommenden Verletzungen;
4. der Verbleib der verletzten Personen;
5. die Hinterbliebenen der durch den Unfall getödteten Personen, welche nach § 7 dieses Gesetzes einen Entschädigungsanspruch erheben können.

Der Unternehmer, der Versicherer und der Verletzte bezw. dessen Hinterbliebene können in Person oder durch Vertreter an den Untersuchungsverhandlungen Theil nehmen und sind, soweit dies ohne Verzögerung geschehen kann, von der Einleitung der Untersuchung rechtzeitig zu benachrichtigen.

§ 19. Ausserdem sind, soweit thunlich, die sonstigen Betheiligten und nach Erforderniss technische und ärztliche Sachverständige zuzuziehen. Von dem über die Untersuchung aufzunehmenden Protokoll, sowie von den sonstigen Untersuchungsverhandlungen ist den Betheiligten auf ihren Antrag Einsicht und gegen Erstattung der Schreibgebühren Abschrift zu gewähren.

V. Abschnitt. Ueber Feststellung der Entschädigung und Geltendmachung der Rechte.

§ 20. Nach erfolgter Feststellung des Thatbestandes hat der Unfallkommissar zunächst den nach Massgabe dieses Gesetzes zu gewährenden Schadenersatz zu ermitteln und die Einigung der Betheiligten hierüber zu versuchen.

Ueber das Ergebniss dieser Verhandlung hat der Unfallkommissar ein besonderes von den Betheiligten zu unterzeichnendes Protokoll aufzunehmen und im Fall der Einigung jedem der Betheiligten eine von ihm zu beglaubigende Abschrift zu ertheilen.

Auf Grund des Protokolls über die erfolgte Einigung kann die Zwangsvollstreckung wie aus einem rechtskräftigen Urtheil nachgesucht werden. Die Vollstreckungsklausel ist auf Antrag von dem Amtsgericht zu ertheilen, in dessen Bezirk der Unfall sich ereignet hat. Die Vorschriften im § 705 der Civilprozessordnung finden entsprechende Anwendung.

§ 21. Das Verfahren vor dem Unfallkommissar sowie die hierüber aufgenommenen Urkunden sind gebühren- und stempelfrei.

§ 22. Findet eine Einigung nicht statt, so überreicht der Unfallkommissar die geführten Verhandlungen an das Amtsgericht, welches nach Anhörung der Betheiligten durch einstweilige Verfügung anordnet, ob und in welcher Höhe Entschädigung an den Verletzten oder an die Hinterbliebenen des Getödteten zu leisten sei.

Zuständig ist das Amtsgericht, in dessen Bezirk der Unfall sich ereignet hat. Die Verfügung ist sofort vollstreckbar und kann nur durch Klageerhebung bei dem nach der Civilprozessordnung zuständigen Gericht angefochten werden. Die Anfechtung hebt die Vollstreckbarkeit nicht auf.

§ 23. Die bürgerlichen Rechtsstreitigkeiten, in welchen durch die Klage ein Anspruch auf Grund dieses Gesetzes geltend gemacht wird, gehören im Sinne des § 135 des Gerichtsverfassungsgesetzes und des § 58 Absatz 2 des Einführungsgesetzes zum Ger. Verf. Ges. vom 27. Januar 1877 zur Zuständigkeit des Reichsgerichts.

§ 24. Der aus diesem Gesetze Beklagte kann alle anderen aus dem Unfall Verpflichteten zum Prozesse beiladen. Der Beigeladene hat die Rechte und Pflichten des Streitgenossen. Der beklagte Unternehmer hat das Recht, zu verlangen, dass die Versicherungsanstalt ihn auf ihre Kosten im Prozesse gegen den Entschädigungsberechtigten vertrete.

§ 25. Die nach Massgabe dieses Gesetzes zu entschädigenden Personen oder deren Hinterbliebene sind auf Grund der in ihrem Interesse bewirkten Versicherung oder Sicherstellung zur Klage und Zahlungsannahme kraft eigenen Rechts befugt.

VI. Abschnitt. Allgemeine Bestimmungen.

§ 26 handelt von den Privilegien der Forderungen der Versicherungsanstalten (welche Unfallversicherung der Arbeiter nach Massgabe des § 10 zu übernehmen berechtigt sind), desgleichen der zu entschädigenden Arbeiter und deren Hinterbliebenen im Konkursverfahren.

§ 27 handelt von den Folgen der Aenderung in den Verhältnissen der Entschädigungsberechtigten.

§ 28 Absatz 1, statuirt die Unpfändbarkeit der Forderungen Entschädigungsberechtigter wie in den Regierungsentwürfen.

Abs. 2. Die Ansprüche der entschädigungsberechtigten Personen können mit rechtlicher Wirkung durch Kapitalszahlung nur beglichen werden, wenn sämmtliche Betheiligte mit Einschluss des zuständigen Armenverbandes einwilligen.

§ 29 enthält das Verbot entgegenstehender Verträge.

§ 30 regelt die Verjährung.

§ 31. Das Gesetz tritt am . . . . in Kraft.

Der Antrag ist gestellt von dem Abgeordneten Dr. Buhl und 12 Genossen und unterstützt durch 131 Abgeordnete.

3.

Unfallversicherungs-Gesetzentwurf vom Jahre 1884.

Inhalt.

I. Allgemeine Bestimmungen.

II. Bildung und Veränderung der Berufsgenossenschaften.

Entwurf eines Gesetzes über die Unfallversicherung der Arbeiter.

I. Allgemeine Bestimmungen.

Umfang der Versicherung.

§ 1. Alle in Bergwerken, Salinen, Aufbereitungsanstalten. Steinbrüchen, Gräbereien (Gruben), auf Werften und Bauhöfen. sowie in Fabriken und Hüttenwerken beschäftigten Arbeiter und Betriebsbeamten, letztere sofern ihr Jahresarbeitsverdienst an Lohn oder Gehalt 2000 Mark nicht übersteigt, werden gegen die Folgen der bei dem Betriebe sich ereignenden Unfälle nach Massgabe der Bestimmungen dieses Gesetzes versichert.

Den vorstehend aufgeführten gelten im Sinne dieses Gesetzes diejenigen Betriebe gleich, in welchen Dampfkessel oder durch elementare Kraft (Wind, Wasser, Dampf, Gas, heisse Luft etc.) bewegte Triebwerke zur Verwendung kommen, mit Ausnahme derjenigen Betriebe, für welche nur vorübergehend eine nicht zur Betriebsanlage gehörende Kraftmaschine benutzt wird.

Im übrigen gelten als Fabriken im Sinne dieses Gesetzes insbesondere diejenigen Betriebe, in welchen die Bearbeitung oder Verarbeitung von Gegenständen gewerbsmässig ausgeführt wird, und in welchen zu diesem Zwecke mindestens 10 Arbeiter regelmässig beschäftigt werden.

Welche Betriebe ausserdem als Fabriken im Sinne dieses Gesetzes anzusehen sind, entscheidet das Reichsversicherungsamt (§§ 87 ff.).

Auf gewerbliche Anlagen, Eisenbahn- und Schiffahrtsbetriebe, welche wesentliche Bestandtheile eines der vorbezeichneten Betriebe sind, finden die Bestimmungen dieses Gesetzes ebenfalls Anwendung.

Für solche unter die Vorschrift des § 1 fallende Betriebe. welche mit Unfallgefahr für die darin beschäftigten Personen nicht verknüpft sind, kann durch Beschluss des Bundesraths die Versicherungspflicht ausgeschlossen werden.

§ 2. Durch statutarische Bestimmung (§§ 16 ff.) kann die Versicherungspflicht auf Betriebsbeamte mit einem 2000 Mark übersteigenden Jahresarbeitsverdienst erstreckt werden.

Unternehmer der nach § 1 versicherungspflichtigen Betriebe sind, sofern ihr Jahreseinkommen 2000 Mark nicht übersteigt, berechtigt, sich nach Massgabe dieses Gesetzes auch für ihre Person zu versichern.

Ermittelung des Jahresarbeitsverdienstes.

§ 3. Als Gehalt oder Lohn im Sinne dieses Gesetzes gelten auch Tantièmen und Naturalbezüge. Der Werth der letzteren ist nach Ortsdurchschnittspreisen in Ansatz zu bringen.

Als Jahresarbeitsverdienst gilt, soweit sich derselbe nicht aus mindestens wochenweise fixirten Beträgen zusammensetzt, das Dreihundertfache des durchschnittlichen täglichen Arbeitsverdienstes. Für Arbeiter in Betrieben, in welchen die übliche Betriebsweise für den das ganze Jahr regelmässig beschäftigten Arbeiter eine höhere oder niedrigere Zahl von Arbeitstagen ergiebt, wird diese Zahl statt der Zahl 300 der Berechnung des Jahresarbeitsverdienstes zu Grunde gelegt.

Bei Personen, welche wegen noch nicht beendigter Ausbildung keinen oder einen geringen Lohn beziehen, gilt als Jahresarbeitsverdienst das Dreihundertfache des von der höheren Verwaltungsbehörde nach Anhörung der Gemeindebehörde für Erwachsene festgesetzten ortsüblichen Tagelohns gewöhnlicher Tagearbeiter (§ 8 des Gesetzes, betreffend die Krankenversicherung der Arbeiter, vom 15. Juni 1883); der hiernach in Ansatz zu bringende Jahresarbeitsverdienst darf jedoch den Betrag von 300 Mark nicht übersteigen.

Für die nach § 2 versicherten Betriebsunternehmer gilt als Jahreseinkommen der dreihundertfache Betrag des durchschnittlichen höchsten Tagelohns, welcher von der höheren Verwaltungsbehörde nach Anhörung der Gemeindebehörde für in Betrieben derselben Art beschäftigte Arbeiter festgestellt worden ist. Der auf diese Weise zum Ansatz kommende Betrag des Jahreseinkommens versicherter Betriebsunternehmer gilt im Sinne dieses Gesetzes als Lohn.

Reichs-, Staats- und Kommunalbeamte.

§ 4. Auf Beamte, welche in Betriebsverwaltungen des Reichs, eines Bundesstaats oder eines Kommunalverbandes mit festem Gehalt und Pensionsberechtigung angestellt sind, findet dieses Gesetz keine Anwendung.

Gegenstand der Versicherung und Umfang der Entschädigung.

§ 5. Gegenstand der Versicherung ist der nach Massgabe der nachfolgenden Bestimmungen zu bemessende Ersatz des Schadens, welcher durch Körperverletzung oder Tödtung entsteht.

Der Schadensersatz soll im Falle der Verletzung bestehen:

1. in den Kosten des Heilverfahrens, welche vom Beginn der vierzehnten Woche nach Eintritt des Unfalls an entstehen;
2. in einer dem Verletzten vom Beginn der vierzehnten Woche nach Eintritt des Unfalls an für die Dauer der Erwerbsunfähigkeit zu gewährenden Rente.

Die Rente ist nach Massgabe desjenigen Arbeitsverdienstes zu berechnen, den der Verletzte während des letzten Jahres seiner Beschäftigung in dem Betriebe, in welchem der Unfall sich ereignete, an Gehalt oder Lohn durchschnittlich für den Arbeitstag bezogen hat (§ 3), wobei der vier Mark übersteigende Betrag nur mit einem Drittel zur Anrechnung kommt.

War der Verletzte in dem Betriebe nicht ein volles Jahr, von dem Unfalle zurückgerechnet, beschäftigt, so ist der Betrag zu Grunde zu legen, welchen während dieses Zeitraums Arbeiter derselben Art in demselben Betriebe oder in benachbarten gleichartigen Betrieben durchschnittlich bezogen haben.

Erreicht dieser Arbeitsverdienst (Absatz 3 und 4) den von der höheren Verwaltungsbehörde nach Anhörung der Gemeindebehörde für Erwachsene festgesetzten ortsüblichen Tagelohn gewöhnlicher Tagearbeiter (§ 8 des Gesetzes, betreffend die Krankenversicherung der Arbeiter, vom 15. Juni 1883) nicht, so ist der letztere der Berechnung zu Grunde zu legen.

Die Rente beträgt:

a) im Falle völliger Erwerbsunfähigkeit für die Dauer derselben $66^2/_3$ % des Arbeitsverdienstes;
b) im Falle theilweiser Erwerbsunfähigkeit für die Dauer derselben einen Bruchtheil der Rente unter a, welcher nach dem Masse der verbliebenen Erwerbsfähigkeit zu bemessen ist, jedoch nicht mehr als 50 % des Arbeitsverdienstes betragen darf.

Dem Verletzten steht ein Anspruch nicht zu, wenn er den Betriebsunfall vorsätzlich herbeigeführt hat. Die Ansprüche der Hinterbliebenen (§ 6) werden hierdurch nicht berührt.

§ 6. Im Falle der Tödtung ist als Schadensersatz ausserdem zu leisten:

1. als Ersatz der Beerdigungskosten das Zwanzigfache des nach § 5 Absatz 3 bis 5 für den Arbeitstag ermittelten Verdienstes,
2. eine den Hinterbliebenen des Getödteten vom Todestage an zu gewährende Rente, welche nach den Vorschriften des § 5 Absatz 3 bis 5 zu berechnen ist.

Dieselbe beträgt:

a) für die Wittwe des Getödteten bis zu deren Tode oder Wiederverheirathung 20 %, für jedes hinterbliebene vaterlose Kind bis zu dessen zurückgelegtem fünfzehnten

Lebensjahre 10 % und, wenn das Kind auch mutterlos ist oder wird, 15 % des Arbeitsverdienstes.

Die Renten der Wittwen und der Kinder dürfen zusammen 50 % des Arbeitsverdienstes nicht übersteigen; ergiebt sich ein höherer Betrag, so werden die einzelnen Renten in gleichem Verhältnisse gekürzt.

Im Falle der Wiederverheirathung erhält die Wittwe den dreifachen Betrag ihrer Jahresrente als Abfindung.

Der Anspruch der Wittwe und ihrer Kinder ist ausgeschlossen, wenn die Ehe erst nach dem Unfalle geschlossen worden ist;

b) für Ascendenten des Verstorbenen, wenn dieser ihr einziger Ernährer war, für die Zeit bis zu ihrem Tode oder bis zum Wegfall der Bedürftigkeit 20 % des Arbeitsverdienstes.

Wenn mehrere der unter b) benannten Berechtigten vorhanden sind, so wird die Rente den Eltern vor den Grosseltern gewährt.

Wenn die unter b) bezeichneten mit den unter a) bezeichneten Berechtigten konkurriren, so haben die ersteren einen Anspruch nur, soweit für die letzteren der Höchstbetrag der Rente nicht in Anspruch genommen wird.

Die Hinterbliebenen eines Ausländers, welche zur Zeit des Unfalls nicht im Inlande wohnten, haben keinen Anspruch auf die Rente.

§ 7. An Stelle der im § 5 vorgeschriebenen Leistungen kann bis zum beendigten Heilverfahren freie Kur und Verpflegung in einem Krankenhause gewährt werden und zwar:

1. für Verunglückte, welche verheirathet sind oder bei einem Mitgliede ihrer Familie wohnen, wenn die Art der Verletzung Anforderungen an die Behandlung oder Verpflegung stellt, denen in der Familie nicht genügt werden kann,
2. für sonstige Verunglückte in allen Fällen.

Für die Zeit der Verpflegung des Verunglückten in dem Krankenhause steht den im § 6 Ziffer 2 bezeichneten Angehörigen desselben die daselbst angegebene Rente insoweit zu, als sie auf dieselbe im Falle des Todes des Verletzten einen Anspruch haben würden.

Verhältniss zu Krankenkassen, Armenverbänden etc.

§ 8. Die Verpflichtung der eingeschriebenen Hülfskassen, sowie der sonstigen Kranken-, Sterbe-, Invaliden- und anderen Unterstützungskassen, den von Betriebsunfällen betroffenen Arbeitern und Betriebsbeamten, sowie deren Angehörigen und Hinterbliebenen Unterstützungen zu gewähren, sowie die Verpflichtung von Gemeinden oder Armenverbänden zur Unterstützung hülfsbedürftiger Personen wird durch dieses Gesetz nicht berührt. Soweit auf Grund solcher Verpflichtung Unterstützungen in Fällen gewährt sind, in welchen dem Unterstützten nach Massgabe dieses Gesetzes ein Entschädigungsanspruch zusteht, geht der letztere bis zum Betrage der geleisteten Unterstützung auf die Kassen, die Gemeinden oder die Armenverbände über, von welchen die Unterstützung gewährt worden ist.

Das Gleiche gilt von den Betriebsunternehmern und Kassen, welche die den bezeichneten Gemeinden und Armenverbänden obliegende Verpflichtung zur Unterstützung auf Grund gesetzlicher Vorschrift erfüllt haben.

Träger der Versicherung. (Berufsgenossenschaften.)

§ 9. Die Versicherung erfolgt auf Gegenseitigkeit durch die Unternehmer der unter § 1 fallenden Betriebe, welche zu diesem Zweck in Berufsgenossenschaften vereinigt werden. Die Berufsgenossenschaften erstrecken sich, soweit nicht für einzelne Bezirke besondere Berufsgenossenschaften gebildet werden, über das ganze Reichsgebiet und umfassen innerhalb des betreffenden Gebietes alle Betriebe derjenigen Industriezweige, für welche sie errichtet sind.

Als Unternehmer gilt derjenige, für dessen Rechnung der Betrieb erfolgt.

Betriebe, welche wesentliche Bestandtheile verschiedenartiger Industriezweige umfassen, sind derjenigen Berufsgenossenschaft zuzutheilen, welcher der Hauptbetrieb angehört.

Die Berufsgenossenschaften haben die Rechte juristischer Personen.

Aufbringung der Mittel.

§ 10. Die Mittel zur Deckung der von den Berufsgenossenschaften zu leistenden Entschädigungsbeträge und der Verwaltungskosten werden durch Beiträge aufgebracht, welche von den Mitgliedern nach Massgabe der in ihren Betrieben von den Versicherten verdienten Löhne und Gehälter bezw. des Jahresarbeitsverdienstes noch nicht ausgebildeter Arbeiter und des Jahreseinkommens versicherter Betriebsunternehmer (§ 3 Abs. 3 und 4), sowie der statutenmässigen Gefahrentarife (§ 28) jährlich umgelegt werden.

Löhne und Gehälter, welche während der Beitragsperiode durchschnittlich den Satz von vier Mark täglich übersteigen, kommen mit dem vier Mark übersteigenden Betrage nur zu einem Drittel in Anrechnung.

Zu anderen Zwecken als zur Deckung der von der Genossenschaft zu leistenden Entschädigungsbeträge und der Verwaltungskosten, sowie zur Ansammlung des statutenmässigen Reservefonds (§ 19) dürfen weder Beiträge von den Mitgliedern der Genossenschaft erhoben werden, noch Verwendungen aus dem Vermögen der Genossenschaft erfolgen.

II. Bildung und Veränderung der Berufsgenossenschaften.

Ermittelung der versicherungspflichtigen Betriebe.

§ 11. Jeder Unternehmer eines unter den § 1 fallenden Betriebes hat den letzteren binnen einer von dem Reichs-Versicherungsamt zu bestimmenden und öffentlich bekannt zu machenden Frist unter Angabe des Gegenstandes und der Art desselben, sowie der Zahl der durchschnittlich darin beschäftigten versicherungspflichtigen Personen bei der unteren Verwaltungsbehörde anzumelden.

Für die nicht angemeldeten Betriebe hat die untere Verwaltungsbehörde die Angaben nach ihrer Kenntniss der Verhältnisse zu ergänzen.

Dieselbe ist befugt, die Unternehmer nicht angemeldeter Betriebe zu einer Auskunft darüber innerhalb einer zu bestimmenden Frist durch Geldstrafen im Betrage bis zu einhundert Mark anzuhalten.

Die untere Verwaltungsbehörde hat ein nach den Gruppen, Klassen und Ordnungen der Reich-Berufsstatistik geordnetes Verzeichniss sämmtlicher Betriebe ihres Bezirks unter Angabe des Gegenstandes und der Art des Betriebes, sowie der Zahl der darin beschäftigten versicherungspflichtigen Personen aufzustellen. Das Verzeichniss ist der höheren Verwaltungsbehörde einzureichen und von dieser erforderlichenfalls hinsichtlich der Einreihung der Betriebe in die Gruppen, Klassen und Ordnungen der Reichs-Berufsstatistik zu berichtigen.

Die höhere Verwaltungsbehörde hat ein gleiches Verzeichniss sämmtlicher versicherungspflichtigen Betriebe ihres Bezirks dem Reichs-Versicherungsamt einzureichen.

Freiwillige Bildung der Berufsgenossenschaften.

§ 12. Die Bildung der Berufsgenossenschaften erfolgt auf dem Wege der Vereinbarung der Betriebsunternehmer unter Zustimmung des Bundesraths. Die Zustimmung des Bundesraths kann versagt werden:

1. wenn die Anzahl der Betriebe, für welche die Berufsgenossenschaft gebildet werden soll, oder die Anzahl der in denselben beschäftigten Arbeiter zu gering ist, um die dauernde Leistungsfähigkeit der Berufsgenossenschaft in Bezug auf die bei der Unfallversicherung ihr obliegenden Pflichten zu gewährleisten;
2. wenn Betriebe von der Aufnahme in die Berufsgenossenschaft ausgeschlossen werden sollen, welche wegen ihrer geringen Zahl oder wegen der geringen Zahl der in ihnen beschäftigten Arbeiter eine eigene leistungsfähige

Berufsgenossenschaft zu bilden ausser Stande sind, und auch einer anderen Berufsgenossenschaft zweckmässig nicht zugetheilt werden können;

3. wenn eine Minderheit der Bildung der Berufsgenossenschaft widerspricht und für einzelne Industriezweige oder Bezirke eine besondere Berufsgenossenschaft zu bilden beantragt, welche als dauernd leistungsfähig zu erachten ist.

§ 13. Die Beschlussfassung über die Bildung der Berufsgenossenschaften erfolgt durch die zu diesem Zweck zu einer Generalversammlung zu berufenden Betriebsunternehmer mit Stimmenmehrheit.

Anträge auf Einberufung der Generalversammlung sind an das Reichs-Versicherungsamt zu richten; dasselbe hat, sofern es nicht den Fall des § 12 Ziffer 1 für vorliegend erachtet, den Anträgen stattzugeben, wenn dieselben innerhalb drei Monaten nach dem Inkrafttreten dieses Gesetzes und mindestens von dem zwanzigsten Theil der Unternehmer derjenigen Betriebe, für welche die Berufsgenossenschaft gebildet werden soll, oder von solchen Unternehmern, welche mindestens den zehnten Theil der in diesen Betrieben vorhandenen versicherungspflichtigen Personen beschäftigen, gestellt werden.

Erachtet das Reichs-Versicherungsamt die Voraussetzungen des § 12 Ziffer 1 für vorliegend, so ist von demselben die Entscheidung des Bundesraths einzuholen.

Findet das Reichs-Versicherungsamt bei der Prüfung von Anträgen auf Einberufung der Generalversammlung, dass der unter § 12 Ziffer 2 vorgesehene Fall vorliegt, so hat dasselbe die Unternehmer der dabei in Betracht kommenden Betriebe zum Zweck der Beschlussfassung über die Abgrenzung der Berufsgenossenschaft zu der Generalversammlung mit einzuladen.

§ 14. Auf Grund der unter § 11 erwähnten Verzeichnisse werden die Betriebsunternehmer von dem Reichs-Versicherungsamt unter Angabe der ihnen zustehenden Stimmenzahl zur Generalversammlung einzeln eingeladen.

Jeder Unternehmer oder Vertreter eines Betriebes, in welchem nicht mehr als 20 versicherungspflichtige Personen beschäftigt werden, hat eine, darüber hinaus bis zu 200 für je 20 und von 200 an für je 100 mehr beschäftigte Arbeiter eine weitere Stimme.

Abwesende Betriebsunternehmer können sich durch stimmberechtigte Berufsgenossen vertreten lassen.

Die Generalversammlung findet in Gegenwart eines Vertreters des Reichs-Versicherungsamts statt, welcher dieselbe zu eröffnen, die Wahl des aus einem Vorsitzenden, zwei Schriftführern und mindestens zwei Beisitzern bestehenden Vorstandes herbeizuführen und, bis dieselbe erfolgt ist, die Verhandlungen zu leiten hat.

Die Generalversammlung hat unter der Leitung ihres Vorstandes ausser über den auf Bildung der Berufsgenossenschaft gerichteten Antrag, welcher zu ihrer Einberufung Anlass gegeben hat, auch über die aus ihrer Mitte dazu etwa gestellten Abänderunganträge Beschluss zu fassen.

Auf Verlangen des Vertreters des Reichs-Versicherungsamts, welcher jederzeit gehört werden muss, erfolgt die Abstimmung über die in Bezug auf die Abgrenzung der Berufsgenossenschaft gestellten Anträge getrennt nach Industriezweigen oder Bezirken.

Ueber die Verhandlungen der Generalversammlung ist ein Protokoll aufzunehmen, welches die gestellten Anträge, sowie die gefassten Beschlüsse — letztere unter Angabe des Stimmverhältnisses sowie der Art der Abstimmung — enthalten muss. Das Protokoll ist innerhalb acht Tagen nach der Generalversammlung durch den Vorstand dem Reichs-Versicherungsamt einzureichen und demnächst dem Bundesrath (§ 12) vorzulegen.

Bildung der Berufsgenossenschaften durch den Bundesrath.

§ 15. Für diejenigen Industriezweige, für welche innerhalb der im § 13 festgesetzten Frist genügend unterstützte Anträge auf Einberufung der Generalversammlung zur freiwilligen Bildung einer Berufsgenossenschaft nicht gestellt worden sind, werden die Berufsgenossenschaften durch den Bundesrath nach Anhörung von Vertretern der betheiligten Industriezweige gebildet. Dasselbe geschieht, wenn den gestellten Anträgen in Rücksicht auf § 12 Ziffer 1 nicht stattgegeben, oder wenn den Beschlüssen, welche in einer nach § 14 berufenen Generalversammlung gefasst sind, die Genehmigung versagt worden ist, sofern nicht der Bundesrath den Betheiligten eine weitere Frist für die Fassung anderweiter Beschlüsse gewährt.

Die Beschlüsse des Bundesraths, durch welche Berufsgenossenschaften errichtet, sowie die beantragte Bildung freiwilliger Berufsgenossenschaften genehmigt werden, sind unter Bezeichnung der Bezirke und Industriezweige, für welche die einzelnen Berufsgenossenschaften gebildet sind, durch den Reichsanzeiger zu veröffentlichen.

Statut der Berufsgenossenschaften.

§ 16. Die Berufsgenossenschaften regeln ihre innere Verwaltung sowie ihre Geschäftsordnung durch ein von der Generalversammlung ihrer Mitglieder (Genossenschaftsversammlung) zu beschliessendes Statut. Bis zum Zustandekommen eines gültigen Genossenschaftsstatuts (§ 20) finden die in § 14 enthaltenen Bestimmungen über die Einladung zu der Generalversammlung, die Ausübung des Stimmrechts der Genossenschaftsmitglieder und die Betheiligung eines Vertreters des Reichs-Versicherungsamts an den Verhandlungen auch auf die Genossenschaftsversammlungen Anwendung.

Die Genossenschaftsversammlung wählt bei ihrem erstmaligen Zusammentreten einen aus einem Vorsitzenden, einem Schriftführer und mindestens drei Beisitzern bestehenden provisorischen Genossenschaftsvorstand, welcher bis zur statutenmässig erfolgten Vorstandswahl die Genossenschaftsversammlungen leitet und die Geschäfte der Genossenschaft führt.

Die Mitglieder der Berufsgenossenschaften können sich in der Genossenschaftsversammlung durch andere stimmberechtigte Mitglieder vertreten lassen.

§ 17. Das Genossenschaftsstatut muss Bestimmung treffen:

1. über Namen und Sitz der Genossenschaft,
2. über die Bildung des Genossenschaftsvorstandes und über den Umfang seiner Befugnisse,
3. über die Berufung der Genossenschaftsversammlung, sowie über die Art ihrer Beschlussfassung,
4. über das Stimmrecht der Mitglieder der Genossenschaft und die Prüfung ihrer Vollmachten,
5. über das von den Organen der Genossenschaft bei der Einschätzung der Betriebe in die Klassen des Gefahrentarifs zu beobachtende Verfahren (§ 28),
6. über das Verfahren bei Betriebsveränderungen (§§ 38, 39),
7. über die Folgen der Betriebseinstellungen, insbesondere über die Sicherstellung der Beiträge der Unternehmer, welche den Betrieb einstellen,
8. über die den Mitgliedern der Arbeiterausschüsse zu gewährenden Vergütungssätze (§ 44 Abs. 4),
9. über die Aufstellung, Prüfung und Abnahme der Jahresrechnung,
10. über die Ausübung der der Genossenschaft zustehenden Befugnisse zum Erlass von Vorschriften behufs der Unfallverhütung und zur Ueberwachung der Betriebe (§§ 78 ff.),
11. über die Anmeldung und das Ausscheiden der im § 2 bezeichneten Betriebsunternehmer,
12. über die Voraussetzungen einer Abänderung des Statuts.

§ 18. Das Statut kann die Zusammensetzung der Genossenschaftsversammlung aus Vertretern, die Eintheilung der Berufsgenossenschaft in örtlich abgegrenzte Sektionen, sowie die Einsetzung von Vertrauensmännern als örtliche Genossenschaftsorgane vorschreiben. Enthält dasselbe Vorschriften dieser Art, so ist darin zugleich über die Wahl der Vertreter, über Sitz und Bezirk der Sektionen, über die Bildung der Sektionsvorstände und über den Umfang ihrer Befugnisse, sowie über die Abgrenzung der Bezirke der Vertrauensmänner, die Wahl der letzteren und ihrer Stellvertreter und den Umfang ihrer Befugnisse Bestimmung zu treffen.

Die Abgrenzung der Bezirke der Vertrauensmänner, sowie die Wahl der letzteren und ihrer Stellvertreter kann von der Genossenschaftsversammlung dem Genossenschaftsvorstande übertragen werden.

§ 19. Durch das Statut kann die Ansammlung eines Reservefonds bis zur Höhe desjenigen Jahresbetrages, welchen die Genossenschaft an Beiträgen beim Eintritt des Beharrungszustandes aufzubringen hat, angeordnet werden. Wird die Ansammlung eines Reservefonds beschlossen, so hat das Statut zugleich darüber Bestimmung zu treffen, unter welchen Voraussetzungen die Zinsen des Reservefonds für die Deckung der der Genossenschaft obliegenden Lasten zu verwenden sind und der Kapitalbestand des Reservefonds angegriffen werden darf.

§ 20. Das Genossenschaftsstatut bedarf zu seiner Gültigkeit der Genehmigung des Reichsversicherungsamts.

Gegen die Entscheidung desselben, durch welche die Genehmigung versagt wird, findet binnen einer Frist von vier Wochen vom Tage der Zustellung an den provisorischen Genossenschaftsvorstand (§ 16) die Beschwerde an den Bundesrath statt.

Wird innerhalb dieser Frist die Beschwerde nicht eingelegt oder wird die Versagung der Genehmigung des Statuts vom Bundesrath aufrecht erhalten, so hat das Reichs-Versicherungsamt innerhalb vier Wochen die Mitglieder der Genossenschaft zu einer neuen Genossenschaftsversammlung behufs anderweiter Beschlussfassung über das Statut einzuladen. Wird auch dem von dieser Versammlung beschlossenen Statut die Genehmigung endgültig versagt, so wird ein solches von dem Reichs-Versicherungsamt erlassen.

Abänderungen des Statuts bedürfen der Genehmigung des Reichs-Versicherungsamts, gegen deren Versagung binnen einer Frist von vier Wochen die Beschwerde an den Bundesrath zulässig ist.

Veröffentlichung des Namens und Sitzes der Genossenschaft etc.

§ 21. Nach endgültiger Feststellung des Statuts hat der Genossenschaftsvorstand durch den Reichsanzeiger bekannt zu machen

1. den Namen und den Sitz der Genossenschaft,
2. die Bezirke der Sektionen und der Vertrauensmänner,
3. die Zusammensetzung des Genossenschaftsvorstandes und der Sektionsvorstände, sowie die Namen der Vertrauensmänner und ihrer Stellvertreter.

Etwaige Aenderungen sind in gleicher Weise zur öffentlichen Kenntniss zu bringen.

Genossenschaftsvorstände.

§ 22. Dem Genossenschaftsvorstande liegt die gesammte Verwaltung der Genossenschaft ob, soweit nicht einzelne Angelegenheiten durch Gesetz oder Statut der Beschlussnahme der Genossenschaftsversammlung vorbehalten oder anderen Organen der Genossenschaft übertragen sind.

Die Beschlussfassung der Vorstände kann in eiligen Fällen durch schriftliche Abstimmung erfolgen.

Der Beschlussnahme der Genossenschafts-Versammlung müssen vorbehalten werden:

1. die Wahl der Mitglieder des Genossenschaftsvorstandes,
2. die Prüfung und Abnahme der Jahresrechnung,
3. Abänderungen des Statuts.

§ 23. Die Genossenschaft wird durch ihren Vorstand gerichtlich und aussergerichtlich vertreten.

Durch die Geschäfte, welche der Vorstand der Genossenschaft und die Vorstände der Sektionen sowie die Vertrauensmänner innerhalb der Grenzen ihrer gesetzlichen und statutarischen Vollmacht im Namen der Genossenschaft abschliessen, wird die letztere berechtigt und verpflichtet.

Zur Legitimation der Vorstände bei Rechtsgeschäften genügt die Bescheinigung der höheren Verwaltungsbehörde, dass die darin bezeichneten Personen den Vorstand bilden.

§ 24. Wählbar zu Mitgliedern der Vorstände und zu Vertrauensmännern sind nur die stimmberechtigten Mitglieder der Genossenschaft, beziehungsweise deren gesetzliche Vertreter. Nicht wählbar ist, wer durch gerichtliche Anordnung in der Verfügung über sein Vermögen beschränkt ist.

Die Ablehnung der Wahl ist nur aus denselben Gründen zulässig, aus welchen das Amt eines Vormundes abgelehnt werden kann.

Genossenschaftsmitglieder, welche eine Wahl ohne solchen Grund ablehnen, können auf Beschluss der Genossenschaftsversammlung für die Dauer der Wahlperiode zu erhöhten Beiträgen bis zum doppelten Betrage herangezogen werden.

§ 25. Die Mitglieder der Vorstände und die Vertrauensmänner verwalten ihr Amt als unentgeltliches Ehrenamt. Baare Auslagen werden ihnen von der Genossenschaft ersetzt, und zwar, soweit sie in Reisekosten bestehen, nach festen, von der Genossenschaftsversammlung zu bestimmenden Sätzen.

§ 26. Die Mitglieder der Vorstände, sowie die Vertrauensmänner haften der Genossenschaft für getreue Geschäftsverwaltung, wie Vormünder ihren Mündeln.

Mitglieder der Vorstände, sowie Vertrauensmänner, welche absichtlich zum Nachtheil der Genossenschaft handeln, unterliegen der Strafbestimmung des § 266 des Strafgesetzbuchs.

§ 27. So lange die Wahl der gesetzlichen Organe einer Genossenschaft nicht zu Stande kommt, so lange ferner diese Organe die Erfüllung ihrer gesetzlichen oder statutarischen Obliegenheiten verweigern, hat das Reichs-Versicherungsamt die letzteren auf Kosten der Genossenschaft wahrzunehmen oder durch Beauftragte wahrnehmen zu lassen.

Bildung der Gefahrenklassen.

§ 28. Durch die Genossenschaftsversammlung sind für die zur Genossenschaft gehörigen Betriebe je nach dem Grade der mit denselben verbundenen Unfallgefahr entsprechende Gefahrenklassen zu bilden und über die Höhe der in denselben zu leistenden Beiträge (Gefahrentarif) Bestimmungen zu treffen.

Durch Beschluss der Genossenschaftsversammlung kann die Aufstellung und Aenderung des Gefahrentarifs einem Ausschuss oder dem Vorstande übertragen werden.

Die Aufstellung und Abänderung des Gefahrentarifs bedarf der Genehmigung des Reichs-Versicherungsamts. Wird ein Gefahrentarif von der Genossenschaft nicht aufgestellt, oder dem aufgestellten die Genehmigung versagt, so hat das Reichs-Versicherungsamt nach Anhörung der mit der Aufstellung beauftragten Organe der Genossenschaft den Tarif selbst festzusetzen.

Die Veranlagung der Betriebe zu den einzelnen Gefahrenklassen liegt nach näherer Bestimmung des Statuts (§ 17) den Organen der Genossenschaft ob. Gegen die Veranlagung steht dem Betriebsunternehmer binnen einer Frist von zwei Wochen die Beschwerde an das Reichs-Versicherungsamt zu.

Der Gefahrentarif ist nach Ablauf von längstens zwei Rechnungsjahren und sodann mindestens von fünf zu fünf Jahren einer Revision zu unterziehen. Die Ergebnisse derselben sind der Genossenschaftsversammlung zur Beschlussfassung über die Beibehaltung oder Aenderung der bisherigen Gefahrenklassen und Gefahrentarife vorzulegen. Die gefassten Beschlüsse bedürfen zu ihrer Gültigkeit der Genehmigung des Reichs-Versicherungsamts.

Theilung des Risikos.

§ 29. Durch das Statut kann vorgeschrieben werden, dass die Entschädigungsbeträge bis zu fünfzig Prozent von der Sektion zu tragen sind, in deren Bezirk die Unfälle eingetreten sind.

Die hiernach den Sektionen zur Last fallenden Beträge sind auf die Mitglieder derselben nach Massgabe der für die Genossenschaft festgesetzten Gefahrenklassen und der in diesen zu leistenden Beiträge (§§ 10, 28) umzulegen.

Gemeinsame Tragung des Risikos.

§ 30. Vereinbarungen von Genossenschaften, die von ihnen zu leistenden Entschädigungsbeträge ganz oder zum Theil gemeinsam zu tragen, sind zulässig. Derartige Vereinbarungen bedürfen zu ihrer Gültigkeit der Zustimmung der betheiligten Genossenschaftsversammlungen, sowie der Genehmigung des Reichs-Versicherungsamts. Dieselben dürfen nur mit dem Beginn eines neuen Rechnungsjahres in Wirksamkeit treten.

Die Vereinbarung hat sich darauf zu erstrecken, in welcher Weise der gemeinsam zu tragende Entschädigungsbetrag auf die betheiligten Genossenschaften zu vertheilen ist.

Ueber die Vertheilung des auf eine jede Genossenschaft entfallenden Antheils an der gemeinsam zu tragenden Entschädigung unter die Mitglieder der Genossenschaft entscheidet die Genossenschaftsversammlung. Mangels einer anderweiten Bestimmung erfolgt die Umlage dieses Betrages in gleicher Weise wie die der von der Genossenschaft nach Massgabe dieses Gesetzes zu leistenden Entschädigungsbeträge (§§ 10, 28).

Abänderung des Bestandes der Berufsgenossenschaften.

§ 31. Nach erfolgtem Abschluss der Organisation der Berufsgenossenschaften sind Aenderungen in dem Bestande der letzteren mit dem Beginn eines neuen Rechnungsjahres unter nachstehenden Voraussetzungen zulässig:

1. Die Vereinigung mehrerer Genossenschaften erfolgt auf übereinstimmenden Beschluss der Genossenschaftsversammlungen mit Genehmigung des Bundesraths.
2. Das Ausscheiden einzelner Industriezweige oder örtlich abgegrenzter Theile aus einer Genossenschaft und die Zutheilung derselben zu einer anderen Genossenschaft erfolgt auf Beschluss der betheiligten Genossenschaftsversammlungen mit Genehmigung des Bundesraths. Die Genehmigung kann versagt werden, wenn durch das Ausscheiden die Leistungsfähigkeit einer der betheiligten Genossenschaften in Bezug auf die ihr obliegenden Pflichten gefährdet wird.
3. Wird die Vereinigung mehrerer Genossenschaften oder das Ausscheiden einzelner Industriezweige oder örtlich abgegrenzter Theile aus einer Genossenschaft und die Zutheilung derselben zu einer anderen Genossenschaft auf Grund eines Genossenschaftsbeschlusses beantragt, dagegen von der anderen betheiligten Genossenschaft abgelehnt, so entscheidet auf Anrufen der Bundesrath.
4. Anträge auf Ausscheidung einzelner Industriezweige oder örtlich abgegrenzter Theile aus einer Genossenschaft und

Bildung einer besonderen Genossenschaft für dieselben sind zunächst der Beschlussfassung der Genossenschaftsversammlung zu unterbreiten und sodann dem Bundesrath zur Entscheidung vorzulegen. Die Genehmigung zur Bildung der neuen Genossenschaft kann versagt werden, wenn einer der in § 12 Ziffer 1 und 2 angegebenen Gründe vorliegt.

Wird die Genehmigung ertheilt, so erfolgt die Beschlussfassung über das Statut für die neue Genossenschaft nach Massgabe der Bestimmungen in den §§ 16 bis 20.

§ 32. Werden mehrere Genossenschaften zu einer Genossenschaft vereinigt, so gehen mit dem Zeitpunkte, zu welchem die Veränderung in Wirksamkeit tritt, alle Rechte und Pflichten der vereinigten Genossenschaften auf die neugebildete Genossenschaft über.

Wenn einzelne Industriezweige oder örtlich abgegrenzte Theile aus einer Genossenschaft ausscheiden und einer anderen Genossenschaft angeschlossen werden, so sind von dem Eintritt dieser Veränderung ab die Entschädigungsansprüche, welche gegen die erstere Genossenschaft aus den in Betrieben der ausscheidenden Genossenschaftstheile eingetretenen Unfällen erwachsen sind, von der Genossenschaft zu befriedigen, welcher die Genossenschaftstheile nunmehr angeschlossen sind.

Scheiden einzelne Industriezweige oder örtlich abgegrenzte Theile aus einer Genossenschaft unter Bildung einer neuen Genossenschaft aus, so sind von dem Zeitpunkt der Ausscheidung ab die Entschädigungsansprüche, welche gegen die erstere Genossenschaft aus den in Betrieben der ausscheidenden Genossenschaftstheile eingetretenen Unfällen erwachsen sind, von der neugebildeten Genossenschaft zu befriedigen.

Insoweit zufolge des Ausscheidens von Industriezweigen oder örtlich abgegrenzten Theilen Entschädigungsansprüche auf andere Genossenschaften übergehen, haben die letzteren Anspruch auf einen entsprechenden Theil des Vermögens derjenigen Genossenschaft, aus welcher die Ausscheidung stattfindet.

Die vorstehenden Bestimmungen können durch übereinstimmenden Beschluss der betheiligten Genossenschaftsversammlungen abgeändert oder ergänzt werden.

Streitigkeiten, welche in Betreff der Vermögensauseinandersetzung zwischen den betheiligten Genossenschaften entstehen, werden mangels Verständigung derselben über eine schiedsgerichtliche Entscheidung von dem Reichs-Versicherungsamt entschieden.

Auflösung von Berufsgenossenschaften.

§ 33. Berufsgenossenschaften, welche zur Erfüllung der ihnen durch dieses Gesetz auferlegten Verpflichtungen leistungsunfähig werden, können auf Antrag des Reichsversicherungsamts von dem Bundesrath aufgelöst werden. Diejenigen Industriezweige, welche die aufgelöste Genossenschaft gebildet haben, sind anderen Berufsgenossenschaften nach deren Anhörung zuzutheilen. Mit der Auflösung der Genossenschaft gehen deren Rechtsansprüche und Verpflichtungen auf das Reich über.

III. Mitgliedschaft des einzelnen Betriebes. Betriebsveränderungen.

Mitgliedschaft.

§ 34. Mitglied der Genossenschaft ist jeder Unternehmer eines im Bezirke derselben belegenen Betriebes derjenigen Industriezweige, für welche die Genossenschaft errichtet ist. Die Mitgliedschaft beginnt für die Unternehmer der zur Zeit des Inkrafttretens des Gesetzes versicherungspflichtigen Betriebe mit diesem Zeitpunkt, für die Unternehmer später entstehender oder versicherungspflichtig werdender Betriebe mit dem Zeitpunkt der Eröffnung bezw. des Beginns der Versicherungspflicht derselben.

Stimmberechtigt ist jedes Mitglied der Genossenschaft, sofern es sich im Besitz der bürgerlichen Ehrenrechte befindet.

Betriebsanmeldung.

§ 35. Der Betriebsunternehmer, welcher seinen Betrieb nicht bereits nach Massgabe des § 11 angemeldet hat, ist verpflichtet, binnen einer Woche, nachdem er Mitglied einer Genossenschaft geworden ist (§ 34), der unteren Verwaltungsbehörde, in deren Bezirk der Betrieb belegen ist, eine Anzeige zu erstatten, welche

1. den Gegenstand und die Art des Betriebes,
2. die Zahl der versicherten Personen,
3. die Berufsgenossenschaft, welcher der Betrieb angehört,
4. falls es sich um einen nach dem Inkrafttreten des Gesetzes neu begonnenen oder versicherungspflichtig gewordenen Betrieb handelt, den Tag der Eröffnung bezw. des Beginns der Versicherungspflicht

angiebt. Die Anzeige ist in zwei Exemplaren einzureichen. Ueber dieselbe ist eine Empfangsbescheinigung zu ertheilen.

Wird die Anzeige nicht rechtzeitig erstattet, so findet die Vorschrift des § 11 Absatz 3 Anwendung.

§ 36. Die untere Verwaltungsbehörde hat jeden in ihrem Bezirke belegenen Betrieb, über welchen die Anzeige (§ 35) erstattet ist, binnen einer Woche nach dem Eingange der letzteren durch Einsendung eines Exemplars derselben dem Vorstande der in der Anzeige bezeichneten Genossenschaft zu überweisen.

Gehört der Betrieb nach Ansicht der unteren Verwaltungsbehörde einer anderen als der in der Anzeige bezeichneten Genossenschaft an, so ist dem Vorstande dieser Genossenschaft, unter gleichzeitiger Benachrichtigung des Vorstandes der in der Anzeige bezeichneten Genossenschaft und des Betriebsunternehmers, eine Abschrift der Anzeige zuzustellen.

Für Betriebe, über welche eine Anzeige nicht erstattet ist, hat die untere Verwaltungsbehörde die Ueberweisung binnen einer Woche nach Ablauf der von ihr in Gemässheit des § 35 Absatz 2 bestimmten Frist dadurch zu bewirken, dass sie die in § 35 Ziffer 1 bis 4 bezeichneten Angaben selbst macht.

Genossenschaftskataster.

§ 37. Die Genossenschaftsvorstände haben auf Grund der von dem Reichs-Versicherungsamt ihnen mitzutheilenden Verzeichnisse der versicherungspflichtigen Betriebe (§ 11) und der später erfolgenden Ueberweisungen (§ 36) Genossenschaftskataster zu führen.

Die Aufnahme der einzelnen Genossen in das Kataster erfolgt nach vorgängiger Prüfung ihrer Zugehörigkeit zur Genossenschaft.

Den in das Kataster aufgenommenen Genossen werden vom Genossenschaftsvorstande durch Vermittelung der unteren Verwaltungsbehörde Mitgliedscheine zugestellt. Ist die Genossenschaft in Sektionen getheilt, so muss der Mitgliedschein die Sektion, welcher der Unternehmer angehört, bezeichnen. Wird die Aufnahme in das Kataster abgelehnt, so ist hierüber ein mit Gründen versehener Bescheid dem Betriebsunternehmer durch Vermittelung der unteren Verwaltungsbehörde zuzustellen.

Gegen die Aufnahme in das Kataster, sowie gegen die Ablehnung derselben steht dem Unternehmer binnen einer Frist von zwei Wochen nach erfolgter Zustellung des Mitgliedscheins bezw. des ablehnenden Bescheides die Beschwerde an das Reichs-Versicherungsamt zu. Dieselbe ist bei der unteren Verwaltungsbehörde einzulegen.

Wird gegen einen ablehnenden Bescheid von dem Betriebsunternehmer innerhalb der angegebenen Frist Beschwerde nicht erhoben, so hat die untere Verwaltungsbehörde den Fall dem Reichs-Versicherungsamt zur Entscheidung vorzulegen.

Wird in dem Falle des § 36 Absatz 2 die Mitgliedschaft des Unternehmers von dem Vorstande der in der Anzeige bezeichneten Genossenschaft anerkannt, so liegt diesem die Verpflichtung ob, hiervon dem Vorstande der anderen Genossenschaft Mittheilung zu machen. Letzterer ist berechtigt, innerhalb zwei Wochen nach dem Empfange der Mittheilung gegen die Anerkennung der Mitgliedschaft beim Reichs-Versicherungsamt die Beschwerde zu erheben.

Den Sektionsvorständen sind Auszüge aus dem Kataster in Betreff der zu ihren Sektionen gehörenden Unternehmer mitzutheilen.

Betriebsveränderungen.

§ 38. Jeder Betriebsunternehmer ist verpflichtet, Aenderungen seines Betriebes, welche für die Zugehörigkeit zu einer Genossenschaft von Bedeutung sind, dem Genossenschaftsvorstande binnen einer durch das Statut festzusetzenden Frist anzuzeigen. Erachtet letzterer in Folge dieser Anzeige, oder ohne den Empfang einer solchen von Amtswegen die Ueberweisung des Betriebes an eine andere Genossenschaft für geboten, so theilt er dies unter Angabe der Gründe dem Betriebsunternehmer durch Vermittelung der unteren Verwaltungsbehörde und dem betheiligten Genossenschaftsvorstande mit. Sowohl der letztere, als auch der Betriebsunternehmer können innerhalb zwei Wochen gegen die Ueberweisung bei dem überweisenden Genossenschaftsvorstande Widerspruch erheben.

Wird innerhalb dieser Frist kein Widerspruch erhoben, so erfolgt die Ab- bezw. Zuschreibung des Betriebes in den Genossenschaftskatastern, sowie die Ausstellung eines anderweiten Mitgliedscheins für den Betriebsunternehmer.

Wird gegen die Ueberweisung Widerspruch erhoben, oder beansprucht der Vorstand einer dritten Genossenschaft unter dem Widerspruch des Betriebsunternehmers oder des Vorstandes der Genossenschaft, welcher der Betrieb bisher angehörte, die Ueberweisung des letzteren, so hat der Vorstand der Genossenschaft, welcher der Betrieb bisher angehört hat, die Entscheidung des Reichs-Versicherungsamts zu beantragen. Dasselbe entscheidet nach Anhörung des betheiligten Betriebsunternehmers, sowie der Vorstände der betheiligten Genossenschaften.

Wird dem Ueberweisungsantrag stattgegeben, so tritt die Aenderung in der Zugehörigkeit zur Genossenschaft von dem Tage ab in Wirksamkeit, an welchem der Antrag dem betheiligten Genossenschaftsvorstande zugestellt ist.

§ 39. In Betreff der Anmeldung von Aenderungen in dem Betriebe, welche für dessen Einschätzung in den Gefahrentarif (§ 28) von Bedeutung sind, sowie in Betreff des weiteren Verfahrens hat das Genossenschaftsstatut Bestimmung zu treffen. Gegen den auf die Anmeldung der Aenderung oder von Amtswegen erfolgenden Bescheid des Genossenschaftsvorstandes oder des Ausschusses (§ 28) steht dem Betriebsunternehmer binnen einer Frist von zwei Wochen die Beschwerde an das Reichs-Versicherungsamt zu.

§ 40. Binnen vier Wochen nach Ablauf des Rechnungsjahres hat der Genossenschaftsvorstand ein Verzeichniss der beim Schlusse des Rechnungsjahres zur Genossenschaft gehörenden Mitglieder dem Reichs-Versicherungsamt nach einem von diesem vorzuschreibenden Formular einzureichen. Ein gleiches Verzeichniss ist binnen derselben Frist der höheren

Verwaltungsbehörde, sowie jedem Mitgliede der Genossenschaft mitzutheilen.

Das Reichs-Versicherungsamt kann den Vorstand von diesen Verpflichtungen ganz oder theilweise entbinden.

IV. Arbeiterausschüsse und Schiedsgerichte.

Arbeiterausschüsse.

§ 41. Zum Zweck der Wahl von Beisitzern zum Schiedsgericht (§ 46), der Mitwirkung bei der Untersuchung von Unfällen (§ 54), der Begutachtung der zur Verhütung von Unfällen zu erlassenden Vorschriften (§§ 78, 81) und der Theilnahme an der Wahl zweier nichtständiger Mitglieder des Reichs-Versicherungsamts (§ 87) wird für jede Genossenschaftssektion, und, sofern die Genossenschaft nicht in Sektionen getheilt ist, für die Genossenschaft ein Arbeiterausschuss errichtet.

Der Bundesrath kann anordnen, dass statt eines Arbeiterausschusses deren mehrere nach Bezirken gebildet werden.

§ 42. Der Arbeiterausschuss besteht aus Vertretern derjenigen Orts- und Betriebs-(Fabrik)-Krankenkassen, sowie derjenigen Knappschaftskassen, welche im Bezirke des Ausschusses ihren Sitz haben und welchen mindestens zehn in den Betrieben der Genossenschaftsmitglieder beschäftigte versicherte Personen angehören.

Die Wahl erfolgt durch die Vorstände der bezeichneten Kassen unter Ausschluss der denselben angehörenden Vertreter der Arbeitgeber. Wählbar sind nur männliche, grossjährige Vorstandsmitglieder, welche in Betrieben der Genossenschaftsmitglieder und im Bezirke des Ausschusses beschäftigt sind, sich im Besitze der bürgerlichen Ehrenrechte befinden und nicht durch richterliche Anordnung in der Verfügung über ihr Vermögen beschränkt sind.

§ 43. Der Arbeiterausschuss soll aus mindestens neun und höchstens einundzwanzig Mitgliedern bestehen. Innerhalb dieser Grenzen wird die Anzahl der Mitglieder und deren Vertheilung auf örtlich abzugrenzende Theile der Genossenschaft mittelst eines Regulativs bestimmt, welches durch das Reichs-Versicherungsamt oder, sofern es sich um den Arbeiterausschuss einer Sektion handelt, welche über die Grenzen eines Landes nicht hinausgeht, durch die Landes-Zentralbehörde oder die von derselben zu bestimmende höhere Verwaltungsbehörde zu erlassen ist.

§ 44. Die Wahl der Ausschussmitglieder erfolgt nach näherer Bestimmung des Regulativs unter der Leitung eines Vertreters derjenigen Behörde, von welcher das Regulativ erlassen worden ist.

Für jedes Ausschussmitglied sind ein erster und ein zweiter Stellvertreter zu wählen, welche dasselbe in Behinderungsfällen zu vertreten und im Falle des Ausscheidens für den Rest der Wahlperiode in der Reihenfolge ihrer Wahl als Mitglied einzutreten haben.

Die Wahl erfolgt auf vier Jahre. Alle zwei Jahre scheidet die Hälfte der Ausschussmitglieder und Stellvertreter aus. Die erstmalig Ausscheidenden werden durch das Loos bestimmt, demnächst entscheidet das Dienstalter.

Die Ausschussmitglieder erhalten aus der Genossenschaftskasse auf Anweisung des Genossenschaftsvorstandes nach den durch das Genossenschaftsstatut zu bestimmenden Sätzen Ersatz für nothwendige baare Auslagen und entgangenen Arbeitsverdienst. Gegen die Anweisung ist die Beschwerde an diejenige Behörde, welche das Regulativ erlassen hat (§ 43), zulässig. Dieselbe entscheidet endgültig.

Gruppen der Arbeiterausschüsse.

§ 45. Durch das in § 43 bezeichnete Regulativ kann der Arbeiterausschuss nach örtlicher Begrenzung in Gruppen getheilt werden.

Die Ausschüsse und deren Gruppen wählen einen Vorsitzenden aus der Mitte ihrer Mitglieder. Sie fassen ihre Beschlüsse nach Stimmenmehrheit. Bei Stimmengleichheit entscheidet der Vorsitzende.

Die Ausschüsse oder, sofern dieselben in Gruppen getheilt sind, die Gruppen wählen alljährlich aus ihrer Mitte zum Zwecke der Theilnahme an den Unfalluntersuchungen (§ 54) für bestimmte Bezirke je einen Vertreter, dessen Name und Wohnort den betheiligten Ortspolizeibehörden mitzutheilen ist.

Die näheren Vorschriften über den Sitz und die Geschäftsführung der Ausschüsse und ihrer Gruppen werden im übrigen durch das Regulativ bestimmt, welches so lange in Kraft bleibt, bis Aenderungen desselben bei der im § 43 bezeichneten Behörde beantragt und von derselben genehmigt worden sind.

Schiedsgerichte.

§ 46. Für jeden Bezirk, für welchen ein Arbeiterausschuss gebildet ist (§ 41), wird ein Schiedsgericht errichtet.

Der Sitz des Schiedsgerichts wird von der Zentralbehörde des Bundesstaats, zu welchem der Bezirk desselben gehört, oder, sofern der Bezirk über die Grenzen eines Bundesstaats hinausgeht, im Einvernehmen mit den betheiligten Zentralbehörden von dem Reichs-Versicherungsamt bestimmt.

§ 47. Jedes Schiedsgericht besteht aus einem ständigen Vorsitzenden und aus vier Beisitzern.

Der Vorsitzende wird aus der Zahl der öffentlichen Beamten von der Zentralbehörde des Landes, in welchem der Sitz des

Schiedsgerichts belegen ist, ernannt. Für den Vorsitzenden ist in gleicher Weise ein Stellvertreter zu ernennen, welcher ihn in Behinderungsfällen vertritt.

Zwei Beisitzer werden von der Genossenschaft oder, sofern die Genossenschaft in Sektionen getheilt ist, von der betheiligten Sektion aus den nicht dem Vorstande der Genossenschaft oder dem Vorstande der Sektion oder den Vertrauensmännern angehörenden stimmberechtigten und nicht durch richterliche Anordnung in der Verfügung über ihr Vermögen beschränkten Mitgliedern der Genossenschaft gewählt.

Die beiden anderen Beisitzer werden vom Arbeiterausschusse aus seiner Mitte gewählt.

Für jeden Beisitzer sind ein erster und ein zweiter Stellvertreter zu wählen, welche ihn in Behinderungsfällen zu vertreten haben.

Die Beisitzer und Stellvertreter werden auf vier Jahre gewählt. Alle zwei Jahre scheidet die Hälfte der Ausschussmitglieder und Stellvertreter aus. Die erstmalig Ausscheidenden werden durch das Loos bestimmt, demnächst entscheidet das Dienstalter. Scheidet ein Beisitzer während der Wahlperiode aus, so treten für den Rest derselben die Stellvertreter in der Reihenfolge ihrer Wahl für ihn ein.

Die Wahl der von den Versicherten zu wählenden Beisitzer und Stellvertreter ist durch das nach Vorschrift des § 43 zu erlassende Regulativ zu regeln.

§ 48. Der Name und Wohnort des Vorsitzenden, sowie der Mitglieder des Schiedsgerichts und der Stellvertreter derselben ist von der Landeszentralbehörde (§ 47 Absatz 2) in dem zu deren amtlichen Veröffentlichungen bestimmten Blatte öffentlich bekannt zu machen.

§ 49. Der Vorsitzende und dessen Stellvertreter, die Beisitzer und deren Stellvertreter sind mit Beziehung auf ihr Amt zu beeidigen.

Auf das Amt der Beisitzer des Schiedsgerichts finden die Bestimmungen der §§ 24 Absatz 2 und 25 Anwendung. Die von den Arbeiterausschüssen gewählten Beisitzer erhalten nach den durch das Genossenschaftsstatut zu bestimmenden Sätzen Ersatz für den ihnen in Folge ihrer Theilnahme an den Verhandlungen entgangenen Arbeitsverdienst. Die Festsetzung des Ersatzes, sowie der baaren Auslagen erfolgt durch den Vorsitzenden.

Die Behörde, welche das in § 43 vorgesehene Regulativ erlassen hat, ist berechtigt, die Uebernahme und die Obliegenheiten des Amts eines Beisitzers oder Stellvertreters durch Geldstrafen bis zu fünfhundert Mark gegen die ohne gesetzlichen Grund sich Weigernden zu erzwingen. Die Geldstrafen fliessen zur Genossenschaftskasse.

Verweigern die Gewählten gleichwohl ihre Dienstleistung, oder kommt eine Wahl nicht zu Stande, so hat, so lange und so weit dies der Fall ist, die untere Verwaltungsbehörde, in deren Bezirk der Sitz des Schiedsgerichts belegen ist, die Beisitzer aus der Zahl der Arbeitgeber und Arbeitnehmer zu ernennen.

Verfahren vor dem Schiedsgericht.

§ 50. Der Vorsitzende beruft das Schiedsgericht und leitet die Verhandlungen desselben. Das Schiedsgericht ist befugt, denjenigen Theil des Betriebes, in welchem der Unfall vorgekommen ist, in Augenschein zu nehmen, sowie Zeugen und Sachverständige — auch eidlich — zu vernehmen.

Das Schiedsgericht ist nur beschlussfähig, wenn ausser dem Vorsitzenden eine gleiche Anzahl von Arbeitgebern und Arbeitnehmern und zwar mindestens je einer als Beisitzer mitwirken.

Die Entscheidungen des Schiedsgerichts erfolgen nach Stimmenmehrheit.

Im übrigen wird das Verfahren vor dem Schiedsgericht durch Kaiserliche Verordnung mit Zustimmung des Bundesraths geregelt.

Die Kosten des Schiedsgerichts, sowie die Kosten des Verfahrens vor demselben trägt die Genossenschaft.

Dem Vorsitzenden des Schiedsgerichts und dessen Stellvertreter darf eine Vergütung von der Genossenschaft nicht gewährt werden.

V. Feststellung und Auszahlung der Entschädigungen.

Anzeige und Untersuchung der Unfälle.

§ 51. Von jedem in einem versicherten Betriebe vorkommenden Unfall, durch welchen eine in demselben beschäftigte Person getödtet wird oder eine Körperverletzung erleidet, welche eine Arbeitsunfähigkeit von mehr als drei Tagen oder den Tod zur Folge hat, ist von dem Betriebsunternehmer bei der Ortspolizeibehörde schriftliche Anzeige zu erstatten.

Dieselbe muss binnen zwei Tagen nach dem Tage erfolgen, an welchem der Betriebsunternehmer von dem Unfall Kenntniss erlangt hat.

Für den Betriebsunternehmer kann derjenige, welcher zur Zeit des Unfalls den Betrieb oder den Betriebstheil, in welchem sich der Unfall ereignete, zu leiten hatte, die Anzeige erstatten; im Falle der Abwesenheit oder Behinderung des Betriebsunternehmers ist er dazu verpflichtet.

Das Formular für die Anzeige wird vom Reichs-Versicherungsamt festgestellt.

Die Vorstände der unter Reichs- oder Staatsverwaltung stehenden Betriebe haben die in Absatz 1 vorgeschriebene Anzeige der vorgesetzten Dienstbehörde nach näherer Anweisung derselben zu erstatten.

§ 52. Die Ortspolizeibehörden, im Falle des § 51 Absatz 5 die Betriebsvorstände, haben über die zur Anzeige gelangenden Unfälle ein Unfallverzeichniss zu führen.

§ 53. Jeder zur Anzeige gelangte Unfall, durch welchen eine versicherte Person getödtet ist oder eine Körperverletzung erlitten hat, die voraussichtlich den Tod oder eine Erwerbsunfähigkeit von mehr als dreizehn Wochen zur Folge haben wird, ist von der Ortspolizeibehörde sobald wie möglich einer Untersuchung zu unterziehen, durch welche festzustellen sind:

1. die Veranlassung und Art des Unfalls,
2. die getödeten oder verletzten Personen,
3. die Art der vorgekommenen Verletzungen,
4. der Verbleib der verletzten Personen,
5. die Hinterbliebenen der durch den Unfall getödteten Personen, welche nach § 6 dieses Gesetzes einen Entschädigungsanspruch erheben können.

§ 54. Vertreter der Genossenschaft, der Vertreter des Arbeiterausschusses bezw. der Ausschussgruppe (§ 45 Absatz 3) und der Betriebsunternehmer, letzterer entweder in Person oder durch einen Vertreter, können an den Untersuchungsverhandlungen theilnehmen. Zu diesem Zwecke ist dem Genossenschaftsvorstande, dem Vertreter des Arbeiterausschusses bezw. der Ausschussgruppe und dem Betriebsunternehmer von der Einleitung der Untersuchung rechtzeitig Kenntniss zu geben. Ist die Genossenschaft in Sektionen getheilt, oder sind von der Genossenschaft Vertrauensmänner bestellt, so ist die Mittheilung von der Einleitung der Untersuchung an den Sektionsvorstand bezw. an den Vertrauensmann zu richten.

Ausserdem sind, soweit thunlich, die sonstigen Betheiligten und auf Antrag und Kosten der Genossenschaft Sachverständige zuzuziehen.

§ 55. Die Festsetzung der Vergütung, welche dem bei der Untersuchung des Unfalls zugezogenen Vertreter des Arbeiterausschusses bezw. der Ausschussgruppe gemäss § 44 Absatz 4 zusteht, erfolgt durch die Ortspolizeibehörde.

Von dem über die Untersuchung aufgenommenen Protokolle, sowie von den sonstigen Untersuchungsverhandlungen ist den Betheiligten auf ihren Antrag Einsicht und gegen Erstattung der Schreibgebühren Abschrift zu ertheilen.

§ 56. Bei den in § 51 Absatz 5 bezeichneten Betrieben bestimmt die vorgesetzte Dienstbehörde diejenige Behörde, welche die Untersuchung nach den Bestimmungen der §§ 53 bis 55 vorzunehmen und die Vergütung für den Vertreter des Arbeiterausschusses festzusetzen hat.

Entscheidung der Vorstände.

§ 57. Die Feststellung der Entschädigungen für die durch Unfall verletzten Versicherten und für die Hinterbliebenen der durch Unfall getödteten Versicherten erfolgt

1. sofern die Genossenschaft in Sektionen eingetheilt ist, durch den Vorstand der Sektion, wenn es sich handelt
   a) um den Ersatz der Kosten des Heilverfahrens,
   b) um die für die Dauer einer voraussichtlich vorübergehenden Erwerbsunfähigkeit zu gewährende Rente,
   c) um den Ersatz der Beerdigungskosten,
2. in allen übrigen Fällen durch den Vorstand der Genossenschaft.

Das Genossenschaftsstatut kann bestimmen, dass die Feststellung der Entschädigungen in den Fällen der Ziffer 1 und 2 durch einen Ausschuss des Sektionsvorstandes oder durch eine besondere Kommission oder durch örtliche Beauftragte (Vertrauensmänner) und in den Fällen der Ziffer 2 auch durch den Sektionsvorstand oder durch einen Ausschuss des Genossenschaftsvorstandes zu bewirken ist.

Vor der Feststellung der Entschädigung ist dem Entschädigungsberechtigten durch Mittheilung der Unterlagen, auf Grund deren dieselbe zu bemessen ist, Gelegenheit zu geben, sich binnen einer Frist von einer Woche zu äussern.

§ 58. Sind versicherte Personen in Folge des Unfalls getödtet, so haben die im § 57 bezeichneten Genossenschaftsorgane sofort nach Abschluss der Untersuchung (§§ 53 bis 56) oder, falls der Tod erst später eintritt, sobald sie von demselben Kenntniss erlangt haben, die Feststellung der Entschädigung vorzunehmen.

Sind versicherte Personen in Folge des Unfalls körperlich verletzt, so ist sobald als möglich die ihnen zu gewährende Entschädigung festzustellen.

Für diejenigen verletzten Personen, für welche noch nach Ablauf von dreizehn Wochen eine weitere ärztliche Behandlung behufs Heilung der erlittenen Verletzungen nöthwendig ist, hat sich die Feststellung zunächst mindestens auf die bis zur Beendigung des Heilverfahrens zu leistenden Entschädigungen zu erstrecken. Die weitere Entschädigung ist, sofern deren Feststellung früher nicht möglich ist, nach Beendigung des Heilverfahrens unverzüglich zu bewirken.

§ 59. Entschädigungsberechtigte, für welche die Entschädigung nicht von Amtswegen festgestellt ist, haben ihren Entschädigungsanspruch bei Vermeidung des Ausschlusses vor Ablauf eines Jahres nach dem Eintritt des Unfalls bei dem zuständigen Vorstande anzumelden.

Wird der angemeldete Entschädigungsanspruch anerkannt, so ist die Höhe der Entschädigung sofort festzustellen; anderenfalls ist der Entschädigungsanspruch durch schriftlichen Bescheid abzulehnen.

Ereignete sich der Unfall, in Folge dessen der Entschädigungsanspruch erhoben wird, in einem Betriebe, für welchen ein Mitgliedschein von einer Genossenschaft nicht ertheilt war, so hat die Anmeldung des Entschädigungsanspruchs bei der unteren Verwaltungsbehörde zu erfolgen, in deren Bezirk der Betrieb belegen ist. Dieselbe hat den Entschädigungsanspruch mittelst Bescheides zurückzuweisen, wenn sie den Betrieb, in welchem der Unfall sich ereignet hat, für nicht unter den § 1 fallend erachtet; anderenfalls hat sie die Feststellung der Genossenschaft, welcher der Betrieb angehört, nach Massgabe der §§ 34 bis 37 herbeizuführen, und, nachdem diese Feststellung erfolgt ist, den angemeldeten Entschädigungsanspruch dem zuständigen Vorstande zur weiteren Veranlassung zu überweisen, auch dem Entschädigungsberechtigten hiervon schriftlich Nachricht zu geben.

§ 60. Die Mitglieder der Genossenschaften sind verpflichtet, auf Erfordern der Behörden und Vorstände (Vertrauensmänner) (§ 57) binnen einer Woche diejenigen Lohn- und Gehaltsnachweisungen zu liefern, welche zur Feststellung der Entschädigung erforderlich sind.

§ 61. Ueber die Feststellung der Entschädigung hat der Vorstand (Ausschuss, Vertrauensmann), welcher dieselbe vorgenommen hat, dem Entschädigungsberechtigten einen schriftlichen Bescheid zu ertheilen, aus welchem die Höhe der Entschädigung und die Art ihrer Berechnung zu ersehen ist. Bei Entschädigungen für erwerbsunfähig gewordene Verletzte ist namentlich anzugeben, in welchem Masse die Erwerbsunfähigkeit angenommen worden ist.

Berufung gegen die Entscheidung der Behörden und Genossenschaftsorgane.

§ 62. Gegen den Bescheid der unteren Verwaltungsbehörde, durch welchen der Entschädigungsanspruch aus dem Grunde abgelehnt wird, weil der Betrieb, in welchem der Unfall sich ereignet hat, für nicht unter den § 1 fallend erachtet wird (§ 59 Absatz 3), steht dem Verletzten und seinen Hinterbliebenen die Beschwerde an das Reichsversicherungsamt zu. Dieselbe ist binnen vier Wochen nach der Zustellung des ablehnenden Bescheides bei der unteren Verwaltungsbehörde einzulegen.

Gegen den Bescheid, durch welchen der Entschädigungsanspruch aus einem anderen als dem vorbezeichneten Grunde abgelehnt wird (§ 59 Absatz 2), sowie gegen den Bescheid, durch welchen die Entschädigung festgestellt wird (§ 61), findet die Berufung auf schiedsrichterliche Entscheidung statt.

Die Berufung ist bei Vermeidung des Ausschlusses binnen vier Wochen nach der Zustellung des Bescheides bei dem Vorsitzenden desjenigen Schiedsgerichts (§ 47) zu erheben, in dessen Bezirk der Betrieb, in welchem der Unfall sich ereignet hat, belegen ist.

Die Berufung hat keine aufschiebende Wirkung.

Entscheidung des Schiedsgerichts. Rekurs an das Reichs-Versicherungsamt.

§ 63. Die Entscheidung des Schiedsgerichts ist dem Berufenden und demjenigen Genossenschaftsorgane, welches den angefochtenen Bescheid erlassen hat, zuzustellen. Gegen die Entscheidung steht in den Fällen des § 57 Ziffer 2 dem Verletzten oder dessen Hinterbliebenen, sowie dem Genossenschaftsvorstande binnen einer Frist von vier Wochen nach der Zustellung der Entscheidung der Rekurs an das Reichsversicherungsamt zu. Derselbe hat keine aufschiebende Wirkung.

Bildet in dem Falle des § 6 Ziffer 2 die Anerkennung oder Nichtanerkennung des Rechtsverhältnisses zwischen dem Getödteten und dem die Entschädigung Beanspruchenden die Voraussetzung des Entschädigungsanspruchs, so kann das Schiedsgericht den Betheiligten aufgeben, zuvörderst die Feststellung des betreffenden Rechtsverhältnisses im ordentlichen Rechtswege herbeizuführen. In diesem Falle ist die Klage bei Vermeidung des Ausschlusses des Entschädigungsanspruchs binnen einer vom Schiedsgericht zu bestimmenden, mindestens auf vier Wochen zu bemessenden Frist nach der Zustellung des hierüber ertheilten Bescheides des Schiedsgerichts zu erheben.

Nach erfolgter rechtskräftiger Entscheidung des Gerichts hat das Schiedsgericht auf erneuten Antrag über den Entschädigungsanspruch zu entscheiden.

Berechtigungsausweis.

§ 64. Nach erfolgter Feststellung der Entschädigung (§ 57) ist dem Berechtigten von Seiten des Genossenschaftsvorstandes eine Bescheinigung über die ihm zustehenden Bezüge unter Angabe der mit der Zahlung beauftragten Postanstalt (§ 69) und der Zahlungstermine auszufertigen.

Wird in Folge des schiedsgerichtlichen Verfahrens der Betrag der Entschädigung geändert, so ist dem Entschädigungsberechtigten ein anderweiter Berechtigungsausweis zu ertheilen.

Veränderung der Verhältnisse.

§ 65. Tritt in den Verhältnissen, welche für die Feststellung der Entschädigung massgebend gewesen sind, eine wesentliche Veränderung ein, so kann eine anderweitige Feststellung derselben auf Antrag oder von Amtswegen erfolgen.

Ist der Verletzte, für welchen eine Entschädigung auf Grund des § 5 festgestellt war, in Folge der Verletzung gestorben, so muss der Antrag auf Gewährung einer Entschädigung für die Hinterbliebenen, falls deren Feststellung nicht von Amtswegen erfolgt ist, bei Vermeidung des Ausschlusses, vor Ablauf eines Jahres nach dem Tode des Verletzten bei dem zuständigen Vorstande angemeldet werden. Im Uebrigen finden auf das Verfahren die Vorschriften der §§ 57 bis 64 entsprechende Anwendung.

Eine Erhöhung der in § 5 bestimmten Rente kann nur für die Zeit nach Anmeldung des höheren Anspruchs gefordert werden.

Eine Minderung oder Aufhebung der Rente tritt von dem Tage ab in Wirksamkeit, an welchem der dieselbe aussprechende Bescheid (§ 61) den Entschädigungsberechtigten zugestellt ist.

Fälligkeitstermine.

§ 66. Die Kosten des Heilverfahrens (§ 5 Ziffer 1) und die Kosten der Beerdigung (§ 6 Ziffer 1) sind binnen acht Tagen nach ihrer Feststellung (§ 57) zu zahlen.

Die Entschädigungsrenten der Verletzten und der Hinterbliebenen der Getödteten sind in monatlichen Raten im voraus zu zahlen.

Ins Ausland verzogene und ausländische Entschädigungsberechtigte.

§ 67. Die Berechtigung zum Bezug der Entschädigungsrenten ruht, so lange der Berechtigte nicht im Inlande wohnt.

Ist der Berechtigte ein Ausländer, und verlässt derselbe dauernd das Reichsgebiet, so kann ihn die Genossenschaft für seinen Entschädigungsanspruch mit dem dreifachen Betrag der Jahresrente abfinden.

Unpfändbarkeit der Entschädigungsforderungen.

§ 68. Die den Entschädigungsberechtigten auf Grund dieses Gesetzes zustehenden Forderungen können mit rechtlicher Wirkung weder verpfändet, noch auf Dritte übertragen, noch für andere als die im § 749 Absatz 4 der Civilprozessordnung bezeichneten Forderungen der Ehefrau und ehelichen Kinder und die des ersatzberechtigten Armenverbandes gepfändet werden.

Auszahlungen durch die Post.

§ 69. Die Auszahlung der auf Grund dieses Gesetzes zu leistenden Entschädigungen wird auf Anweisung des Genossenschaftsvorstandes vorschussweise durch die Postverwaltungen und zwar in der Regel durch dasjenige Postamt, in dessen

Bezirk der Entschädigungsberechtigte zur Zeit des Unfalls seinen Wohnsitz hatte, bewirkt.

Verlegt der Entschädigungsberechtigte seinen Wohnsitz, so hat er die Ueberweisung der Auszahlung der ihm zustehenden Entschädigung an das Postamt seines neuen Wohnorts bei dem Vorstande, von welchem die Zahlungsanweisung erlassen worden ist, zu beantragen.

Liquidationen der Post.

§ 70. Binnen acht Wochen nach Ablauf jedes Rechnungsjahres haben die Zentral-Postbehörden den einzelnen Genossenschaftsvorständen Nachweisungen der auf Anweisung der Vorstände geleisteten Zahlungen zuzustellen und gleichzeitig die Postkassen zu bezeichnen, an welche die zu erstattenden Beträge einzuzahlen sind.

Umlage- und Erhebungsverfahren.

§ 71. Die von den Zentral-Postverwaltungen zur Erstattung liquidirten Beträge sind von den Genossenschaftsvorständen gleichzeitig mit den Verwaltungskosten unter Berücksichtigung der auf Grund der §§ 29 und 30 etwa vorliegenden Verpflichtungen oder Berechtigungen nach dem festgestellten Vertheilungsmassstab auf die Genossenschaftsmitglieder umzulegen und von denselben einzuziehen.

Zu diesem Zweck hat jedes Mitglied der Genossenschaft binnen vier Wochen nach Ablauf des Rechnungsjahres dem Genossenschaftsvorstande eine Nachweisung einzureichen, welche enthält:

1. die während des abgelaufenen Rechnungsjahres im Betriebe beschäftigten versicherten Personen und die von denselben verdienten Löhne und Gehälter,
2. eine Berechnung der bei der Umlegung der Beiträge in Anrechnung zu bringenden Beträge der Löhne und Gehälter,
3. die Gefahrenklasse, in welche der Betrieb eingeschätzt worden ist (§ 28).

Für Genossenschaftsmitglieder, welche mit der rechtzeitigen Einsendung der Nachweisung im Rückstande sind, erfolgt die Feststellung der letzteren durch den Genossenschafts- bezw. Sektionsvorstand auf Vorschlag des etwa bestellten Vertrauensmannes.

§ 72. Von dem Genossenschaftsvorstande wird auf Grund der ihm vorliegenden Nachweisungen (§ 71) eine summarische Gesammtnachweisung der im abgelaufenen Rechnungsjahre von den Mitgliedern der Genossenschaft beschäftigten versicherten Personen und der von denselben verdienten anrechnungsfähigen Gehälter und Löhne aufgestellt und demnächst für jedes Genossenschaftsmitglied der Beitrag berechnet, welcher auf dasselbe zur Deckung des Gesammtbedarfs (§ 71 Absatz 1) entfällt.

Jedem Genossenschaftsmitgliede ist ein Auszug aus der zu diesem Zwecke aufzustellenden Heberolle mit der Aufforderung zuzustellen, den festgesetzten Beitrag zur Vermeidung der zwangsweisen Beitreibung binnen zwei Wochen einzuzahlen. Der Auszug muss diejenigen Angaben enthalten, welche den Zahlungspflichtigen in den Stand setzen, die Richtigkeit der angestellten Beitragsberechnung zu prüfen.

§ 73. Die Mitglieder der Genossenschaften können gegen die Feststellung ihrer Beiträge binnen zwei Wochen nach Zustellung des Auszuges aus der Heberolle unbeschadet der Verpflichtung zur vorläufigen Zahlung Widerspruch bei dem Genossenschaftsvorstande erheben. Wird demselben entweder überhaupt nicht, oder nicht in dem beantragten Umfange Folge gegeben, so steht ihnen innerhalb zwei Wochen nach der Zustellung der Entscheidung des Genossenschaftsvorstandes die Beschwerde an das Reichs-Versicherungsamt zu.

Die Beschwerde ist nur zulässig, wenn dieselbe sich entweder auf Rechenfehler oder auf die unrichtige Feststellung des anrechnungsfähigen Betrages der Löhne und Gehälter, oder auf den irrthümlichen Ansatz einer andern Gefahrenklasse, als wozu der Betrieb eingeschätzt ist, gründet.

Aus den letzteren beiden Gründen ist die Beschwerde jedoch nicht zulässig, wenn die Feststellung in dem Falle der von dem Genossenschaftsmitgliede unterlassenen Einsendung der Nachweisung durch den Vorstand bewirkt worden war (§ 71 Absatz 3).

Tritt in Folge des erhobenen Widerspruchs oder der erhobenen Beschwerde eine Herabminderung des Beitrages ein, so ist der Ausfall bei dem Umlageverfahren des nächsten Rechnungsjahres zu decken.

§ 74. Rückständige Beiträge, sowie die im Falle einer Betriebseinstellung etwa zu leistenden Kautionsbeträge (§ 17 Ziffer 7) werden in derselben Weise beigetrieben, wie Gemeindeabgaben. Dasselbe gilt von den Strafzuschlägen in dem Falle der Ablehnung von Wahlen (§ 24 Absatz 3).

Uneinziehbare Beiträge fallen der Gesammtheit der Berufsgenossen zur Last und sind bei dem Umlageverfahren des nächsten Rechnungsjahres zu berücksichtigen.

Abführung der Beträge an die Postkassen.

§ 75. Die Genossenschaftsvorstände haben die von den Zentralpostbehörden liquidirten Beträge, abzüglich der Ausfälle (§§ 73 Absatz 4 und 74 Absatz 2) innerhalb drei Monaten nach Empfang der Liquidationen an die ihnen bezeichneten

Postkassen abzuführen. Die Ausfälle sind bei der nächsten Abrechnung zu decken.

Gegen Genossenschaften, welche mit der Erstattung der Beträge im Rückstande bleiben, ist auf Antrag der Zentralpostbehörden von dem Reichs-Versicherungsamt, vorbehaltlich der Bestimmungen des § 33 das Zwangsbeitreibungsverfahren einzuleiten.

Das Reichs-Versicherungsamt ist befugt, zur Deckung der Ansprüche der Postverwaltungen zunächst über bereite Bestände der Genossenschaftskassen zu verfügen. Soweit diese nicht ausreichen, hat dasselbe das Beitreibungsverfahren gegen die Mitglieder der Genossenschaft einzuleiten und bis zur Deckung der Rückstände durchzuführen.

Rechnungsführung.

§ 76. Die Einnahmen und Ausgaben der Genossenschaften sind von allen den Zwecken der letzteren fremden Vereinnahmungen und Verausgabungen gesondert festzustellen und zu verrechnen; ebenso sind die Bestände gesondert zu verwahren. Verfügbare Gelder dürfen nur in öffentlichen Sparkassen oder wie Gelder bevormundeter Personen angelegt werden.

Sofern besondere gesetzliche Vorschriften über die Anlegung der Gelder Bevormundeter nicht bestehen, kann die Anlegung der verfügbaren Gelder in Schuldverschreibungen, welche von dem Deutschen Reich, von einem deutschen Bundesstaate oder dem Reichslande Elsass-Lothringen mit gesetzlicher Ermächtigung ausgestellt sind, oder in Schuldverschreibungen, deren Verzinsung von dem Deutschen Reich, von einem deutschen Bundesstaate oder dem Reichslande Elsass-Lothringen gesetzlich garantirt ist, oder in Schuldverschreibungen, welche von deutschen kommunalen Korporationen (Provinzen, Kreisen, Gemeinden etc.) oder von deren Kreditanstalten ausgestellt und entweder Seitens der Inhaber kündbar sind, oder einer regelmässigen Amortisation unterliegen, erfolgen. Auch können die Gelder bei der Reichsbank verzinslich angelegt werden.

§ 77. Ueber die gesammten Rechnungsergebnisse eines Rechnungsjahres ist nach Abschluss desselben alljährlich dem Reichstag eine vom Reichs-Versicherungsamt aufzustellende Nachweisung vorzulegen.

Beginn und Ende des Rechnungsjahres wird für alle Genossenschaften übereinstimmend durch Beschluss des Bundesraths festgestellt.

VI. Unfallverhütung. Ueberwachung der Betriebe durch die Genossenschaften.

Unfallverhütungsvorschriften.

§ 78. Die Genossenschaften sind befugt, für den Umfang des Genossenschaftsbezirkes oder für bestimmte Industriezweige oder Betriebsarten oder bestimmt abzugrenzende Bezirke Vorschriften zu erlassen:

1. über die von den Mitgliedern zur Verhütung von Unfällen in ihren Betrieben zu treffenden Einrichtungen unter Bedrohung der Zuwiderhandelnden mit der Einschätzung ihrer Betriebe in eine höhere Gefahrenklasse oder falls sich die letzteren bereits in der höchsten Gefahrenklasse befinden, mit Zuschlägen bis zum doppelten Betrage ihrer Beiträge.

   Für die Herstellung der vorgeschriebenen Einrichtungen ist den Mitgliedern eine angemessene Frist zu bewilligen;

2. über das in den Betrieben von den Versicherten zur Verhütung von Unfällen zu beobachtende Verhalten unter Bedrohung der Zuwiderhandelnden mit Geldstrafen bis zu sechs Mark.

Diese Vorschriften bedürfen der Genehmigung des Reichsversicherungsamts.

§ 79. Vor der Einholung der Genehmigung (§ 78) sind die Vorschriften durch Vermittelung der unteren Verwaltungsbehörden den betheiligten Arbeiterausschüssen (§ 41), oder sofern diese in Gruppen eingetheilt sind (§ 45), den Gruppen zur gutachtlichen Erklärung mitzutheilen.

Die untere Verwaltungsbehörde beruft den Ausschuss bezw. die Gruppe zu einer Berathung über die Vorschriften, leitet die Verhandlungen und stellt die den Erschienenen gemäss § 44 Absatz 4 zustehende Vergütung fest. Das über die Verhandlung aufzunehmende Protokoll ist binnen sechs Wochen nach erfolgter Mittheilung an den Vorstand der Genossenschaft einzusenden.

Die Protokolle sind, sofern sie rechtzeitig eingehen, dem Antrage auf Genehmigung der Vorschriften beizufügen.

Die genehmigten Vorschriften sind den höheren Verwaltungsbehörden, auf deren Bezirke dieselben sich erstrecken, durch den Genossenschaftsvorstand mitzutheilen.

§ 80. Die im § 78 Ziffer 1 vorgesehene höhere Einschätzung des Betriebes sowie die Festsetzung von Zuschlägen erfolgt durch den Vorstand der Genossenschaft, die Festsetzung der in § 78 Ziffer 2 vorgesehenen Geldstrafen durch den Vorstand der Betriebs- (Fabrik-) Krankenkasse, oder wenn eine solche für den Betrieb nicht errichtet ist, durch die Ortspolizeibehörde. In beiden Fällen findet binnen zwei Wochen nach der Zustellung der bezüglichen Verfügung die Beschwerde statt. Ueber dieselbe entscheidet im ersten Falle das Reichs-Versicherungsamt, im zweiten Falle die der Ortspolizeibehörde unmittelbar vorgesetzte Aufsichtsbehörde.

Die Geldstrafen (§ 78 Ziffer 2) fliessen in die Krankenkasse, welcher der zu ihrer Zahlung Verpflichtete zur Zeit der Zuwiderhandlung angehört.

§ 81. Die von den Landesbehörden für bestimmte Industriezweige oder Betriebsarten zur Verhütung von Unfällen zu erlassenden Anordnungen sollen, sofern nicht Gefahr im Verzuge ist, den betheiligten Genossenschaften und im Falle des § 78 Ziffer 2 auch den betheiligten Arbeiterausschüssen (Gruppen) zur Begutachtung nach Massgabe des § 79 vorher mitgetheilt werden.

Ueberwachung der Betriebe.

§ 82. Die Genossenschaften sind befugt, durch Beauftragte die Befolgung der zur Verhütung von Unfällen erlassenen Vorschriften zu überwachen, von den Einrichtungen der Betriebe, soweit sie für die Zugehörigkeit zur Genossenschaft oder für die Einschätzung in den Gefahrentarif von Bedeutung sind, Kenntniss zu nehmen und behufs Prüfung der von den Betriebsunternehmern auf Grund gesetzlicher oder statutarischer Bestimmungen eingereichten Arbeiter- und Lohnnachweisungen diejenigen Geschäftsbücher und Listen einzusehen, aus welchen die Zahl der beschäftigten Arbeiter und Beamten und die Beträge der verdienten Löhne und Gehälter ersichtlich werden.

Die einer Genossenschaft angehörenden Betriebsunternehmer sind verpflichtet, den als solchen legitimirten Beauftragten der betheiligten Genossenschaft auf Erfordern den Zutritt zu ihren Betriebsstätten während der Betriebszeit zu gestatten und die bezeichneten Bücher und Listen an Ort und Stelle zur Einsicht vorzulegen. Sie können hierzu, vorbehaltlich der Bestimmungen des § 83, auf Antrag der Beauftragten von der unteren Verwaltungsbehörde durch Geldstrafen im Betrage bis zu dreihundert Mark angehalten werden.

§ 83. Befürchtet der Betriebsunternehmer die Verletzung eines Fabrikgeheimnisses oder die Schädigung seiner Geschäftsinteressen in Folge der Besichtigung des Betriebs durch den Beauftragten der Genossenschaft, so kann derselbe die Besichtigung durch andere Vertreter der Genossenschaft beanspruchen. In diesem Falle hat er dem Genossenschaftsvorstande, sobald er den Namen des Beauftragten erfährt, eine entsprechende Mittheilung zu machen und einige geeignete Personen zu bezeichnen, welche auf seine Kosten die erforderliche Einsicht in den Betrieb zu nehmen und dem Vorstande die für die Zwecke der Genossenschaft nothwendige Auskunft über die Betriebseinrichtungen zu geben bereit sind. In Ermangelung einer Verständigung zwischen dem Betriebsunternehmer und dem Vorstande entscheidet auf Anrufen des letzteren das Reichs-Versicherungsamt.

§ 84. Die Beauftragten sowie die Mitglieder der Vorstände der Genossenschaften haben über die Thatsachen, welche durch die Ueberwachung und Kontrole der Betriebe zu ihrer Kenntniss gelangen, Verschwiegenheit zu beobachten. Die Beauftragten der Genossenschaften sind hierauf von der unteren Verwaltungsbehörde ihres Wohnorts zu beeidigen.

§ 85. Namen und Wohnsitz der Beauftragten sind von dem Genossenschaftsvorstande den höheren Verwaltungsbehörden, auf deren Bezirke sich ihre Thätigkeit erstreckt, anzuzeigen.

Die Beauftragten sind verpflichtet, den nach Massgabe des § 139b der Gewerbeordnung bestellten staatlichen Aufsichtsbeamten auf Erfordern über ihre Ueberwachungsthätigkeit und deren Ergebnisse Mittheilung zu machen, und können dazu von dem Reichs-Versicherungsamt durch Geldstrafen bis zu Einhundert Mark angehalten werden.

§ 86. Die durch die Ueberwachung und Kontrole der Betriebe entstehenden Kosten gehören zu den Verwaltungskosten der Genossenschaft. Soweit dieselben in baaren Auslagen bestehen, können sie durch den Vorstand der Genossenschaft dem Betriebsunternehmer auferlegt werden, wenn derselbe durch Nichterfüllung der ihm obliegenden Verpflichtungen zu ihrer Aufwendung Anlass gegeben hat. Gegen die Auferlegung der Kosten findet binnen zwei Wochen nach Zustellung des Beschlusses die Beschwerde an das Reichs-Versicherungsamt statt. Die Beitreibung derselben erfolgt in derselben Weise, wie die der Gemeindeabgaben.

VII. Das Reichs-Versicherungsamt.

Organisation.

§ 87. Die Genossenschaften unterliegen in Bezug auf die Befolgung dieses Gesetzes der Beaufsichtigung des Reichs-Versicherungsamts.

Das Reichs-Versicherungsamt hat seinen Sitz in Berlin. Es besteht aus mindestens drei ständigen Mitgliedern, einschliesslich des Vorsitzenden, und aus acht nichtständigen Mitgliedern.

Der Vorsitzende und die übrigen ständigen Mitglieder werden auf Vorschlag des Bundesraths vom Kaiser auf Lebenszeit ernannt. Von den nichtständigen Mitgliedern werden vier vom Bundesrath aus seiner Mitte, und je zwei mittelst schriftlicher Abstimmung von den Genossenschaftsvorständen und den Arbeiterausschüssen aus ihrer Mitte unter der Leitung des Reichs-Versicherungsamts gewählt. Die Wahl erfolgt nach relativer Stimmenmehrheit; bei Stimmengleichheit entscheidet das Loos. Die Amtsdauer der nichtständigen Mitglieder währt vier Jahre. Das Stimmenverhältniss der einzelnen Genossenschaftsvorstände und Arbeiterausschüsse bei der Wahl der nichtständigen Mitglieder bestimmt der Bundesrath unter Berücksichtigung der Zahl der versicherten Personen.

Für jedes durch die Genossenschaftsvorstände bezw. die Arbeiterausschüsse gewählte Mitglied sind ein erster und ein zweiter Stellvertreter zu wählen, welche dasselbe in Behinderungsfällen zu vertreten haben. Scheidet ein solches Mitglied während der Wahlperiode aus, so haben für den Rest derselben die Stellvertreter in der Reihenfolge ihrer Wahl als Mitglied einzutreten.

Die übrigen Beamten des Reichs-Versicherungsamts werden vom Reichskanzler ernannt.

Zuständigkeit.

§ 88. Die Aufsicht des Reichs-Versicherungsamts über den Geschäftsbetrieb der Genossenschaften hat sich auf die Beobachtung der gesetzlichen und statutarischen Vorschriften zu erstrecken. Alle Entscheidungen desselben sind endgültig, soweit in diesem Gesetze nicht ein Anderes bestimmt ist.

Das Reichs-Versicherungsamt ist befugt, jederzeit eine Prüfung der Geschäftsführung der Genossenschaften vorzunehmen.

Die Vorstandsmitglieder, Vertrauensmänner und Beamten der Genossenschaften sind auf Erfordern des Reichs-Versicherungsamts zur Vorlegung ihrer Bücher, Beläge und ihrer auf den Inhalt der Bücher bezüglichen Korrespondenzen, sowie der auf die Festsetzung der Entschädigungen und Jahresbeiträge bezüglichen Schriftstücke an die Beauftragten des Reichs-Versicherungsamts oder an das letztere selbst verpflichtet. Dieselben können hierzu durch Geldstrafen bis zu Eintausend Mark angehalten werden.

§ 89. Das Reichs-Versicherungsamt entscheidet, unbeschadet der Rechte Dritter, über Streitigkeiten, welche sich auf die Rechte und Pflichten der Inhaber der Genossenschaftsämter, auf die Auslegung der Statuten und die Gültigkeit der vollzogenen Wahlen beziehen. Dasselbe kann die Inhaber der Genossenschaftsämter zur Befolgung der gesetzlichen und statutarischen Vorschriften durch Geldstrafen bis zu Eintausend Mark anhalten, und gegen die Beauftragten, sowie die Mitglieder der Vorstände, welche das Gebot der Verschwiegenheit verletzen (§ 84), Ordnungsstrafen bis zu gleicher Höhe verhängen.

Geschäftsgang.

§ 90. Die Beschlussfassung des Reichs-Versicherungsamts ist durch die Anwesenheit von mindestens fünf Mitgliedern (einschliesslich des Vorsitzenden), unter denen sich je ein Vertreter der Genossenschaftsvorstände und der Arbeiterausschüsse befinden müssen, bedingt, wenn es sich handelt

a) um die Vorbereitung der Beschlussfassung des Bundesraths bei der Bestimmung, welche Betriebe mit einer Unfallgefahr nicht verbunden und deshalb nicht versicherungspflichtig sind (§ 1), bei der Genehmigung von Veränderungen des Bestandes der Genossenschaften (§ 31), bei der Auflösung einer leistungsunfähigen Genossenschaft (§ 33), bei der Errichtung von Arbeiterausschüssen (§ 41),

b) um die Entscheidung vermögensrechtlicher Streitigkeiten bei Veränderungen des Bestandes der Genossenschaften (§ 32),

c) um die Entscheidung auf Rekurse gegen die Entscheidungen der Schiedsgerichte (§ 63),

d) um die Genehmigung von Vorschriften zur Verhütung von Unfällen (§ 78),

e) um die Entscheidung auf Beschwerden gegen Strafverfügungen der Genossenschaftsvorstände (§ 103).

So lange die Wahl der Vertreter der Genossenschaftsvorstände und der Arbeiterausschüsse nicht zu Stande gekommen ist, genügt die Anwesenheit von fünf anderen Mitgliedern (einschliesslich des Vorsitzenden).

Im übrigen werden die Formen des Verfahrens und der Geschäftsgang des Reichs-Versicherungsamts durch Kaiserliche Verordnung unter Zustimmung des Bundesraths geregelt.

Kosten.

§ 91. Die Kosten des Reichs-Versicherungsamts und seiner Verwaltung trägt das Reich.

Die nichtständigen Mitglieder erhalten für die Theilnahme an den Arbeiten und Sitzungen des Reichs-Versicherungsamts eine nach ihrem Jahresbetrage festzusetzende Vergütung, und diejenigen, welche ausserhalb Berlins wohnen, ausserdem Ersatz der Kosten der Hin- und Rückreise nach den für die vortragenden Räthe der obersten Reichsbehörden geltenden Sätzen (Verordnung vom 21. Juni 1875, Reichsgesetzbl. S. 249). Die Bestimmungen im § 16 des Gesetzes, betreffend die Rechtsverhältnisse der Reichsbeamten, vom 31. März 1873 (Reichsgesetzbl. S. 61) finden auf sie keine Anwendung.

VIII. Schluss- und Strafbestimmungen.

Haftpflicht der Betriebsunternehmer und Betriebsbeamten.

§ 92. Die nach Massgabe dieses Gesetzes versicherten Personen und deren Hinterbliebene können einen Anspruch auf Ersatz des in Folge eines Unfalls erlittenen Schadens nur gegen diejenigen Betriebsunternehmer, Bevollmächtigten oder Repräsentanten, Betriebs- oder Arbeiteraufseher geltend machen, gegen welche durch strafgerichtliches Urtheil festgestellt worden ist, dass sie den Unfall vorsätzlich herbeigeführt haben.

In diesem Falle beschränkt sich der Anspruch auf den Betrag, um welchen die den Berechtigten nach den bestehenden gesetzlichen Vorschriften gebührende Entschädigung diejenige übersteigt, auf welche sie nach diesem Gesetze Anspruch haben.

§ 93. Diejenigen Betriebsunternehmer, Bevollmächtigten oder Repräsentanten, Betriebs- oder Arbeiteraufseher, gegen welche durch strafgerichtliches Urtheil festgestellt worden ist, dass sie den Unfall vorsätzlich oder durch Fahrlässigkeit mit Ausserachtlassung derjenigen Aufmerksamkeit, zu der sie vermöge ihres Amts, Berufs oder Gewerbes besonders verpflichtet sind, herbeigeführt haben, haften für alle Aufwendungen, welche in Folge des Unfalls auf Grund dieses Gesetzes oder des Gesetzes, betreffend die Krankenversicherung der Arbeiter, vom 15. Juni 1883 (Reichsgesetzbl. S. 73) von den Genossenschaften oder Krankenkassen gemacht worden sind.

In gleicher Weise haftet als Betriebsunternehmer eine Aktiengesellschaft, eine Innung oder eingetragene Genossenschaft für die durch ein Mitglied ihres Vorstandes, sowie eine Handelsgesellschaft, eine Innung oder eingetragene Genossenschaft für die durch einen der Liquidatoren herbeigeführten Unfälle.

Als Ersatz für die Rente kann in diesen Fällen deren Kapitalwerth gefordert werden.

§ 94. Die in den §§ 92, 93 bezeichneten Ansprüche können, auch ohne dass die daselbst vorgesehene Feststellung durch strafgerichtliches Urtheil stattgefunden hat, geltend gemacht werden, falls diese Feststellung wegen des Todes oder der Abwesenheit des Betreffenden oder aus einem anderen in der Person desselben liegenden Grunde nicht erfolgen kann.

Haftung Dritter.

§ 95. Die Haftung dritter, in den §§ 92 und 93 nicht bezeichneter Personen, welche den Unfall vorsätzlich herbeigeführt oder durch Verschulden verursacht haben, bestimmt sich nach den bestehenden gesetzlichen Vorschriften. Jedoch geht die Forderung der Entschädigungsberechtigten an den Dritten auf die Genossenschaft insoweit über, als die Verpflichtung der letzteren zur Entschädigung durch dieses Gesetz begründet ist.

Verbot vertragsmässiger Beschränkungen.

§ 96. Den Berufsgenossenschaften, sowie den Betriebsunternehmern ist untersagt, die Anwendung der Bestimmungen dieses Gesetzes zum Nachtheil der Versicherten durch Verträge (mittelst Reglements oder besonderer Uebereinkunft) auszuschliessen oder zu beschränken. Vertragsbestimmungen, welche diesem Verbote zuwiderlaufen, haben keine rechtliche Wirkung.

Aeltere Versicherungsverträge.

§ 97. Die Rechte und Pflichten aus Versicherungsverträgen, welche von Unternehmern der unter den § 1 fallenden Betriebe oder von den in denselben beschäftigten versicherten Personen gegen die Folgen der in diesem Gesetze bezeichneten Unfälle mit Versicherungsanstalten abgeschlossen sind, gehen nach dem Inkrafttreten dieses Gesetzes auf die Berufsgenossenschaft, welcher der Betrieb angehört, über, wenn die Versicherungsnehmer dieses bei dem Vorstande der Genossenschaft beantragen. Die der Genossenschaft hieraus erwachsenden Zahlungsverbindlichkeiten werden durch Umlage auf die Mitglieder derselben (§§ 10, 28) gedeckt.

Rechtshülfe.

§ 98. Die öffentlichen Behörden sind verpflichtet, den im Vollzuge dieses Gesetzes an sie ergehenden Ersuchen des Reichs-Versicherungsamts anderer öffentlicher Behörden, sowie der Genossenschafts- und Sektions-Vorstände und der Schiedsgerichte zu entsprechen und den bezeichneten Vorständen auch unaufgefordert alle Mittheilungen zukommen zu lassen, welche für den Geschäftsbetrieb der Genossenschaften von Wichtigkeit sind. Die gleiche Verpflichtung liegt den Organen der Genossenschaften unter einander ob.

Die durch die Erfüllung dieser Verpflichtungen entstehenden Kosten sind von den Genossenschaften als eigene Verwaltungskosten (§ 10) insoweit zu erstatten, als sie in Tagegeldern und Reisekosten von Beamten oder Genossenschaftsorganen, sowie in Gebühren für Zeugen und Sachverständige oder in sonstigen baaren Auslagen bestehen.

Gebühren- und Stempelfreiheit.

§ 99. Alle zur Begründung und Abwickelung der Rechtsverhältnisse zwischen den Berufsgenossenschaften einerseits und den Versicherten andererseits erforderlichen schiedsgerichtlichen und aussergerichtlichen Verhandlungen und Urkunden sind gebühren- und stempelfrei. Dasselbe gilt für die behufs Vertretung von Berufsgenossen ausgestellten privatschriftlichen Vollmachten.

Strafbestimmungen.

§ 100. Die Genossenschaftsvorstände sind befugt, gegen Betriebsunternehmer Ordnungsstrafen bis zu fünfhundert Mark zu verhängen:

1. wenn die von denselben auf Grund gesetzlicher oder statutarischer Bestimmung eingereichten Arbeiter- und Lohnnachweisungen unrichtige thatsächliche Angaben enthalten;
2. wenn in der von ihnen gemäss § 35 erstatteten Anzeige als Zeitpunkt der Eröffnung oder des Beginnes der Versicherungspflicht des Betriebes ein späterer Tag angegeben ist als der, an welchem dieselbe stattgefunden hat.

§ 101. Betriebsunternehmer, welche den ihnen obliegenden Verpflichtungen in Betreff der Anmeldung der Betriebe und Betriebsänderungen (§§ 11, 35, 38 und 39), in Betreff der Einreichung der Arbeiter- und Lohnnachweisungen (§§ 60 und 71) oder in Betreff der Erfüllung der für Betriebseinstellungen gegebenen statutarischen Vorschriften (§ 17 Ziffer 7) nicht rechtzeitig nachkommen, können von dem Genossenschaftsvorstande mit einer Ordnungsstrafe bis zu dreihundert Mark belegt werden.

Die gleiche Strafe kann, wenn die Anzeige eines Unfalls in Gemässheit des § 51 nicht rechtzeitig erfolgt ist, gegen denjenigen verhängt werden, welcher zu der Anzeige verpflichtet war.

§ 102. Die Strafvorschriften der §§ 100 und 101 finden auch gegen die gesetzlichen Vertreter handlungsunfähiger Betriebsunternehmer, desgleichen gegen die Mitglieder des Vorstandes einer Aktiengesellschaft, Innung oder eingetragenen Genossenschaft, sowie gegen die Liquidatoren einer Handelsgesellschaft, Innung oder eingetragenen Genossenschaft Anwendung.

§ 103. Zum Erlass der in den §§ 100 bis 102 bezeichneten Strafverfügungen ist der Vorstand derjenigen Genossenschaft zuständig, zu welcher der Betriebsunternehmer gemäss § 34 gehört.

Gegen die Strafverfügung des Genossenschaftsvorstandes steht den Betheiligten binnen zwei Wochen von deren Zustellung an die Beschwerde an das Reichs-Versicherungsamt zu.

Die Strafen fliessen in die Genossenschaftskasse.

Zuständige Landesbehörden; Verwaltungsexekution.

§ 104. Die Zentralbehörden der Bundesstaaten bestimmen, von welchen Staats- oder Gemeindebehörden die in diesem Gesetze den höheren Verwaltungsbehörden, den unteren Verwaltungsbehörden und den Ortspolizeibehörden zugewiesenen Verrichtungen wahrzunehmen sind und zu welchen Kassen die in §§ 11 Absatz 3, 35 Absatz 2, 82 Absatz 2 und 85 Absatz 2 bezeichneten Strafen fliessen. Diese, sowie die auf Grund der §§ 49 Absatz 3, 100 bis 102 erkannten Strafen, desgleichen die von den Vorständen der Betriebs- (Fabrik-) Krankenkassen verhängten Strafen (§ 80 Absatz 1) werden in derselben Weise beigetrieben, wie Gemeindeabgaben.

Die von den Zentralbehörden der Bundesstaaten in Gemässheit vorstehender Vorschrift erlassenen Bestimmungen sind durch den Deutschen Reichsanzeiger bekannt zu machen.

Zustellungen.

§ 105. Zustellungen, welche den Lauf von Fristen bedingen, erfolgen durch die Post mittelst eingeschriebenen Briefes gegen Empfangsschein.

Gesetzeskraft.

§ 106. Die Bestimmungen der Abschnitte II, III, IV und VII, sowie die auf diese Abschnitte bezüglichen Strafbestimmungen treten mit dem Tage der Verkündung dieses Gesetzes in Kraft.

Im übrigen wird der Zeitpunkt, mit welchem das Gesetz in Kraft tritt, mit Zustimmung des Bundesraths durch Kaiserliche Verordnung bestimmt.

Pierer'sche Hofbuchdruckerei. Stephan Geibel & Co. in Altenburg.

FSC
www.fsc.org
MIX
Papier | Fördert gute Waldnutzung
FSC® C083411

Kolibri 360 GmbH
Ferdinand-Jühlke-Straße 7
99095 Erfurt, Deutschland
produktsicherheit@kolibri360.de

Druck:
CPI Druckdienstleistungen GmbH
im Auftrag der
Kolibri 360 GmbH
Ferdinand-Jühlke-Str. 7
99095 Erfurt